蒲塘风韵影壁

法宝寺长廊

蒲塘胜境——绘春园

穿镇而过的通扬运河

镇区新貌

白蒲传统民居

百岁老人顾汝询

百岁老人姜洁珍

2019年6月15日姜洁珍百岁生日宴留影

青青蒲塘
苏中水乡人家的留声记忆

如皋市档案局 如皋市档案馆编著 居民口述

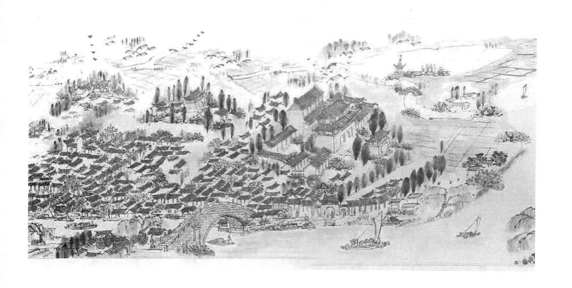

苏州大学出版社
Soochow University Press

图书在版编目(CIP)数据

青青蒲塘：苏中水乡人家的留声记忆 / 如皋市档案局,如皋市档案馆编著. —苏州：苏州大学出版社，2020.5
 ISBN 978-7-5672-3163-4

Ⅰ.①青… Ⅱ.①如… ②如… Ⅲ.①乡镇-地方史-史料-如皋 Ⅳ.①K295.35

中国版本图书馆 CIP 数据核字(2020)第 068934 号

QINGQING PUTANG
——SUZHONG SHUIXIANG RENJIA DE LIUSHENG JIYI

书　　名：	青青蒲塘
	——苏中水乡人家的留声记忆
编　　著：	如皋市档案局　如皋市档案馆
	居民口述
责任编辑：	孙腊梅
助理编辑：	刘　冉
装帧设计：	刘　俊
出版发行：	苏州大学出版社(Soochow University Press)
社　　址：	苏州市十梓街1号　邮编：215006
印　　刷：	常州市武进第三印刷有限公司
邮购热线：	0512-67480030
销售热线：	0512-67481020
开　　本：	700 mm×1 000 mm　1/16　印张：14.75　插页：2　字数：240 千
版　　次：	2020 年 5 月第 1 版
印　　次：	2020 年 5 月第 1 次印刷
书　　号：	ISBN 978-7-5672-3163-4
定　　价：	58.00 元

若有印装错误，本社负责调换
苏州大学出版社营销部　电话：0512-67481020
苏州大学出版社网址　http：//www.sudapress.com
苏州大学出版社邮箱　sdcbs@suda.edu.cn

编纂委员会

主　任：杜晓峰

副主任：谢晓明　冒玉书

编　委：徐爱军　周春燕

　　　　　陈建华　谢爱萍

编者的话

历史是有很多种面貌的,它有时是传奇,有时是故事,更多的时候是亲历者的记忆。当我们做这部口述史时,那些尘封的人和事,仿佛抖落了身上的尘烟,不再是故纸堆里干巴巴的符号,突然"活"了过来。我们渐渐明白,所谓历史,所谓传奇,不过是外人赋予的一种想象,回归到这些人物本身,他们所经历的都是时代大背景与个人命运交织下的真实生活。

我想这应是口述历史的意义。

我们和主笔团队的磨合,正是要把这种鲜活的、在场的、原生态的,甚至是小人物的悲欢镌刻出来。它有宏大叙事,但更多是白蒲的"你我他",让他们出场,让他们诉说,我们是倾听者,更是忠实的记录者。他们的乡音方言,他们的羞赧,他们的激扬与语迟,甚至是不那么通顺的表达,我们都并未做过多处理,只为给你一个属于白蒲人的苏中水乡人家的留声记忆。

岁月留声　历史存真

序

"国有史，邑有志。"盛世史家修纂方志，家族编著宗谱，自古有之。如今，海晏河清，我们欣逢其时。而以村（居）民为口述历史采集对象，并付梓成册，则是新时代档案历史传承形式创新的生动实践。

2018年初春，如皋市档案局、档案馆按照省、市主管部门开展"百村万户"口述历史采集的要求，通过电话问询与实地走访相结合的方式，对全市300多个村（居委会、社区）进行排查摸底，最终确定以白蒲镇镇区居委会为采集点。首次承担口述实录这一光荣使命，对我们而言，无疑是巨大的鼓舞和激励，同时，更是一份沉甸甸的责任和担当。

白蒲镇区古称蒲塘，系东晋年间蒲涛县治之所，这里积淀着厚重历史，氤氲着举世瞩目的长寿文化。自唐代以来，为方圆百里万贾云集的商埠码头。人杰地灵，俊彦辈出，素有"贵白蒲""文阵雄师"的美誉。明清及民国年间，为兵家必争之战略要地。中华人民共和国成立以后，特别是改革开放以来，这里发生了翻天覆地的变化，一代代先民梦寐以求的夙愿而今成为现实。

镇区居委会地处集镇地带、村庄边缘，千百年来，人们在这里繁衍生息，与生俱来地承载着文脉古韵的"胎记"。如何让生于斯长于斯的居民留得住乡愁，记得住乡音，忘不了乡思？怎样传承文化血脉，体现城镇化进程大背景下的人文关怀和文化保护？这是我们做好口述实录工作需要思考的"命题"。

镇区居委会地界的历史遗存犹如层叠的绸绢锦缎，取决于当代人怎样拾掇、裁剪成衣。独特的地理区域、气候风物、文化语境，自然可以解读出迥异的文化信息和品位。聆听流淌在老街间的叫卖吆喝，让人感受到别有韵味的白蒲乡音；追访僻巷深处的闲情逸致，方能领略恬淡柔美的市井文化。

《青青蒲塘——苏中水乡人家的留声记忆》一书中，54位居民及相关人员口述历史掌故，梳理集镇脉络，探源长寿文化，回首古巷旧事，静看众生百相，感恩幸福时代，全景展现了最基层村居群体的共同记忆。

口述者里，有的是乡土历史文化的传承者，有的是残酷战争的亲历者，有的是某个历史片段的见证者，有的是美好家园的建设者。他们的视角未必独特，目光未必玄远，但是，他们的口述并无修饰，言由心生，心口相应。口述者如同运盐河的水滴，质朴无华，就像老街上的花卉，肆意生长，对其口述采集根本无需编导刻意的主题先行或导向引领。他们跋涉人生留下的履痕，极易引发全社会对这个庞大人群历史生活跨度的追忆和思考，因为他们的"个性"与国家、民族的"共性"休戚与共。

家乡是根，故园是本。原住民的留守，是对乡土的不离不弃，是对历史的忠贞守望。他们是留存历史、塑封档案的传承者，同时，又是发掘地域资源、镌刻乡土文化的开拓者。对于他们而言，乡愁是关于懵懂少年的难忘记忆，是点燃风华岁月的篝火，是对故人、故园悄然消逝的惋惜和哀愁，是执着地坐在巷口的银杏树下梳理岁月鸿爪的恬淡……

"推拉摇移"之间，采集工作者将动乱、躁扰、变革、幸福的"长焦距"缓缓起幅、落幅，为1600多年来的似水流年、沧桑巨变配上原汁原味的"画外音"。

编者着力延续古脉，培育根系，让读者参与其间，共同打量古邑的肇始、衰兴和未来。在体现历史性、人文性、艺术性的同时，兼顾文学性、故事性、趣味性。特别是历史文化、名人文化、旅游文化以及掌故传说，集知识性、可读性于一体，亦可作为本土文化补充记载之用。

琅琅书声，树影月光，一段传奇，一怀暖阳。重塑乡村，是当代中国发展中的一个重大命题。作为档案工作者，那些原本渐行渐远的传说，那些正在被淡出视野的往事，通过我们的录音、摄影、笔记，通过我们的勘误、梳理、汇编，终于得以在另一个维度再现、定帧，我们聊以自慰！

党的十九大首次提出"实施乡村振兴战略"。记录"三农"工作发展历程，构建"三农"问题社会记忆，激起全社会前所未有的高度关注。伫立于一个新的历史起点，循着时间轴眺望，"两个一百年"的奋斗目标正进入"倒计时"。实录口述，集成档案，给岁月留声，让历史存真，在大胆尝试摸着石头过河蹚水的进程中，我们试图以平静的心态，探求价值的理性，触摸历史的内核。

运河泱泱，蒲塘青青！云散日朗，惠风和畅，物华天宝，风物俊逸。我们努力厘清历史的脉络，在悠悠岁月长河里采撷历史的断片，还原苏中水乡世风、民风、家风的本真面目。这是属于镇区古巷万千居民群体的留声记忆，这是属于如皋乡村的岁月史诗，这是属于美丽中国古今映像中一帧别样的倒影！

言不尽意，不揣浅薄，是为序。

中共如皋市委办公室主任　杜晓峰
2019 年 11 月

目录

第一章 古风遗韵

一、人文历史　　　　　　　　　　　　　／002
白蒲地区的形成　　　　　　　　　　　　／002
白蒲几大姓何时何因迁居至此　　　　　　／003
白蒲地区的自然灾害　　　　　　　　　　／004
"蒲塘"的由来　　　　　　　　　　　　　／009
史料疑点考证　　　　　　　　　　　　　／011
吴姓的始祖是周文王的伯父　　　　　　　／011
苏州吴氏来白蒲的故事　　　　　　　　　／012
续修《杨氏家谱》　　　　　　　　　　　／013
宋仁宗赐名"法宝寺"　　　　　　　　　　／014
徽商文化崇尚落叶归根　　　　　　　　　／014
结婚习俗的变迁　　　　　　　　　　　　／016
殡葬陋习与移风易俗　　　　　　　　　　／017
主持迁建法宝寺　　　　　　　　　　　　／017

二、乡贤名流　　　　　　　　　　　　／019
古镇核心区底蕴深厚　　　　　　　　　　／019
都察院左都御史沈岐　　　　　　　　　　／019
《沈岐大人让路》入选民国课本　　　　　／020
我是沈岐第六代嫡孙　　　　　　　　　　／020
名医吴篯从政记　　　　　　　　　　　　／021
抗日英雄顾益三　　　　　　　　　　　　／022
第一位女共产党员刘瑞清　　　　　　　　／024
白蒲走出去的两位科学家　　　　　　　　／025
堂叔方钧洪受到毛主席接见　　　　　　　／025

  二伯沈洪焘参加过1969年美国阿波罗载人登月工程 / 026
  我家出了个将军 / 027
  农民的儿子邵国发 / 028

三、古街老巷 / 028
  "一镇两治"的特殊现象 / 028
  魁星楼巷的故事 / 030
  印池的传说 / 032
  消失的古佛庵 / 034
  文峰阁重建了 / 034
  秀才巷里故事多 / 035
  镇区是个"溜鸡巷" / 038
  白蒲公园的变迁 / 040
  做古镇文化的传承人 / 041

四、保护开发 / 044
  古镇开发与保护 / 044
  古建筑正在恢复 / 045
  瓦当也成了古董 / 045
  祖宅是文物保护单位 / 045
  义务重建法宝寺 / 046
  参与筹建法宝寺 / 046
  做古镇保护的"领头羊" / 048

第二章　寿乡探秘

一、长寿文化 / 052
  白蒲古代长寿寿星 / 052
  白蒲寿坛十大盛事 / 055
  明清两朝白蒲长寿现象 / 059
  吴际昌赴"千叟宴" / 060
  白蒲古代的寿星雅集 / 061
  当代寿星辈出 / 063
  做长寿文化的推介人 / 063

二、饮食文化 /064

- 乾隆亲题"只此一家" /065
- 三香斋茶干成了"中华老字号" /065
- 学外贸的做起了茶干 /066
- 三香斋茶干的制作流程 /066
- 白蒲黄酒工艺的传承 /068
- 御厨祖传蟹包鱼腐技艺 /069
- 我成了"非遗传承人" /069
- 师承蟹包鱼腐制作技艺 /070
- 制作蟹包鱼腐的工艺 /071
- 富硒大米申请"国家绿色食品标志" /071
- 天水泡茶是本地特色 /072
- 白蒲人对吃相当考究 /073
- 精工细作的白蒲菜肴 /074
- 家常便饭不随便 /075
- 长寿饮食文化的五大特点 /076

三、孝悌家风 /077

- 精心服侍107岁老母亲 /077
- 父亲患病住院 /079
- 106岁老母亲发高热 /079
- 照料老父亲起居 /080
- 老伴四次手术后护理不容易 /080
- 我家奶奶活到102岁 /082
- 96岁的丈人得过三次重病 /082
- 我最合老人缘 /083
- 我怎样对老人,儿女看得见 /084

四、享"寿"人生 /085

- 既是老有所乐,也是老有所为 /085
- 参与创建江苏省"诗词之乡" /086
- 辅导学生书法 /087
- 一年发表140多篇"豆腐块" /088
- 记了41年的日记 /089
- 看报、看电视是我的"新常态" /089

创作、旅游两不误　　　　　　　　　　　　／090
　　重操旧业：画画　　　　　　　　　　　　　／090
　　画画、写作充实了我的老年生活　　　　　　／092
　　研究白蒲方言，乐在其中　　　　　　　　　／094
　　我加入了中国楹联学会　　　　　　　　　　／096
　　晚年研究地方史　　　　　　　　　　　　　／096
　　我85岁了还帮人看病　　　　　　　　　　　／098
　　退休后销售茶叶　　　　　　　　　　　　　／099
　　坚持搞好家庭副业　　　　　　　　　　　　／100
　　晚年健身、养生两结合　　　　　　　　　　／101

五、政府关爱　　　　　　　　　　　　　　　／101
　　尊老惠老的政策到位　　　　　　　　　　　／101
　　探索医养结合的养老服务模式　　　　　　　／103
　　不折不扣落实惠老政策　　　　　　　　　　／103
　　阳光敬老院处处充满阳光　　　　　　　　　／104
　　医养结合与接受寄养并举　　　　　　　　　／106
　　老年文体活动丰富多彩　　　　　　　　　　／107
　　生活环境和养老政策好　　　　　　　　　　／108
　　居委会是老百姓的娘家　　　　　　　　　　／108
　　为大家处理好纠纷　　　　　　　　　　　　／109

六、长寿密码　　　　　　　　　　　　　　　／110
　　谈谈长寿因素　　　　　　　　　　　　　　／110
　　白蒲人长寿得益于四大优势　　　　　　　　／111
　　长寿原因之我见　　　　　　　　　　　　　／113
　　长寿老人的两个特点　　　　　　　　　　　／113
　　老人要优雅地老去　　　　　　　　　　　　／114
　　人要有公益心　　　　　　　　　　　　　　／115
　　我战胜了遗传的肠癌　　　　　　　　　　　／115
　　若要长寿，需注重卫生和饮食　　　　　　　／116
　　心平气和待疾病　　　　　　　　　　　　　／116
　　戒烟宜早不宜晚　　　　　　　　　　　　　／117
　　人要活得开心　　　　　　　　　　　　　　／117
　　宽厚待人有福报　　　　　　　　　　　　　／117

养心养生都需要　　　　　　　　　　　　/ 118

第三章　古巷旧事

一、民国往事　　　　　　　　　　　　/ 120
爹爹是个开明的人　　　　　　　　　　/ 121
日伪时期的江北公司　　　　　　　　　/ 121
日寇罪行滔天　　　　　　　　　　　　/ 123
南通药店被迫停业　　　　　　　　　　/ 123
母亲是个经商好手　　　　　　　　　　/ 124
全家都是情报员　　　　　　　　　　　/ 124
顾其昌参加革命早　　　　　　　　　　/ 125
国、共、美三方调停"白蒲事件"　　　　/ 125

二、公社岁月　　　　　　　　　　　　/ 126
中华人民共和国成立初期的公社生活　　/ 126
边学习边照料母亲　　　　　　　　　　/ 127
我早年的工作经历　　　　　　　　　　/ 127
柔弱的肩膀支撑起小家　　　　　　　　/ 128
我做过生产队会计　　　　　　　　　　/ 128
我的知青朋友们　　　　　　　　　　　/ 129
见证治理高沙土　　　　　　　　　　　/ 129
未能坚持步行去北京　　　　　　　　　/ 130
下放吃苦多　　　　　　　　　　　　　/ 130
爸爸爱帮人　　　　　　　　　　　　　/ 131

三、工业辙痕　　　　　　　　　　　　/ 131
南通市第一家"三来一补"企业　　　　　/ 133
带领白蒲油厂走出困境　　　　　　　　/ 134
我见证了铁工厂的兴衰　　　　　　　　/ 135
白蒲黄酒厂的发展史　　　　　　　　　/ 136
黄酒污水的处理　　　　　　　　　　　/ 137
工作过好几个工厂　　　　　　　　　　/ 137
白蒲工厂的前世今生　　　　　　　　　/ 138
我得了个"金牛奖"　　　　　　　　　　/ 138

四、商业之花　　　　　　　　　　　　　／ 139
　　徽商扎根白蒲　　　　　　　　　　／ 140
　　我生于小商贩家庭　　　　　　　　／ 141
　　白蒲镇的商业　　　　　　　　　　／ 142
　　爹爹和李士英副省长合过影　　　　／ 143
　　白蒲成为采取退休人员工资统筹的先锋　／ 143
　　集体企业改制比较顺利　　　　　　／ 144
　　我的公司搞得活　　　　　　　　　／ 144

五、科教文卫　　　　　　　　　　　　／ 145
　　白蒲顾家是教育世家　　　　　　　／ 147
　　兴办农村教育　　　　　　　　　　／ 148
　　轮饭抵学费　　　　　　　　　　　／ 149
　　兴办民校扫盲　　　　　　　　　　／ 149
　　教育事业确实是发展了　　　　　　／ 150
　　重视公学　　　　　　　　　　　　／ 150
　　白蒲中学发展中的三大措施　　　　／ 151
　　把法宝寺改造成白蒲中学　　　　　／ 153
　　治好病人最开心　　　　　　　　　／ 153
　　必须重视传统文化教育　　　　　　／ 154
　　我与白蒲镇医院共成长　　　　　　／ 154
　　基层医院再出发　　　　　　　　　／ 155

第四章　众生百相

一、求学之路　　　　　　　　　　　　／ 158
　　一路求学一路艰辛　　　　　　　　／ 158
　　七岁直接上三年级　　　　　　　　／ 158
　　启蒙教育对我的影响　　　　　　　／ 159
　　快乐的初中时光　　　　　　　　　／ 161
　　我上学的片段　　　　　　　　　　／ 161
　　从档案整理到成人高考　　　　　　／ 162

二、创业艰难　　　　　　　　　　　　／ 162
　　白蒲有十多家液压机厂　　　　　　／ 163

羊毛衫产业成为白蒲镇支柱产业　　/ 163
　　创办羊毛衫厂　　/ 163
　　打破铁饭碗　　/ 164
　　创业一波三折　　/ 164
　　创办蒲泉食品厂　　/ 165
　　把鱼腐做成了品牌　　/ 165
　　改制后的油厂，我没有买　　/ 166

三、职场人生　　/ 167

　　父亲的工作经历不寻常　　/ 167
　　我成长为党的基层干部　　/ 168
　　从木匠到机关干部　　/ 169
　　做秘书很辛苦　　/ 170
　　商业公司一把手　　/ 171
　　尽好镇人大代表的职责　　/ 172
　　做了18年物价员　　/ 172
　　四届白蒲镇人大代表　　/ 173
　　成功化解职工与企业的矛盾　　/ 173
　　建立职工档案成样板　　/ 174
　　社区书记炼成了"拆迁专家"　　/ 174
　　居委会工作不简单　　/ 175
　　会计账目做到清清楚楚　　/ 176
　　企业负责人不能有私心　　/ 176
　　当了14年的厂长，异常艰辛　　/ 177
　　我当了防疫医生　　/ 178
　　夫妻俩都是医生　　/ 178
　　设计模具节省外汇　　/ 180
　　我是个老金融　　/ 181
　　学生、知青、工人、会计　　/ 181
　　我没有下海　　/ 182
　　"转"成工程师　　/ 183
　　不怕技术上有问题　　/ 184
　　我做了多年临时工　　/ 185
　　"工农商学兵"都做过　　/ 185

我是枪械管理员 / 185
　　从军营到工厂 / 186
　　我当教师是考来的 / 187
　　我如愿当上了数学老师 / 187
　　教师生涯中我的四大荣誉 / 188
　　开饭店做到最好 / 189
　　拜师学厨艺 / 190
　　参加厨师培训 / 190
　　我由厨师做到饭店经理 / 191

四、家长里短 / 191
　　祖籍是南京下关 / 192
　　兄弟姊妹 8 个 / 192
　　翻修房子 / 192
　　祖母周氏喜欢做慈善 / 193
　　我是遗腹子 / 193
　　母女相依为命 / 194
　　一米度三关 / 194
　　老人幸有养老金 / 195
　　我从来不赌钱 / 195
　　自幼喜欢音乐 / 196
　　擅长制作胡琴 / 197
　　从小就是京剧迷 / 197
　　我也是京剧票友 / 198
　　以养信鸽为乐 / 198
　　第一个买电视机 / 199

五、感恩时代 / 200
　　赶上了好的时代 / 200
　　我过的是共产党的日子 / 200
　　"享的共产党的福啊！" / 201
　　农业生产力大大提高 / 201
　　白蒲变化不小 / 202
　　日子越来越好 / 203
　　拥护现在的政策 / 203

附录一 白蒲方言一览	/ 204
附录二 采集对象名录	/ 209
参考文献	/ 213
后　记	/ 214

第一章
古风遗韵

  蒲塘青青,古风悠悠。古老的白蒲镇区,一河三桥,一街十巷,望族鼎盛,文风昌隆,历代乡贤,层出不穷。他们的人生,闪烁着道德的光芒,凝聚着智慧的光辉,在历史的长河中,经过口口相传,流传至今。

一、人文历史

东晋义熙七年（411）置蒲涛县，县署所在地为今白蒲镇镇区居委会所辖。白蒲镇区如一枚刻琢着篆字的玉石印章，大大方方地钤印在绢帛质地的古运盐河水乡画轴上。流年似水，悠悠1 600余载，这里氤氲的是文化气息，积淀的是厚重历史。

白蒲地区的形成

讲述人：刘政

6 000多年前，长江北岸的扬泰古沙嘴已经成陆，这古沙嘴东南部外缘不断向外延伸，至春秋时延伸至车马湖一带。清康熙《扬州府志·山川·如皋县》载："车马湖，在县东南六十里，旧传范蠡[①]为五湖游，浮海入齐，弃车马于此，故名。今有范湖洲。"至三国时，如皋东南的江滩延伸至30公里以外的高阳荡。据清光绪《直隶通州志·名迹附宅墓·如皋县》载，吴大司马吕岱[②]墓在县东南六十里高阳荡[③]。

白蒲地区距范湖洲、高阳荡均不远，处于古河汊（横江）东北岸。自春秋至三国，在漫长的近千年时间里，扬泰古沙嘴东南外缘不断延伸，沿海岸、江岸形成沙洲湿地、江滩湿地，潮涨潮落，这些滩地被江水淹没又露出水面，多年反复，再加上人类的围垦活动，江边滩地渐渐变成可耕地，沙洲湿地渐渐成陆、接陆，新的陆地不断涌现。

白蒲地区便处在长江三角洲这片冲积平原上，由江边村落到东

---

① 范蠡（前536—前448），字少伯，又名鸱夷子皮、陶朱公，春秋时期楚国宛地三户（今河南淅川县滔河乡）人，春秋末著名的政治家、军事家、经济学家和道家学者，中国早期商业理论家，楚学开拓者之一。

② 吕岱（161—256），字定公，海陵（如皋）人，三国时东吴名将。211年（东汉建安十六年）任昭信中郎将，因平定内乱，开拓南疆有功，升为镇南将军。当时因曹操强迫沿江一带居民迁居，致使海陵成为陈地。241年（吴赤乌四年），吕岱奏请吴王，招抚乡民回归，重建海陵县。252年（吴建兴元年），吴会稽王孙亮即位，吕岱91岁，被封为大司马。

③ 高阳荡：属今白蒲镇林梓社区境内。

晋时建县。一百多年后隋初时，白蒲地区许多土地又被江水淹没，几成"泽国"，县废。后又再次成陆。至唐及明、清时，江海渐渐离镇遥远，这里"户口殷繁"，白蒲镇便成为"江南北有数名镇"。

白蒲几大姓何时何因迁居至此

讲述人：刘政

旧传白蒲五大望族：吴氏、刘氏、郑氏、顾氏、沈氏。下面分别说说。

1. 吴氏主要来源有三：一是车马湖吴氏，始迁祖吴胜四，明代初年避战乱，从苏州阊门迁车马湖，其后裔一支后迁蒲；二是如皋吴氏，始迁祖吴成四，明燕王时因避兵乱，自苏州阊门迁如皋，他的第五世吴君锡携二子迁居蒲镇；三是白蒲吴氏，始迁祖吴七四，元至正年间避战乱，自苏州迁通州，再迁如皋西厢，后又迁入白蒲。

2. 刘氏主要来源有三：一是通州石港刘氏，始迁祖刘辛四，世居江苏洞庭山，后迁入通州石港场，其后裔迁居白蒲；二是如皋水竹园刘氏，始迁祖刘子厚，祖籍苏州。南宋景定三年（1262）六世刘用举居如皋水竹园，有后裔迁蒲繁衍；三是郭园刘家湾刘氏，始迁祖刘士恭，宋咸淳年间避元军战乱，自云阳（今丹阳市）迁郭园刘家湾，其后裔有的迁入白蒲。

3. 郑氏始迁祖郑克明，明永乐年间（1403—1424）由安徽歙县迁居苏州，继而迁至白蒲镇西郑家园，其六世郑伯龄再迁居白蒲。

4. 顾氏主要来源有二：一是南通城西顾氏，始迁祖顾福二，因避元季兵乱，自苏州迁高邮，旋迁通州，其后裔于明洪武元年（1368）迁白蒲五十里；二是白蒲顾氏，始迁祖顾太乙，元末避战乱，从苏州迁石庄南柯山，四世顾瑜于明景泰七年（1456）迁居白蒲。

5. 白蒲沈氏有林梓沈氏和皋南沈家店沈氏，其始迁祖皆沈万三①、沈万四②后裔；另有一支始迁祖为沈季立，是泰州沈家渡人，

---

① 沈万三，生卒年不详，本名沈富，字仲荣。吴兴南浔（今属浙江湖州）人，元至顺间随父沈祐迁居平江路长洲县东蔡村（今苏州市昆山周庄东坨），元末明初商人、巨富。

② 沈万四，沈万三的弟弟，本名沈贵，字仲华，工诗，隐居终南山。

于明嘉靖十四年（1535）为求安宁、谋发展，举家迁徙通州，再在白蒲定居。（即沈岐①家族）。

另有姜姓，始迁祖姜钟玉，本苏州华亭人。明建文二年（1400）靖难时避乱，迁居蒲之南姜芥园，繁衍成白蒲望族。姚氏有两支：一支来自泰兴姚家岱；一支居白蒲姚家园，始迁祖（名不详）于德佑元年（1275）因避元兵战乱，自苏州迁居蒲地东乡，后又有人迁蒲西乡。因此，白蒲有东、西两个姚家园（即姚鹏春家族）。杨姓始迁祖杨东溪，明洪武初年由苏州阊门迁白蒲东乡，还有后人迁白蒲西乡。因而，白蒲有东、西两个杨家园。

白蒲地区的自然灾害

讲述人：刘政

白蒲镇有记载的自然灾害，主要有六类：旱灾，水灾，风灾，霜冻、雪灾、冰雹、雷击、地震，饥荒、病疫，作物虫鼠害。我来分别说说。

（一）旱灾

旱灾最早记载的年份。北宋两次：明道元年（1032），大旱，饥；二年（1033），复饥。南宋三次：绍兴六年（1136）五月，大旱；淳熙八年（1181），旱；十年（1183），旱。元朝一次：至正七年（1347），旱。

明朝旱灾年份。正统五年（1440），大旱，饥。成化六年秋至七年春（1470—1471），大旱，运河枯竭；成化二十年（1484），大旱，河竭，斗米易子女。弘治十六年（1503）秋，大旱；弘治十八年（1505），大旱。嘉靖十四年（1535），大旱；嘉靖十九年（1540），大旱；嘉靖二十年（1541）夏，旱，蝗；嘉靖三十三年（1554）十一月，大旱；嘉靖三十八年（1559）夏秋，大旱。万历十六年（1588），大旱；次年，旱。天启五年（1625）六月，大旱。

---

① 沈岐（1773—1862），字鸣周，号饴原，别号五山樵叟，沈獻之次子。江苏如皋（今江苏省南通市如皋市）人，清代帝师。在朝廷供职长达34年（1808—1842），历任翰林院编修、文渊阁直阁事、国史馆总纂、侍读、侍讲、侍读学士、侍讲学士、右春坊右庶子、正少詹事、内阁学士兼礼部侍郎、礼部左右侍郎、吏部右侍郎、兵部左右侍郎、紫禁城骑马、都察院左都御史等职，诰授光禄大夫。

崇祯六年（1633）二月辛卯至五月丁未，大旱，河皆龟拆；崇祯十一年（1638），大旱，自春不雨至冬，水竭，民饥；崇祯十二年（1639），大旱；崇祯十三年（1640），大旱，蝗食草木，叶皆尽，民饥；崇祯十四年（1641），自春不雨至冬，溪河涸竭，蝗蝻复生。

清朝旱灾年份。顺治五年（1648）秋，旱；顺治六年（1649）七月，大旱；顺治十年（1653）大旱，饥。康熙十年（1671）六、七月，大旱；康熙十八年（1679），大旱；康熙三十八年（1699），大旱。雍正六年（1728），旱；雍正七年（1729），旱，蝗；雍正十一年（1733）夏，大旱。乾隆三年（1738）秋，大旱，河竭，民饥；乾隆九年（1744）夏，大旱；乾隆十一年（1746）夏，旱；乾隆五十年、五十一年（1785、1786），大旱，大饥。嘉庆十九年（1814）夏，大旱，河尽干涸。咸丰六年（1856）夏、秋，大旱。光绪六年（1880）秋、冬，大旱；光绪十四年（1888）秋，旱；光绪十八年（1892），旱，蝗；光绪二十八年（1902）秋，旱。

1932年，大旱；1934年，夏季久晴酷热，酿成大旱灾。

中华人民共和国成立后旱灾年份。1952年12月中旬，干旱加寒流袭击，麦苗受到严重损害。1953年，久旱不雨，寒流袭击。1956年秋，先旱后涝。1958年7月上旬到8月上旬，天气晴热无雨，夏旱严重。1959年，夏季大旱，连续四十多天无透雨。1964年7月，伏旱，连续二十多天无透雨。1966年7、8、9三个月，旱情严重。1969年晚秋和冬季，干旱。1971年，夏季高温炎热，异常干旱。1976年，全年雨量少，大旱。1978年4—5月，少雨，7—8月高温少雨，春、夏皆旱情严重。1980年4—5月，少雨，春旱。

（二）水灾

水灾有记载的年份。南宋淳熙三年（1176）夏，积雨伤禾，民饥；元大德二年（1298）七月，暴雨成灾，房屋倒塌，人畜漂没，农田被淹。

明朝水灾年份。正统十四年（1449），大水。嘉靖元年（1522）七月廿五日，风雨大至，江海暴溢；嘉靖十九年（1540）秋，大水伤稼；嘉靖二十年（1541）春，大水；嘉靖三十七年（1558），大水，害稼。隆庆元年（1567），大雨连春夏。万历二年（1574）七月十四日，风雨异常，江海泛滥，拔木发屋，溺死者不可胜计；万历十五年（1587），大水。

清朝水灾年份。顺治五年（1648），雨伤谷，民饥。康熙四十四年（1705），大水。雍正十一年（1733）六月，大水，岁大饥。乾隆二十年（1755），暴雨成灾。道光三年（1823）夏，大水；道光十四年（1834）秋，大水。同治十一年（1872）秋，水灾。光绪元年（1875），大水；光绪八年（1882），大水；光绪九年（1883）夏，大水；光绪十一年（1885），大水；光绪二十三至二十六年（1897—1900），俱有水淹。宣统二年（1910）秋，水淹；宣统三年（1911）夏，大水。

民国时期水灾年份。1921年夏，内涝成灾。1923年，梅雨过量，造成大水灾。1931年，梅雨过量，造成大水灾。1949年6月28日，山洪暴发，台风侵袭，造成水灾，白蒲人民政府拨粮拨款救济灾民。

中华人民共和国成立后水灾年份。1951年7月15—16日，连日大雨。1952年8月底，连降大雨20天，庄稼被淹。1954年，出现历年未遇大水灾，7月5日至6日连续暴雨，7月9日又下大雨，内河水涝，北空场平地积水能撑船，房屋倒塌数百间。1956年9月，暴雨。1960年4—8月，雨水偏多。1964年1—5月，积雨成涝。1969年7月，出现特大梅雨，造成雨涝。1970年7月中旬，连降大雨，农田受淹，8月底至9月底，连续阴雨35天，雨涝，农作物受损。1974年6—7月，降雨特多，造成严重涝灾。1975年，连降三次大暴雨，致使耕地受淹，9月中旬至11月中旬五次连阴雨。1977年4—5月，严重春涝。1979年6—7月，降水多，雨大，造成严重涝灾。1980年6—7月，多雨，涝灾。1986年6月下旬，暴雨。

（三）风灾

风灾有记载的年份。元朝两次：皇庆二年（1313）八月，大风；泰定三年（1326），大风。明朝两次：正德十年（1515）四月，风雨大作，沙石蔽空，坏居民；崇祯六年（1633）正月壬寅至丁未，大风。清朝一次：乾隆十三年（1748），暴风。

中华人民共和国成立后风灾次数比较多。1956年秋，台风过境。1959年8月30日—9月1日，台风影响本地，带来暴雨。1960年8月2—4日，遭七号台风袭击，降特大暴雨，积水成涝，内河水漫上岸。1961年8月25—27日，受台风影响；同年10月4—5日，台风再一次影响白蒲地区，带来暴雨。1962年7月23—26日，遭台风影响；同年9月6—7日，再次遭台风影响，降暴雨和特大暴雨，秋涝成灾。1965年8月20—22日，台风袭击，普降暴雨。1968年9月3—6日，受台风倒槽影响，4日降暴雨。1969年6月25日下午，勇敢乡遭龙卷风袭击，镇区边缘亦受影响。1972年8月17—20日，台风影响本地。1977年9月10日，8号强台风在长江口登陆，造成风涝灾害。1984年7月31日—8月4日，遭台风袭击。1990年8月31日—9月1日，遭台风袭击，并伴暴雨造成灾害。

（四）霜冻、雪灾、冰雹、雷击、地震

明朝有这些年份。景泰五年（1454）五月，大雪，竹木多冻死；七月，复大雪，冰厚三尺，草木萎死。弘治十八年（1505）九月，如皋地震。嘉靖元年（1522）七月廿五日，雷震。隆庆二年（1568）正月，雷，地震。万历八年（1580）冬，地震有声；万历廿一年（1593），雨黑，地震；万历四十三年（1615），地震。天启元年（1621）二月，雨雹；天启三年（1623）十二月，甚寒，丁未酉时，地震，有声如雷；天启六年（1626）六月，乙亥丑时，地震，动数次。崇祯元年（1628）二月，壬寅未时，雨雹；二月，戊辰未时，雨雹。崇祯六年（1633）正月，丁未酉时，雨雹，戊申卯时，雨雹，己未未时，雨雹。

清朝有这些年份。顺治九年（1652）二月，雨雹；顺治十五年（1658）八月二十三日，地震。康熙七年（1668）六月，地震。雍正五年（1727）十一月，地震；雍正九年、十年（1731、1732）冬，地震；雍正十一年（1733）正月，雨雹。乾隆九年（1744）春，雨雹；乾隆十三年（1748）夏，雨雹；乾隆十七年（1752）四月，地震；乾隆二十年（1755）冬，大雪，大饥荒；乾隆五十五年（1790）四月，大雨冰，麦尽损，赤地数十里，木叶尽脱。嘉庆十二年（1807）七月，大雨雹。道光十九年（1839）正月，大雪盈尺，三月大雨雹。咸丰三年（1853）四月、五月，地数震。同治十一年（1872）三月，雨雹；五月，地震有声。同治十三年（1874）秋，雷震白蒲文峰阁。光绪十八年（1892）冬，大雪，严寒，冻萎树木无算。宣统元年（1909）十一月十八日，大雷电。

民国时期有一次。1921年2月3日，积雪厚达8.7厘米。

中华人民共和国成立后有这些年份。1953年5月6日下午6时起,陡降冰雹近1小时,雹大如拳,6月2日下午5时,遭冰雹、大风袭击。1958年1月,强寒流袭击,温度降至-11.2℃,农作物遭冻害。1964年4月,雷、大风、冰雹,发生房屋倒塌现象。1969年2月5—6日,强寒潮袭击,6日气温降至-12.1℃,并伴有大雪。1974年,该年发生冰雹六次。1975年9月,地震,波及本地,普遍有震感。1976年,冬寒时间久。1984年5月21日,南黄海地震,波及本镇,6月8日晨又震。1986年6月下旬,原勇敢乡遭雷击,造成灾害。1988年5月3—4日,暴雨、大风,降冰雹。1991年7月14日,白蒲地区遭冰雹袭击。1998年3月20日,普降大雪,积雪达18—20厘米,农作物受损。2008年1月,大雪成灾,白蒲地区积雪20厘米以上。

(五)饥荒、病疫

南宋有三次。淳熙六年(1179)冬,大饥,民食草木;嘉定元年(1208),大饥;德祐二年(1276),大饥,人相食。

元朝有一次。至元十八年(1281),饥。

明朝有这些年份。成化十七年(1481),大饥荒,人相食。弘治十七年(1504),大饥,死者相藉。嘉靖二年(1523),大饥,民相食,死者以万计;嘉靖三十三年(1554),疫;嘉靖三十九年(1560),大饥,民食草木。万历十六年(1588),民饥,人相食;万历四十三年(1615),大饥。崇祯十二年(1639),疫;崇祯十四年(1641),大饥,大疫,死者不可胜瘗;崇祯十七年(1644)三月,大疫。

清朝有这些年份。顺治十年(1653),疫,死者甚众。康熙二年(1663),先旱后涝,岁大饥,百姓掘鼠食;康熙五十年(1711),大饥;乾隆五十年(1785)夏,大疫。光绪十四年(1888)秋,大疫;光绪二十八年(1902),大疫,染者多毙。

民国时期有一次。1934年,霍乱流行。

中华人民共和国成立以后有这些年份。1941年,天花流行。1946年夏,霍乱流行。1957年,感冒流行。1960年,疟疾流行。1961年春,发生浮肿病,消瘦病,妇女子宫下垂,并有多人死亡。1962年,浮肿、消瘦、小儿营养不良病甚多。1965年春,流行性脑脊髓膜炎流行。1967年,传染性肝炎流行。1969年,乙型脑炎流行。1986年,甲型肺炎流行。

（六）作物虫鼠害

南宋有五次，分别是绍兴二十六年（1156）秋，蝗。淳熙三年（1176）七月，大蝗，日捕数十车，群飞绝江；淳熙五年（1178）八月，黑鼠食米，即岁大饥；淳熙十年（1183），旱，蝗害稼。淳祐六年（1246），飞蝗蔽天。

元朝有一次。大德九年（1305）六月，蝗。

明朝有这些年份。景泰七年（1456），旱，蝗。弘治十八年（1505），蝗，饥。嘉靖十四年、十九年（1535、1540），蝗。隆庆四年（1570），虫食禾。万历四十一年（1613），飞蝗害稼；万历四十四年（1616）九月，蝗。崇祯十二年（1639），飞蝗蔽天，民大饥。

清朝有这些年份。康熙十八年（1679），飞蝗蔽天；康熙三十八年（1699），蝗。乾隆九年（1744）秋，蝗；乾隆二十四年（1759）夏，旱，蝗。咸丰六年（1856）夏秋，飞蝗蔽日，岁大歉。光绪二年、三年（1876、1877），蝗灾。

中华人民共和国成立后有三次。1950年，端午节后，久旱不雨，土虫危害，造成农作物减产。1953年6月中旬，虫害。1956年秋，遭虫灾。

"蒲塘"的由来

讲述人：秦镜泽

姚鹏春①在道光二十一年（1841）编了《白蒲镇志》。当时提到白蒲镇又名蒲塘，古涛塘县地也。明朝的时候，在顾家老宅凿池时，出了古砖数枚，长有一尺多，上面刻有"蒲涛县造"四个字。另外，在白蒲镇之南，出了瓦，上面刻有"蒲涛县城瓦"五个字。这些是姚鹏春写的。清末民初的时候，有人重抄《白蒲镇志》，发现与上面说的一致。到1979年12月，南通市图书馆从南京图书馆借了《白蒲镇志》，进行了刻印。刻印本的说法就有错，将"蒲涛县造"刻错为"蒲塘县造"。

---

① 姚鹏春，生卒年不详，字古凤，号瓶隐生，世居白蒲，他年少游庠，天资聪颖，品行端正，深得省主考官的赏识。他精于诗文，著蒲塘诗101首，他的金石篆刻具有"篆刻抽象思维"艺术。他的书法笔精墨妙，劲道丰腴。积数十年之功，成一镇之志《白蒲镇志》。

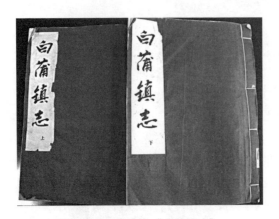

姚鹏春编写的清代《白蒲镇志》

对"蒲塘""蒲涛",姚鹏春有个解释:白蒲,亦名蒲塘,蒲塘、蒲涛,古今名不同,考之字训,塘,匽潴也;涛,大波也。我查《汉语大字典》,上面说塘,堤也。一种解释是培土,修筑道路的意思;还有一种解释,长的是涛,方的是塘。

姚鹏春仅从学义上做了说明,但没有对蒲塘的来历提供证据。

后来,我查到《吴氏家乘》中第七世有个人名吴鸢,字万宜,号蒲塘。大约生于1482年,"鸢"的来源是《诗经》。我认为"蒲塘"来源于人的号。吴鸢为什么出名呢?因为他的父亲吴膺,是个秀才。当时,他有个女儿嫁给如皋冒辟疆的老祖宗冒鹏,同名人交往较多,是在这个情况之下,"蒲塘"的名气逐步流传出去的。吴鸢的两个儿子号中也都带"塘"字。大儿子号"小塘",二儿子号"近塘",根据这些资料,我认为"蒲塘"有可能是从这个人的号而来的。

从吴鸢以后,"蒲塘"之名,便在文献中不断出现。我就找了十个例子。第一个例子,在明嘉靖的时候,白蒲沈岐的老祖宗从泰州迁过来的时候,就提到蒲塘这个地方好;第二个例子是嘉靖四十年(1561)白蒲邓家,也是从江南迁过来的,也提到东皋蒲塘之南;第三个例子,清朝顺治十六年(1659),山东有个官员到白蒲走访,写了:蒲塘南隶崇川,北属皋邑;第四个例子,到康熙十三年(1674)的时候,兵部车驾司主事朱凤台为白蒲恩贡生吴仲举撰《墓志铭》中写道"筑室蒲塘之间";第五个例子,到了康熙四十六年(1707),同里吴江清、吴球等率众将白蒲官河南段浚开成七曲,以兴蒲塘举业,俗称"新河湾"。名宿吴称佳在《新河告成》诗中写道"蒲塘烟火直相望";第六个例子,雍正三年(1725),翰林院修撰徐陶璋为白蒲吴氏撰《协华公列传》:"世处蒲塘类多名流杰士";第七个例子,嘉庆八年(1803),白蒲吴贤九聪明好学,英年早逝。如皋的沙增龄闻讯后作诗吊之"蒲溪梦隔蒲塘路";第八个例子,嘉庆的时候,状元胡长龄①等人相聚白蒲,写的诗词上也有蒲塘;第九个例子,到道光的时候,如皋县令范仕义也写到蒲塘;第十个例子,民国的时候,沙元炳的知己顾延卿到白蒲来,也写了关于蒲塘的诗。

史料疑点考证
讲述人:秦镜泽

有两个史料疑点值得说说。一是《白蒲镇志》上有首《白蒲》诗,作者吴为霖是清朝人。实际上这个诗是抄袭的。真正的作者是明朝的李士伯,《东皋诗存》里有的。李士伯总共写了十二句,吴为霖写了八句,与李士伯诗重复处甚多。我也查了,《吴氏家乘》上就有这首诗,姚鹏春也用了这首诗。可以知道过去也有抄袭的。

第二个疑点是沙元炳编印民国《如皋县志》,将青蒲说成是白蒲。1986年白蒲编镇志,就引用了这个说法。我在2009年编《白蒲镇志》的时候,也引用了这个说法。后来南通有个学者陈夑,他是搞张謇②研究的,发现青蒲是东台的,不是白蒲的。可见,过去人考证也有疏漏。

吴姓的始祖是周文王的伯父
讲述人:吴圣

孙子小的时候,我教他认《百家姓》③,上面有姓吴的,吴姓是

---

① 胡长龄(1758—1814),字西庚,号印渚,江南通州(今江苏南通)人。乾隆五十四年(1789)状元,授翰林院修撰。乾隆六十年(1795)任国子监祭酒,并主试山东。后官至礼部尚书。胡长龄才誉卓著,位"江东三俊"(胡长龄、马有章、李懿曾)之一,与山阳汪氏合称"汪经胡史"。著作有《胡三余堂存稿》等。

② 张謇(1853—1926),字季直,号啬庵,祖籍江苏常熟,生于江苏省海门市长乐镇(今常乐镇),清末状元,中国近代实业家、政治家、教育家,主张"实业救国",中国棉纺织领域早期的开拓者,上海海洋大学创始人。他一生创办了20多个企业,370多所学校,被称为"状元实业家"。

③ 《百家姓》是一部关于中文姓氏的作品。按文献记载,成文于北宋初。原收集姓氏411个,后增补到504个,其中单姓444个,复姓60个。采用四言体例,对姓氏进行了排列,而且句句押韵。

吴圣编写的《治流溯源》

个大姓。后来，看到我的老师吴光泽写的《回眸一笑》，谈到吴氏宗祠有个对联：世家第一，至德让三。第一句是史学家司马迁写的，第二句是孔丘写的。我一想两个历史名人写的对联在白蒲，姓吴的肯定有来头。查了资料，了解到姓吴的是从周文王①伯父吴太伯②来的。泰伯的父亲生了三个儿子，王位应该传给长子。但是，泰伯的父亲看中的偏偏是小儿子，觉得他品德好、学问高，要把王位传给他。老大吴泰伯、老二吴仲雍知道了父亲的心思，就逃出来了。从山西那边逃到了苏州这边，主动让位。父亲把王位传给了三儿子。但是他父亲临终的时候，派人捎话给吴泰伯，说是只要他回来，就叫小儿子把王位还给他。吴泰伯自始至终没有回去，既然周朝要发展，他就不争王位了，品格相当高啊，就留在无锡梅里了。

苏州吴氏来白蒲的故事

讲述人：吴圣

我查史料，才发现吴家有这么一段历史。元末，苏北有个叫张士诚③的盐商造反，后来被朱元璋灭掉了。吴家在苏州属于大族。朱元璋把苏州有钱的人家迁到外面去，白蒲的一支吴氏就是那时迁过来的。在五百多年前，第一代叫吴昇，属七世公，认泰伯公为始

---

① 周文王（前1152—前1056），姬姓，名昌，岐周（今陕西岐山县）人。周朝奠基者，周太王之孙，季历之子。中国历史上的一代明君。葬于毕原（西周王陵位于今陕西岐山县凤凰山南麓）。

② 吴太伯，又称泰伯，吴国第一代君主，东吴文化的宗祖。姬姓，父亲为周部落首领古公亶父，兄弟三人，排行老大；两个弟弟仲雍和季历。父亲传位于季历及其子姬昌，太伯和仲雍避让，迁居江东，建国勾吴。

③ 张士诚（1321—1367），原名张九四，兴化白驹场人（今盐城大丰区），元末位于江浙一带的义军领袖与地方割据势力之一。

祖,七世公是第88代,到我这代是第110代。

续修《杨氏家谱》

讲述人:杨春和

我家里收藏有清道光年间的家谱。家谱记载,始祖东溪公原居苏州阊门。明代末年,苏州的庆远公兄弟三人,长兄庆伯公留于苏州,其后人东溪公自苏州迁往白蒲东杨家园,即是白蒲杨氏的始迁祖,至今已繁衍20多代,本人属15世。

明清时期,白蒲杨氏共出庠生①11人,增生3人,廪生2人,贡生2人,副举人1人,举人2人。其中,第十世杨药坪,祖孙四代在学业上最为兴盛。杨药坪本人,邑增生,议叙八品衔,其事迹载入同治《如皋县志·义行传》。

杨春和续修的《杨氏家谱》

在"文化大革命"的特殊年代,我父亲妥善保存家谱,并传至我保存至今。1999年,在福州和沈阳工作的两位叔父叮嘱我续谱,我在繁忙日常中艰辛地完成了任务,了却了父辈们的心愿,也给我们后辈留下了宝贵的家族传承史。我续修家谱至今已有二十年了,正准备第二次再续修。通过对我家家谱的研究,我也与家谱的收集研究结下了不解之缘。四年前,我参加了江苏省杨氏宗谱研究会,大会推选我担任省杨氏宗谱研究会的顾问。近年来,我还收集了本地区十多部家谱,并正在催促、帮助白蒲的姜氏、沈氏、刘氏、顾氏续修宗谱。

---

① 庠生,古代学校称庠,故学生称庠生,为明清科举制度中府、州、县学生员的别称。庠生也就是秀才之意,明清时期州县学为"邑庠",所以秀才也叫"邑庠生"。秀才向官署呈文时自称庠生、生员等。

宋仁宗赐名"法宝寺"

讲述人：徐志刚

法宝寺最早建于唐朝太和四年（830），初名叫圣教寺。白蒲历史上叫蒲涛县，我们这儿就是海边。白蒲镇上以前有个上贞殿，也叫佑圣观，殿里有棵很大的白果树，据说是系过海船的。那时的白蒲，一边是江，一边是海，就像现在的启东一样，原来分界点在我们这儿，随着泥沙的堆积，向南扩张了。在蒲西还挖出过官船，复制件陈列在省展览馆。这个地方成陆很早的。建了庙以后，管理不善，失火烧掉了。

第二次建是宋朝至和元年（1054）。在重建奠基的时候，在地里挖出了白龟，献给了朝廷。当时，宋仁宗在位。他说，这是个宝贝，是个法宝，就把这个庙改名为"法宝寺"。这是寺名的由来，是皇帝赐名，这个历史意义还是蛮大的。历史上几度兴衰，毁了再建，建了再毁，好几次呢。临近中华人民共和国成立，这儿也住了些兵，有国民党的，也有共产党的。稳定下来大概在1950年，作为白蒲中学（开始叫如东县中学）的校舍，只有大雄宝殿和藏经楼，其他的房子都不在了。到了1998年，白蒲中学要扩建学生的食堂。原来是把法宝寺的大雄宝殿①作为学校的食堂，后来学生多了嫌小要扩大，想把大雄宝殿拆掉。镇上老百姓听说大雄宝殿要拆，就跟镇上领导说，要把庙保下来，镇上打报告到市里，批下来允许迁建。时任南通宗教局局长杨继华和狼山的老和尚圆朗来选的地方，他们出了不少力。

徽商②文化崇尚落叶归根

讲述人：方志成

方永大号有三间店面，共十六扇店门，中间两扇可开合，这副楹联在正中的两扇门上，中间上方是"方兴盎然"，两边写的是

---

① 大雄宝殿，在佛教寺院中，大雄宝殿就是正殿，也有称为大殿的。大雄宝殿是整座寺院的核心建筑，也是僧众朝暮集中修持的地方。大雄宝殿中供奉本师释迦牟尼佛的佛像。大雄是佛的德号。大者，是包含万有的意思；雄者，是摄伏群魔的意思。

② 徽商，即徽州商人、新安商人，俗称"徽帮"，指徽州（府）籍商人的总称，为中国三大商派之一。徽商来自徽州，包括歙、休宁、婺源、祁门、黟、绩溪六县，即古代的新安郡。六县之中，歙和休宁的商人特别著名。徽商在宋代开始活跃，全盛期则在明代后期到清代初期。

"永嘉山水冠天下　大块文章集雨前"，它是个藏头格，有点文化的就能看出来，头三个字连带读就是方永大。这副对联的平仄①也做得很好，我到现在都喜欢贴这副对子。徽州的文化是，一个人不问穷困或者富有，伢儿都要读书，所以当地的文盲很少。在古代和近代，读过私塾以后，启蒙在州县，比如在如皋县中秀才以后，就可以到省里考试，通过了就是举人，然后是殿试考状元，皇帝钦点。徽州在历代科举中，出的状元、进士很多。也是因为重视文化，教育家陶行知也

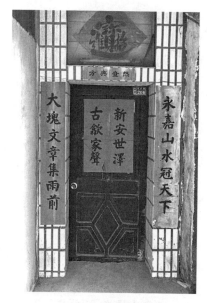

方志成茶庄门前的对联

是我们歙县那边的人，更有名的胡适也是我们那边的人。清代乾隆、嘉庆年间，也出过许多的名人，比如戴震②。我看过戴震的集子，里面有孙中山、康有为、梁启超、胡适一些人写的按语。戴震相当有名，是乾嘉学派领袖人物。

　　还有徽州人看重丧葬文化。比方说，我家的祖母是因脑出血去世的。1941年去世以后，她的灵柩运到了南通西被闸，这里是生产棉织品的地方，是个二级站。她去世后棺柩就搁置在那里头，没有落葬。中华人民共和国成立前民不聊生，老是打仗，棺柩一直放在徽馆阴宅。到1952年，政府要求一切未安葬的棺柩需要回原籍的，必须在年底起运，过了时间，只好就地落葬。那时，我大概10岁，到南通拿了香什么的，很多人把棺柩抬到船上然后通过运河过长江，一直到杭州湾，走富春江到新安江，叶落归根。祖母也魂归故里，灵柩归入家乡祖茔地。

---

① 平仄是中国诗词中用字的声调。"平"指平直，"仄"指曲折。诗词中平仄的运用有一定格式，称为格律。

② 戴震（1724—1777），字东原，又字慎修，号杲溪，休宁隆阜（今安徽黄山屯溪区）人，清代著名语言文字学家、哲学家、思想家。

结婚习俗的变迁

讲述人：刘汝琴

1949年年初，白蒲解放。我是那年7月结婚的，当时简单得很。我表嫂家比较富裕，结婚用的是花轿。伢儿看到花轿很漂亮的，又叫灯轿，八个人抬的。记得有两家人同一天结婚，一家是表嫂家，还有一家是姨舅家。在路上，两个花轿迎面相遇，旧社会认为不吉利。后来我忘记了，不晓得哪家让的，从旁边一条小路走的。到了我大哥结婚的时候，家里条件比较差，就用的官轿，一般的没灯，用呢子的轿围。到了二嫂的时候，也是我家的表亲，不计较，不坐轿子，用人接去的。我当时只有十几岁，三个小姑娘和我去把她接家里来的。到了我结婚，也是这个形式，派几个小姑娘去接回来的，不谈坐轿子。

中华人民共和国成立以后，一般都是跑的多。以后，逐步有了脚踏车。结婚的时候，新郎官用脚踏车把新娘子接回来。发展到现在，用汽车接人。这个也是随着社会逐步进步的。在这当中，街上人结婚不计较彩礼，随你男方的条件，你拿得出便拿四样首饰，或再包几百块钱礼金，就可以把新娘子接家里来。农村的就不行，嫁姑娘要抬高身价，好像不多要点，女儿就没价值。开始的时候，是16 000—18 000元。后来的时候，30 000元甚至40 000元、80 000元。现在要多少，要300 000元，也有的。我有个同事的孙子要娶媳妇，谈好了，也不曾订婚。因男方这边拿不出彩礼钱，两人最后分手了。这个伢儿重新娶了个媳妇，要了个如皋的。人家不计较，就这么个姑娘，不曾要什么彩礼，办了几桌酒就结了婚。现在养了伢儿，伢儿才三四个月呢。

还有个时期，要"三转一响"①，没有"三转一响"要不到老婆，现在不谈"三转一响"了，现在就是谈彩礼，思想好的人家不一定计较。像我家孙子要孙媳妇的时候，随我家去多少钱。

---

① "三转一响"，手表、缝纫机、自行车、收音机。

殡葬陋习与移风易俗

讲述人：刘汝琴

殡葬方面实行了火葬，开始有些人家想不通，现在普遍了，人死了以后就烧了。就南通来说，有的实行江葬。像我这儿的人把骨灰盒子送庙里，有的人还相信入土为安，非要买墓地做坟茔，也有的埋在自家门口，有的送到公墓上，殡葬情况就这样。

思想也是不断改进，国家也不断改革，将来最好是送到长江里好，节省了土地。像我家老爹就买好了盒子，送在庙里，庙存在一天就放一天。我最不相信迷信，我同子女说的，我走了以后不要敲不要闹，搞迷信一点意义都没有，没得用。

主持迁建法宝寺

讲述人：杨春和

我从乡镇主要领导的岗位刚退下来后，听到街坊反映，白蒲高中将拆除校园内的千年大雄宝殿，翻建餐厅楼。我随即赶到学校，此消息得到证实。支持教育和落实宗教政策意义都很重大，如何解决这对矛盾？经过一番思考后，我理清思路，分别向镇政府和学校提议：将现存的大雄宝殿易地迁建，恢复"维扬八大丛林"之一的法宝寺，此计一举两得。

这一提议，得到镇党委、镇政府和学校一致的认可。在镇党委会上，领导要我领衔迁建。作为一名党员、一个基层工作的老干部，我坚决服从组织安排。万事开头难，当时资金成了"拦路虎"，镇财政也很拮据。我以"人格魅力"招兵买马、集智集资。将白蒲镇退休的老干部、老教师、老职工、老匠人60多人组织起来，成立了"迁建筹委会"。动员会上，我说："我们必须确立奉献意识，有力出力，有钱出钱！"我率先捐钱捐物，街坊四邻也积极响应，慷慨解囊。在迁建的工地上，参加劳动的人，也不吃一顿饭，不拿一分钱。

对于古建筑，我是个门外汉，但是我深信"隔行不隔理"。我去佛教名山普陀山参观学习，邀请苏南古建专家实地考察，同时，购买大量古建方面的专业书籍，用蚂蚁啃骨头的精神急学现用。白天去繁忙的工地，晚上查资料、定方案。连续50多个日日夜夜，终于绘制出符合历史记载、保存原有风貌、传承佛教文化的"法宝寺迁建规划平面图"。常州市古建规划设计院专家在放大我这张规划平面鸟瞰图时,惊讶地询问规划图出自哪位古建工程师之手。我笑着说:"这是我镇'土专家'的作品。"

挖掘放生池时,正逢数九寒冬,民工们有畏难情绪,我率先跳下池塘,带他们一齐挖。经过十年的努力,我带领大家先后修建了大雄宝殿、天王殿、玉佛殿、卧佛殿、牌楼、照心亭、迎水榭、万安桥、观湖舫、长廊等仿古建筑及绿化景观。将寺院与园林融为一体的法宝寺"修旧如旧",得到广大干群的好评。

法宝寺船舫照

为了更好地发挥这座古建的作用,我积极与旅游部门联系,申报国家3A级旅游景区①。开始,由于基础设施没有全部到位,加之当时国家对乡镇不批3A级,初验时未获通过。我咬定青山不放松,发动大家立即整改,并数次跑部跑省,与主管领导联系。我的真诚态度,深深地感动了省主管领导。最后终于申报成功。当时,法宝寺在全市乡镇里面是唯一的国家3A级旅游景区。此后,我又乘胜努力将法宝寺申报为市文物保护单位,实现了我的初衷。

白蒲的古老建筑得到异地保存,古镇的千年历史得到延续,古镇的文化乡愁终于有了一个厚重的载体。

---

① 3A级旅游景区是由国家旅游景区质量等级评定委员会授权省旅游局,依照《旅游景区质量等级的划分与评定》国家标准进行评审,颁发"国家AAA级旅游景区"标志牌,是一项衡量景区质量的重要标志。

二、乡贤名流

此地素有"贵白蒲"之称,史称"通如文风,莫盛于蒲"。仅明清两代,白蒲就出了进士12人、举人56人,盛极一时的蒲塘文人被誉为"文阵雄师"。如今更是俊彦辈出,群星璀璨,在党、政、军、商、艺、体等诸多领域灼灼其华。

古镇核心区底蕴深厚

讲述人:朱承姜

白蒲镇是千年古镇,享有"华夏长寿第一镇"的美誉。我们镇区居委会地处古镇核心区内。这里历史悠久,人文底蕴深厚,明清民居建筑群街区是如皋市保存最为完好的历史街区,也是江苏省内保存最为完整的大面积古建筑群之一,占地共5.18公顷。这里的古建筑群内有塾学、官邸、商铺、银楼、寺庵、园林、住宅等。可以说,一砖一瓦、一楼一碑都有它的故事或典故。现在新建的小区与古建筑交相辉映,既有现代气息,又有古典风味,是宜商宜居的宝地。闻名遐迩的五大品牌长寿食品,如白蒲茶干①、黄酒、鱼腐、潮糕、姜丝肉等就诞生在这里。明清时期,古镇区就走出进士12人,举人56人,贡生185人。

都察院左都御史沈岐

讲述人:沈鼎

沈岐,字鸣周,号饴原,10岁就能够作文章,嘉庆五年(1800)的时候,他考了举人;嘉庆十三年(1808),中了进士。他后来官至都察院左都御史,诰授光禄大夫。他还做过清代道光皇帝的老师、吏部左右侍郎、兵部左右侍郎。他的老宅在白蒲的东边。

---

① 白蒲茶干,江苏南通传统风味小吃,至今已有三百多年历史,选用优质大豆,由多种香料精制而成。

位于如皋市廉政广场的沈岐塑像

他在当官期间,刚正不阿,一直很公正廉明。大概在前些年,如皋市政府把他作为公正廉明形象在廉政广场塑了一尊像。沈岐的资料,如皋并不多,大部分是在通州。因为那时呢,白蒲有部分地方属通州。

原来白蒲的秦镜泽秘书喜欢写写,要查沈岐的资料都是在通州查到的。

《沈岐大人让路》入选民国课本

讲述人:沈棣

沈岐让路的事,我听到过两种版本的传说。一种是在文峰阁,白蒲电子材料厂南边点儿。沈岐回家省亲,到了文峰阁那里,正好碰到挑粪的,那个人就发慌了,粪担子一抖粪泼出来了,溅到了沈岐的官服上。随从就抓住挑粪的,沈岐阻止随从,让他不要追究挑粪人的责任,随后就走了。这个版本上过民国的课本,叫《沈岐大人让路》。

还有一个版本,是官船让民船。当时,河道很窄,两只船遇到一起了。沈岐的船让了民船。这个版本我听医院的沈汉庭说的,他比我长三辈,我跟一个同事去看病,他讲这个故事给我听的。

我是沈岐第六代嫡孙

讲述人:沈棣

关于我们家族的事情,有些搞笑。我16岁下放,到25岁进化肥厂,有人就问我:"沈岐是你家什么人?他是你白蒲的。"我说:"真不知道。"他说:"现在没问题了。"他又说:"真的没问题,讲出来没事。"我说:"我跟他没什么关系。"现在,从家谱上看,我是沈岐的第六代嫡孙。那时，我父亲从来不跟我讲家里的事，包括我二伯在美国，我也不知道。

名医吴篪从政记

讲述人：刘政

白蒲有个吴篪做官做到山东省盐运使①，就是管盐的官。古人做官起码要考取举人，或者进士，才能够做到比较大点的官。贡生出身也能够做到官，而吴篪并没有考取秀才、举人，还能够做到不小的官，而且还很有政绩。这个人怎么走上仕途的呢？

吴篪少年的时候，家境不太好，但是他很聪明，喜欢读书，家里比较困难，靠他的妻子钱氏纺织度日。有一次，他的岳父五十大寿，他和妻子一齐去拜寿，几个连襟见吴篪衣着寒酸，便嘲笑他，他心上非常作气。

还有一次，是个冬天，他想到姑母家去借点钱，他的姑母对他很冷落，最后不曾有钱借给他。他一气之下，回家来了。他的妻子虽然任劳任怨，但是因为丈夫不曾有什么作为，便经常与他发生口角，责怪他空有满腹的学问，却没用。这就激怒了吴篪。他就决心闯荡江湖。他跟妻子说，这次出去不打腰锣②不回乡。一气之下，他就外出了。

吴篪在家里行医为生，看病有一套。他到了苏州行医，大概有两三年的时间，蛮有名望的，治好了不少人的病。他想，在苏州没有发展前途，去北京看能不能闯出条路来。这时大运河上正好有一条官船，他就找到行船的人，说要搭船到北京去。船上的人蛮好的，知道吴篪是个郎中③，便允许他搭船，但要他藏在后舱，不能被船主人晓得。哪晓得船上许多人得了肠胃病。吴篪给这些人开了药方，他们一吃，病就好了。船员说船主人的娘身体也不好，可否帮她看看。后来，船工向船主人介绍吴篪的情况。介绍后，吴篪就

---

① 盐运使，官名。始置于元代，设于产盐各省区。明清相沿，其全称为"都转盐运使司盐运使"，简称"运司"。其下设有运同、运副、运判等官，有的地方则设"盐法道"，其长官为道员。

② 腰锣，旧时大官仪仗中间的大锣，用以清道。

③ 郎中，是一个汉语词汇，意思是中医医生，另外也是古代的一种官职。

在前舱与主人见了面。见面以后，经了解，蒋老太得的是鹅痨，鹅肚子里的寄生虫不晓得如何进入老太太的嗓里头了，于是便喘气、咳嗽。据传说，只要把活的鹅头朝下，让鹅嘴的痰滴到病人嘴里去，寄生虫得到鹅的气味就会向上爬出。清除了寄生虫后，老太太的病就治好了。这个船主是京城的高官，于是就把吴篯带到了北京，在他家里做家庭医生。吴篯接触到了清朝不少的官员，帮助他们治病，得到了不少皇亲国戚的信任。

曾经生长于吴篯院落中的那一株黄杨，如今仍然枝繁叶茂地生长于白蒲公园内

后来，吴篯被推荐到皖北的东河县等一些地方做官，又做到州官，相当于扬州市市长、苏州市市长这样子的官，要退休的时候做了山东省盐运使。这是白蒲唯一没有通过考试进入官场的官员。他还写了两本书：一本书是写他的从政经历的；因为他行医跑的地方非常多，还曾经在四川一带行医，所以另一本书是关于医学的，叫《临证医案笔记》，就是汇集的病人的病历，一共六卷。关于吴篯，《如皋市志》也有记载。《临证医案笔记》也发行了，南通图书馆有收藏，另外，如皋苇航书屋也存有清道光和民国两种刻本。吴篯年纪大了以后，实现了"没有腰锣不回乡"的诺言。

他回白蒲家乡之后，还做善事，比如帮助修法宝寺，帮菩萨装金之类的事情。另外，吴篯家里不晓得哪个人送给他的黄杨树。1958年，后来被移到白蒲公园，现在大约有四百年树龄，蛮出名的。

抗日英雄顾益三

讲述人：刘政

顾益三，我们编《蒲塘烽火》的时候"挖"出来的一位抗日英雄。他小名叫诚儿，1921年生在白蒲顾葭埭。他祖上有个叫顾延卿的，清朝的贡生，蛮出名的。顾益三读了五年的四书五经①，家里种三亩私田，主要经济收入来源是开香店，他家长年做线香批发给大小商店，卖给人家去敬神。顾益三16岁的时候做小猪生意。

　　1938年，日军从南通姚港镇登陆，到了通如一线的城镇，不久就开进了白蒲。日寇伪军相互勾结，欺压百姓，经常到周边地区扫荡，杀人放火，奸淫。有一次，日军在离顾葭埭不远的地方杀人放火，还抓走10个人，这10个人最后都被日军杀害了。4月23日这一天，大概有10多户人家的房子被烧光了，有的老弱病残来不及跑的，都被活活烧死了。这激起了顾益三对日军的仇恨，他决心要去报国，他在1939年参军，拿生命与日寇进行搏斗。

　　1939年的冬天，在"百团大战②"中，顾益三把日军团长阿部规秀③炸伤了，立了个大功。在这次战斗中，本来，他在第一军分区炮兵连，在山下待命。后来，上级命令他到山上去。首长除了调他之外，还调了个老红军60炮的炮手，他做助手。因为老红军的年龄比较大，要顾益三尽力地为老红军服务。当时顾益三和炮手走在前头，到了阵地前沿，就找支炮点。将60炮支好以后，老红军还在检查炮位，表扬顾益三，支得好，支得准。正在表扬他的时候，顾益三就发现日军阵地中好像有个将领之类的人。他在没有得到老红军指挥的情况下，就一炮打过去了，把日寇就炸伤了。后来，才晓得炸伤的这个日寇就是阿部规秀。

　　"百团大战"进入第三阶段的时候，我军在彭司令的指挥下开展游击战，进行反扫荡。在晋西北的战场上，顾益三的战友郭排长牺牲了。在鲁西南反扫荡的战斗中，经过两昼夜的激战，一直打到巡扬河，双方子弹打光了就拼刺刀，战斗十分惨烈。根据顾益三的

---

　　① 四书指的是《大学》《中庸》《论语》《孟子》四部作品。五经指的是《诗经》《尚书》《礼记》《周易》《春秋》五部作品。

　　② 百团大战，是抗日战争时期，八路军在华北敌后发动的一次大规模进攻和反"扫荡"的战役，由于参战兵力达105个团，故称"百团大战"。百团大战是抗日战争相持阶段八路军在华北地区发动的一次规模最大、持续时间最长的战役。

　　③ 阿部规秀，生于日本青森县。1907年毕业于日本陆军士官学校第十九期。毕业后加入日本陆军，1939年11月7日，率陆军精锐独立混成旅于河北涞源作战，被我军用迫击炮击毙。他被称为是擅长运用"新战术"的"俊才"和"山地战"专家，有"名将之花"的称号。

回忆，他当时就藏在一间民房窗户的东边，屋里头就有一个日寇，日寇把窗眼扯坏了以后就向他捅了一刀。顾益三当即就飞速还去一刀，比较神速。这一刀正好砍在日寇的脖子上面，日寇倒下去死了。他也被日寇捅了一刀，伤了嘴巴。这个时候因失血过多，顾益三也昏迷过去了。经过医院的急救，他住院疗养了一段时间，就恢复了健康。他这一次被记了三等功。后来，组织上派他到南泥湾去开荒，担任九中队六小队的记工员。在开荒当中，他得到王震旅长的嘉奖，又被记了一个三等功。1943年2月，他经盐城军区军事委员会批准，至如西县蒲西区任情报员，做地下工作，与日本人继续做斗争，直到日本人缴械投降。

第一位女共产党员刘瑞清①

讲述人：刘政

白蒲第一个女共产党员，叫刘瑞清，住在现在蒲东的松杨村，过去旧社会叫铁篱笆村。她的父亲以行医为业，家里经济条件一般，但是刘瑞清从小的时候，就接受了先进思想的教育，不满旧社会的各种现实，有一种革新的愿望。后来，她背着家里到如皋去参加了女工学校。女工学校是专门教育女子的进步学校，教她学习养殖、裁缝、纺织等，可以说，是个职业学校。刘瑞清在这个学校里参加了党组织，同时，又接触到如皋的革命先行者陆植三②。后来，两个人结为夫妻。陆植三在南通做工人运动的工作，秘密发展党员，刘瑞清积极配合她的丈夫。后来，陆植三被捕以后，她坚持在狱外救援，几次到南京的监狱探望丈夫。同时，还请医生去帮她丈夫看病。她呼吁国民党的监狱要改善环境，保证丈夫的健康。在她的努力下，陆植三减免了刑期，出了监狱。她与陆植三在长青沙又生活了几年。陆植三后来又到新四军的部队里去了。刘瑞清在家里带着5个子女，同时，又受到国民党的迫害。在这个情况之下，她

---

① 刘瑞清（1906—1947），原名刘翠英，如皋市白蒲镇松杨村人，陆植三的妻子。
② 陆植三（1905—1998），刘瑞清的爱人，如皋市长江镇人，原名陆景槐。1925年加入中国共产党，1926年9月创建"中共如皋独立支部"，任支部书记。1928年被捕，1934年出狱。1945年重新入党，1946年8月任如皋县县长，1949年1月任苏北军区供给部长。1979年离休，1998年8月去世。

贫病交加，最后40岁左右就去世了。

白蒲走出去的两位科学家

讲述人：沈恒希

吴迪镛①是国家化工战线的高级科研人员，主要贡献在于研发化工添加剂和催化剂，因此获得了二十多项国家专利。2001年，由他领衔的项目获得国家技术发明二等奖。有一段时间，他担任国家科学院大连化学物理研究所所长。2001年，他去人民大会堂领奖，那是他得的最高奖，不容易的。他同我不是同期学生，他比我高两三届呢，我在白蒲中学上初一，可能他已经初三毕业了，他对家乡蛮热爱的。

在科学领域，白蒲最厉害的不是他。江炳仁告诉我，他儿子江华是北京空军第三研究所的少将，他主要研究飞机的电路设计，参与主持了20余种飞机的电路设计。2008年，他获得过国家科技进步一等奖。

堂叔方钧洪受到毛主席接见

讲述人：方志成

大约在1950年，上海常来南通地区，如白蒲、如城、掘港等地招工。我的堂叔方钧洪就这样一下子被调到上海去了，如东也有几个。他被分到申新七厂，到里面做负责人。后来做了经理，入了党，做了申新七厂的一把手，书记兼总经理。他去的时候还是个伢儿啊！

他告诉我，走廊里、办公室里、车间里脚下的拖把布全部是整匹的丝绸拉起来剪的。丝绸这多贵重的东西啊，浪费太严重。怎么回事啊，没得人问了。职工、职员觉得反正没得人问，我就撕点来，擦擦桌子，拖拖地，浪费大得不得了啊。丝料烂了许多，没得人问啊，人的觉悟低。申新七厂原来有它自己的一套层级组织结构

---

① 吴迪镛，江苏如皋人，中共党员，催化工程、能源环境专家。1960年毕业于北京石油学院，1965年研究生毕业于大连化学物理研究所。中国科学院大连化学物理研究所研究员，博士生导师。作为主要发明人研发了"常压水煤气甲烷化制城市煤气催化剂及技术"。先后获得国家自然科学奖和发明奖两项三等奖。

体系,车间负责什么,销售负责什么,公司负责什么,科室负责什么,质检负责什么,检查到有人破坏生产了,一级一级之间互相控制的。申新七厂原来老的一班人靠边站了,我们新的人哪懂这些事啊,又没得多少法律知识。但是方钧洪就这么弄,一级一级管起来,所有丝绸不再被浪费了。1957年,上海7个青年企业家到北京去,就有他,毛主席亲自接见过的。他说:"我哪算什么企业家,中华人民共和国成立时,我才16岁,参加厂里的管理,就算个积极分子吧。"

二伯沈洪焘参加过1969年美国阿波罗载人登月工程①

讲述人:沈鼎

二伯沈洪焘从小学习就很好,受的教育是我父辈兄弟姊妹里最好的。他跟我爹爹到杭州到重庆,因为抗日战争的原因,吃了不少的苦,颠沛流离。

后来,他在中央大学二年级的时候,被公派到美国迈阿密海军基地学习。学成回国的时候,美国支持国民政府八艘军舰,他是开八艘军舰回国的。到南京的时候,陈诚还接见了他。他就被分在国民政府海军司令部当参谋。那时,海军司令部在南京中央门。1946年,他到白蒲来了一次。国共内战爆发的时候,把他派到青岛前线去,途经上海的时候,他就不想去了。那时又比较乱,他从国军里头出来了。我爹爹那时在上海,他又重新进上海交通大学学习,同时就读两个系,一个是船舶轮机,还有一个是船舶设计与制造。毕业后,在董浩云②的船队,这个船队有三艘船,一个叫金胜号,一个叫余胜号,还有一个叫什么我不知道。我爸爸说二伯是在金胜号上,我叔叔说是在余胜号上,不晓得准确的应该是哪个。后来,不懂董浩云同日本人有什么关系,这个船被日本弄了去了,这个船队

---

① 美国阿波罗载人登月工程是美国国家航空和航天局在二十世纪六七十年代组织实施的载人登月工程,或称"阿波罗计划"。该计划开始于1961年5月,至1972年12月第6次登月成功结束,历时约11年,耗资255亿美元。参加工程的有2万家企业、200多所大学和80多个科研机构,总人数超过30万人。

② 董浩云(1912—1982),男,浙江舟山人,中国东方海外货柜航运公司创办人,中国现代航运先驱、"世界七大船王"之一,被誉为"现代郑和"。

在香港破产。破产以后,二伯就到了另外一个船队。在这个船队他跑了世界上50多个港口。1951年5月,他到美国,也面临了找工作的问题,在报纸上登了个求职启事。这个启事被在白蒲传教的传教士看到了。这个人在白蒲传教的时候,白蒲人俗称她"白小姐"。我家奶奶信教,我家二伯伯小的时候,奶奶就带他到教会去,经常与白小姐接触。他很小的时候,白小姐就欢喜他。他跟白小姐学到比较多的英语口语。白小姐看到启事后,联系他帮他在美国找了个工作。然后,二伯站住脚了,又另外找了一家公司,他退休之前,在美国利尔公司①。这个也是通过我家叔叔的伢儿(他在美国花旗银行②),才知道的。这个公司可能与军事有关系,是高科技、保密的,我到现在为止都不晓得他具体是做什么的。

他回来过多次,其中一次家来,他无意当中说,他参加过1969年美国登月工程的,整个公司是做登月工程配套项目的。他以前回来,都是南通市政府派车子到上海接,走的时候送。我认为政府肯定晓得我家伯伯是做什么的,他在科技方面还是厉害的,国家应该晓得,政府想在造船方面向他请教的。有一次回来,好像是1992年,政府把他接到无锡参加会议。

～～～～～～～～～～～～～～～～～～～

我家出了个将军

讲述人:江炳仁

我生了两个儿子,一个是江华,一个是江炎。1979年,江华是下放三年后,考取了南京航空学院,考的是全县第一名,396分。热潮呢,过去还宣传啊,家里贴满了大幅标语。他上了四年南京航空学院,现在授的是少将军衔,享受中将待遇,媳妇是正师级,享受少将待遇,部队对他不错啊。他的事迹在《人民日报》《解放军报》《北京日报》都有刊登的,如皋报纸上也登过他的事迹,是沈

---

① 利尔公司创立于1917年,当时名为"美国金属产品公司"。该公司生产管状焊接、压膜基座。20世纪50年代,利尔公司转向生产其他金属产品,1966年被LEAR SIEGLER公司收购。

② 花旗银行是花旗集团旗下的一家零售银行,其主要前身是1812年6月16日成立的"纽约城市银行"。经过发展、并购,它已成为美国最大的银行之一,也是一家在全球近150个国家及地区设有分支机构的国际大银行,总部位于纽约市公园大道399号。

恒希和秦镜泽写的。

农民的儿子邵国发

讲述人：吴光模

我们厂的书记邵国发人不错，副乡级，是大队支部书记出身。当时，县委组织部派他来针织厂当书记。我在厂里当厂长，与他有近十年的配合。他属于共产党的好干部，肝癌去逝的。死了以后，如皋市政府还专门拍了专题片，号召全市党员群众向他学习，他的墓在林梓，我上次去了。墓碑上写着：农民的儿子邵国发。

大队支部书记出身，林梓中学高中毕业，市委党校大专毕业，为人很好，还有一条，为了党的事业奋发工作，从不谋私利，他就是这样一个人。我就给他这样的评价。他这个人对我有很深的影响。去逝的时候年纪很轻，53岁。他大概1987年下半年来厂里的，到1997年上半年离开，我们当时困难啊。他当时说："我在这个厂里，个人能发挥多大作用，就要发挥多大作用。"他本来是公务员，到厂里来变了企业人员，10年里个人收入少很多。后来到花园乡做了党委委员。

三、古街老巷

仰观一碑一楼品味历史，低头一砖一石尽是掌故。街、巷、池、桥，布局沉稳；亭、台、楼、阁，风雅古朴；园、坊、井、圃，错落有致。流连其间，依稀可见当年繁华清幽轮廓。古今"一河三桥"格局，和善人家依水而居，枕河而眠。

"一镇两治"① 的特殊现象

讲述人：刘汝琴

白蒲镇是如皋和南通的交界点。白蒲小镇由两个县在管，以顾

---

① "一镇两治"是白蒲镇在历史上的一个特殊现象，从后周显德五年（958）开始，白蒲镇南半部划归通州管辖，北半部仍属如皋管辖，此后历经宋、辽、金、元、明、清和民国，这种一镇两治的局面延续了近一千年，直到1949年白蒲解放，才统一划归如皋管辖。

家老宅巷为分界,巷子南面是南通。我和我的兄弟虽然是一家人,还是两个县的人,老大住在南面,属于南通人;我家是老三家,住在北面,属于如皋人,这就叫"一镇两治"。

两县的人既合作也攀比。白蒲有个特点,南有南泰山,北有北泰山;南有南空场,北有北空场,像这种现象很多的。南边有的,北边也有,你做一个什么项目,我也做一个什么项目。办学校的时候也是这样,南边先办的而且实力比较雄厚,校舍、师资、设备都比较好,那么,北边办的呢就叫北校,在三牌楼小空场的西侧,我不记得它是不是完小,南校是完小,北校开始的时候是办的初小,后来办的完小。白蒲镇的人又想了法子,又办了个东校,你南边是一个学校,我北边是两个学校,相互攀比。后来群众造了个顺口溜:富南校,穷北校,讨饭子上东校。南有南武庙,北有北武庙;南有南庵,北有北庵。总是相对应的,南面有,北面也有,群众就是有这种积极性。

南泰山旁边有个都天庙。我记得庙门口死了个叫花子,这个叫花子是害癞头疮死的,群众与学生又帮他编了个顺口溜:一更天棒响,癞子头上疮痒;二更天锣响,癞子头上脓淌;三更天鸡子叫,癞子头上蛆子尿;四更天大天亮,癞子抬到上荒荡。这个什么意思呢,就是反映了旧社会的时候,穷人没人管,生了病死在庙门口,就这样被人埋了。

这里有个小故事,我是在白蒲小学南校上的,我家姐住在南空场,紧靠学校。我三年级的时候,有个班主任叫吕步池。他父亲是个裁缝,姓毛。他不跟他父亲的姓,我不晓得怎么回事。他自己求学后分到白蒲小学做教师。他教学非常认真的,要求也严,有的好学生欢喜他,有的调皮学生就不欢喜他。这些学生就编了个顺口溜:吕先生本姓毛,家住在筷儿桥,老人帮人家做旗袍,大哥哥赌吃嫖媱。这个什么意思呢,就是讽刺他家穷,是个穷教师,那时不尊教,做教师在社会上不受到重视。

魁星楼巷的故事

讲述人：刘政

我家住在魁星楼巷的顶头，我对这个巷子比较熟悉。

魁星楼巷原来叫司巷，因为过去在巷子里头设了一个叫巡检司的机构，负责的官员有两个人，还有工兵六十人。这个组织原来设在狼山，先搬来白蒲，又再搬去兴仁镇了。这个巷子当年盘马弯弓，沙场演兵，老有历史的。

另外，这个巷子里头，还设过水龙局，就是旧社会的"消防大队"。水龙局设有水龙大概五六台，一旦发生火情，水龙局的人就把水龙抬过去救火。

如今的南魁星楼巷

巷子里头北面是住户，南面紧靠佑圣观。佑圣观和如皋的威灵观差不多的，这个庙宇比法宝寺早建二百多年，它整个山门是西向的。观里头有两棵大白果树。白蒲人总晓得，能够抱几抱。据说早年系海船就系在这棵白果树上。中华人民共和国成立以后，工人夜校少学桌凳，就把白果树锯了，放倒了，这是件非常可惜的事情，不可再生的，一个活档案没有了。这个白果树可以说是树叶遮天蔽日，树根在地下延伸几十米，据说附近天井里挖下去总能挖到它的树根。

佑圣观有个偏门直通魁星楼巷，因为里头空的房子比较多，伢儿常常进里头去耍子去。观后头原来是个花园，有假山，有花。观东边全部是花墙，在魁星楼上南望就能欣赏到花园的园景，春天听到鸟叫，秋天听到虫鸣，还可以闻到花香。佑圣观为这个巷子增色不少。

魁星楼巷得名于巷子最东头的魁星楼，坐东朝西，两楼两底，上头塑了魁星菩萨像。魁星楼朝东有个拱形门，门上方有砖刻的"聚魁门"，相当于城门一样，西面是个半连贯的楼房。

魁星楼向南边墙上开了一个洞，做过化纸炉，把字纸扔里头去焚烧掉。证明旧社会的人对读书人很尊重，敬重字纸，也是敬重文化，不能亵渎它。这个巷子里头还有几间老店，西边不远就有一个宝庆斋，外头挂个方旗子，有"宝庆斋"三个字。这个店卖年画、线装书，现在书总是用机器装订的，或者用胶水粘的，旧社会用线装订的，包括伢儿读的《大学》《中庸》《三字经》《百家姓》《孟子》《论语》等读物，店里同时兼卖文房四宝等。店主人还能帮人写些对联，但是宝庆斋的老爹呢，节约得没得魂，来了客人招待你吸水烟，要过火，他总舍不得用一根火柴，要跑到东边秀才巷南边点铜匠铺的炉子里的火。

巷子再上西去点还有理发店和李四烧饼店。老板李四凭做烧饼，养活一家六七个人。做烧饼还是蛮辛苦的，一早听见烧饼槌敲得噼里啪啦的，芝麻的香味就弥漫在巷子里头。这户人家六七个人，一间店面房，一间住房。家里这么多人咋睡啊，房子里就搭了楼铺，或叫角楼，能够上去。这个老爹除了做烧饼应早市外，他还做脆饼卖。脆饼就是干面加水和了以后贴在炉上的土饼干，不像我们现在的机制饼干。还做一种食品，叫"金刚脐"。圆形的面饼上面开个花，贴在炉子上，在炭火上面放个铜制的小碟儿，把红糖放在里头烤，烧到红糖冒泡的时候，用水朝下一浇，上面炉鼎一盖，这样子整个炉子里头烟雾弥漫，糖分就附着在"金刚脐"表面，老黄色的，带点甜，就叫"金刚脐"。他做这类的茶食补贴家用。他的女儿在巷子里头摆个糖摊，卖山芋片（就是将"黄大头"切成片浸在糖水里头）或煮熟的红枣之类的。有些伢儿放学后，到上贞殿南边庙里去耍子，正好经过门口，会买些小零食，但总体她卖糖果的生意也不好。直到中华人民共和国成立以后，李四一家才翻了身，过上了比较好的日子。

再往西边去，有个陈恭敏，他是白蒲第一个党组织的负责人，家里开葆春堂药店。1943年，如皋县委有两套组织，一套是公开的，一套是秘密的。当时不晓得果是县委季一先秘密到白蒲来发展党组织，发展了陈恭敏，当时一共有三个人加入了共产党。有一个叫杨彬,他是雨花台①的烈士,到白蒲来建立一个地下党的联络站,能够同苏北解放区的人联系,当时就利用陈恭敏家里开中药店的有利条件开了个西药店,这家店对外是个药店,实际上就是个共产党的联络站。杨彬在白蒲组织了一个假家庭,上海工厂的女工做他的妻子,还有个烈士子女做他的儿子。后来,杨彬到上海去没有回来。共产党北撤,这个联络站失去作用。

陈家西边是茅祖裕家。茅祖裕是全国知名的眼科专家。他家西头还有个牌坊,这个牌坊为顾开妻周氏而立。周氏23岁的时候,嫁到顾家去。不曾有多少时,顾开年纪轻轻的,就去世了。丈夫死后,她就终日操劳,养活一家人。后来儿子死了,公公也死了,婆老太也死了,就剩了她一个人,她一个人支撑着这个家庭。她一直念叨家里无后,如果能够继后,培养一个后代就好了。后来一直到她七十开外的时候,她丈夫的弟弟有个儿子过继给她,周家这支有了后。这个人一个是守寡,一个是为周家这一支求后,所以就给她立了一个节孝坊,在这个巷子的最西头。

整条巷子,东边有个魁星楼,西边有个节孝坊,南边靠上贞殿,古代又是个司巷。这个巷子从南通到如皋,是白蒲镇"一镇两治"的分界巷,所以这个魁星楼巷很出名。这条巷子现在用石板铺了地。

巷子里还有个张八爹专门做"圆货",就是做各种用具的柄。他有个木车床,专门用来车圆货。挖掘出来,也可以增加点旅游资源,开发以后供人参观游览。

～～～～～～～～～～～～～～～～～～～～～～～～～～

印池的传说

讲述人:刘政

以前,东边蒲塘路的偏东一点,有一方池塘,水也蛮清的。池塘的名字叫印池。

关于印池,有一个传说,在清朝中期,池边上有一户姓吴的人

---

① 雨花台,位于南京城南1公里的雨花台丘陵中岗,面积113公顷,是中国新民主主义革命的纪念圣地,自新民主主义革命时期,就成了中国共产党人和爱国志士最集中的殉难地,有不计其数的烈士倒在血泊之中,其中留下姓名的仅2401位。

家以酿酒为业。因为印池的水比较清,可以酿好酒。有个和尚法号印光,从五台山下来化缘建庙。到了白蒲,在吴家老板的酒店落脚,并且成了吴老板的好朋友。以后,和尚每

印池无声诉说着曾经的故事

来苏中一带化缘,总到吴家来。他挎了一袋子银子,钱蛮多的,就寄在吴老板家。歇了几年,和尚不曾来。后来有一天,和尚来了,索要当年的银两。哪晓得吴老板存心不良,不承认有银子寄在他家。和尚在白蒲举目无亲,又没朋友,只能带着一腔愤怒离开了,再也不来了。吴老板得到和尚的一大袋银子,发了大财。他虽然结婚多年,可是到四十开外,夫人还未生养。

后来夫人好不容易怀孕了,快临产了,有一天,天气灰蒙蒙的,吴老板瞌睡了,伏在柜台上打盹,梦见印光和尚脚上穿着草鞋,身上系了什么带子来了。来了以后没有作声,就径直朝里头跑,他看见和尚跑到夫人的房间里去了。刚好此时吴老板醒了,就有人来报喜:"恭喜吴老板,你家有后了,得到一个儿子。"因为梦到和尚,对以前之事心存愧疚,吴老板就帮儿子取名叫吴印和。

吴老板中年得子,对儿子百般娇惯。吴印和因为家里富有又备受溺爱,养成了许多不良的习惯,成年后,吃赌嫖媱把家里产业败得差不多了。有一次,吴印和的鼻烟壶①不见了,他怀疑是店员偷的,就把这个店员抓起来私设公堂,对他进行严刑拷打。不久,这个店员就被折磨死了。这是个人命官司,人家就要告吴印和。他已经把家当败差不多了,再有人一告,他又花钱去买通官府。官府得到他的钱,虽然从轻处罚了,但是这么一来,吴印和

---

① 鼻烟壶,是盛鼻烟的容器,小可手握,便于携带。明末清初,鼻烟传入中国,产生了鼻烟壶。

穷了。没几年，他竟然变成了个讨饭的。一气之下，他感觉没得活路了，就跳到附近的池里头自杀了。于是，白蒲人把池塘取名叫印池。

消失的古佛庵

讲述人：刘政

白蒲的古佛庵，蛮有名的。

在白蒲东面原来有一条河，河上架有一座佛爷桥。有一年发大水，河里就漂了一个木头盒子，有人捞起来以后，打开盒子发现了一尊铜佛。大家为了供奉铜佛，就在河东边一里路远砌了一座庙，把铜佛供在那里。这庙就叫古佛庵。

在顾葭埭有个姓顾的人家，有六七个子女，都是虔诚的佛教徒。这家有个顾大，到古佛庵来削发为僧，做了和尚。他潜心礼佛，专做善事，碰到路上不平的地方，他就帮助整平了；碰到死蛇，他怕人踩到（旧社会人推车挑担赤脚，踏到蛇的骨头容易中毒死亡），他就把蛇埋起来；等等。甚至夏天晚上，他睡到蚊子窝里给蚊子咬，不出声。顾大去世以后，被人放在寿缸里头。三年以后，把缸开开来，这个和尚没有腐烂，只是骨瘦如柴，变成"肉身菩萨"。人们想这个人得道了，把他的肉体重新装金，供在庙里。

古佛庵既有肉身菩萨又有古佛，无论以前还是现在，你问到一些人，总有懂的。中华人民共和国成立以后，这个庙被拆除了，做了生产队的大场。改革开放以后，当地老百姓又把古佛庵建起来了，当年装顾大尸体的寿缸还保存得好好的，放在庙西边的场上，这里原来有一间房子，后来变成了三四间房子。后来，渐渐这地方发展起来，东边辟了个蒲盛路，一条南北向的大道，两边建了现代化的高楼。这个庙便被拆除了，庙里新塑的一些菩萨就被移到法宝寺。

文峰阁重建了

讲述人：刘政

白蒲有个文峰阁，两层的楼，建在土墩上面，位于白蒲镇通扬运河河口附近。运河流到文峰阁，转道往东，我们俗称新河湾。

新河湾是个风水宝地。自从开了新河湾后，常有人考取进士、举人。文峰阁没有建之前，驿道旁边，有个茶亭，夏天免费供人吃茶。道光元年（1821），有人提议把茶亭搬到南边土墩上，建文峰阁，供魁星菩萨。哪晓得这个时候，南通有人出来阻挠，说文峰阁建在此，破坏南通的风水。

白蒲有个姓杨的人与北京的学台有旧交情，请学台在皇帝面前疏通疏通，同意重建文峰阁。南通人早前上报，说文峰阁离南通只有六七里路，南通已经有文峰塔，没有必要再建阁，皇帝觉得有理。后来，皇帝就问学台，建文峰阁的地方离南通到底多远？学台说，如果从南通出来，从日出就出门，要走到日落才能到，有六七十里路。皇帝一听距离六七十里路，就欣然同意建这个文峰阁。文峰阁修建的事，从提议到实施，打了二十多年官司。

重建的文峰阁

在中华人民共和国成立之前，文峰阁已是破旧不堪，也就剩下两层空架子了。1969年，疏浚通扬运河，文峰阁就被拆除了。现在，文峰村里头又有人把文峰阁恢复起来，还请原江苏省委副书记的顾浩题了字。顾浩在"文化大革命"中曾经下放到文峰村，文峰村的人与他有旧交情，请他题个字，他蛮高兴的，字很快寄过来了。

秀才巷里故事多

讲述人：刘政

秀才巷在过去是一条南北大巷子。这会留下来的秀才巷，仅剩与市大街平行的一段。

我在《如皋文史》上发表过《秀才巷历史漫写》。文章第一部分介绍巷子里头的两个石头狮子。石狮子放在顾家祠堂大门前，是看门狮。据说，狮子是顾氏后人从安徽运回来的，原本是魏国大将夏侯渊家门口的狮子。在顾氏祠堂的门口，一个公狮子，一个母狮子。母狮子前头还有个小狮子。过去人家经常来顾氏祠堂向狮子敬香，到了端午节，就给狮子祭百索。用红丝线编起来的索子，加金银锁片，伢儿戴了这个百索能避邪。所谓"祭百索"，就是烧香后先把百索给小狮子套上，再从狮子头上脱下来，把伢儿挂，这样子祭百索就能祛邪，保佑年轻的伢儿像狮子一样健壮。祭到狮子以后伢儿取名，姓吴的人叫吴狮子，姓张的人叫张狮子。还有传说，狮子成了仙，晚上能够下地来，在巷子里滚绣球戏玩。

秀才巷里头还有个出名的院落，叫高大门，在旧社会原来是姓吴的人家的，后来卖给沈家的。高大门里头出了许多有功名上榜的人，而且这个院落里头房子非常多。

白蒲南边的佛余桥巷有个吴兆，开麻油店的，手上蛮有钱的。中华人民共和国快成立了，地主家的田也就三文不值二文的，能够卖了就卖了。吴兆就买了点田，也把高大门一宅的房子买下来了。在中华人民共和国成立之初，高大门基本归了公，做了镇政府干部的宿舍。当然，后来还有几间房子给了吴兆的子女。

高大门向北，就是顾家，现在房子不像样子了。他家前面靠近街面，有四五间房子，里头有个二门堂，门内朝南四间，朝北四间。有个男的顾锡光叫顾八先生，女的黄玉叫黄先生。顾先生一直是做教师，女的也是师范毕业的，曾经做过东校校长，是东校创办人之一。顾锡光家有棵桂花树，房子得名桂馨轩。他曾经在抗日战争时期辞去小学里职务，在

秀才巷北面巷口

桂馨轩办私塾。他就把过去学校教育的一套引进到私塾里来，前头设了黑板，学桌是横条子的，学生面向黑板而坐，不像私塾方桌子，或者三面坐人。这个私塾的学生水平参差不齐，年纪小的五六岁才启蒙，相当于一年级的；也有大的达到初一、初二的水平。他采取复式教学的模式，因材施教，根据不同年龄的伢儿采取不同的教育方式，培养出了一批人才。这个顾锡光先生养了七八个子女，大多都是大学毕业生。其中，顾超是苏州市的书法家，也蛮出名的，诗歌也写得不丑；他还有个儿子顾启，是南通师范学院的教授。

秀才巷里再朝北数，顾氏宗祠的对门就是吴氏宗祠。我记得小时候，吴氏宗祠里的祖宗牌位统统不存在了，祭品、桌子也没得，可能是多年战乱，已经遭到破坏。1949年10月前后，里下河的草台戏班子落脚到吴氏祠堂唱戏。敞厅就搭台做舞台，台前天井里用木头条搭的简易凳就好坐人，最北面的房子敞厅当演员宿舍，两边上厢房做生活区，又好办食堂，又好住人。剧团落脚唱戏总要唱整个月的，实在没交易了，再到别的地方找码头。后来，吴氏宗祠改变成了工人夜校。工人夜校可以说是白蒲镇职业教育的开始，开始时只有个把两个班，后来发展到六个班。那时没有电灯，用汽油灯照明，晚上上课，亮堂堂的，学生不少。到1958年，全国号召大办农中①，白蒲在南石桥旁边办了个高补班。小学毕业以后，考不取初中的伢儿就上高补班。补习班也有些规模，白蒲有些热心教育的人又办工业学校，把工人夜校的校舍利用起来，撤去了高补班办工业中学，开始时带点"浮夸风"，叫白蒲工学院，实际上是个初中，只开了初一班。两三年后，慢慢形成了初中三年制学校，共六个班级，这个学校办了四五年的时间。同时，学校还办工厂，地点就选在秀才巷北头吴家住宅里。当时白蒲镇有人来参观，必到的就是工业中学和校办工厂，这里形成了一个教育中心。

秀才巷里，有个名人叫单志澄。家里原来开布店，他的外公是清末民初著名画家吴致中，他就向外公学画画。1949年后，单志澄

---

① 农中，农业中学，系职业学校。系半农半读的学校。主要任务是为农村人民公社培养有社会主义觉悟、有文化、有现代科学技术的农民以及初级的农业技术和管理人才。

住在北京，后来一直没有家来过，现在也可能不在世了。巷子里头还有个叫陶路的，在篆刻①上很厉害。他原来是南通中学的高才生，上中学的时候喜爱篆刻，人很聪明。他后来出了一本书《篆刻汇编》，这本书上大约收了有千把个印章，由如皋的山水画家徐瑞庚，帮他出资印了几千本。南通市的几个书法家张宴、秦能、陈云，到白蒲来，看到陶路的篆刻大为赞赏。如皋的市报上也有文章，介绍了他的篆刻。

巷子南边的古戏台是个砖木结构的古建筑，已经二百多年了，墙总笔直的。在北边还有双堂屋。这条秀才巷是一条古巷子，如果要开发旅游，除了地面上铺了石头之外，也要像如皋东门一样，墙面也要用小青砖把它贴起来。另外，再弄些宣传的小册子，修缮了让人来参观，也是个资源。

镇区是个"溜鸡巷"

讲述人：刘政

白蒲镇区街头巷尾的还不少，一般不怎么来的人，有时候竟然跑得不晓得东西南北了。因此，白蒲的巷子又叫"溜鸡巷"，也是因为巷子多，捉到手上的鸡子溜掉了，难找到。

在白蒲中学北面，靠近南石桥那里，有个火巷。听人说的"南方丙丁火"，南边属"火"，这条巷子是白蒲最南边的一条巷子，因此得名。

"秀才巷"确实出了许多文人。西边差不多都是姓沈的人家，高大门院子里头专门有个匾，上匾的人都是有功名的，进士、举人、贡生等等。贡生由国家定期供应生活费，在古代是不简单的。

现在，原秀才巷向南也并入秀才巷，南边的巷子叫典当巷，巷子里过去开典当的。这个典当称南典，北边有个典当叫北典。北典不曾有多长时间，好像因为失火关了门。南典历时一百多年，老板是安徽绩溪人，股东中就有程赞卿（南通附属医院原副院长程达人

---

① 篆刻，中国传统艺术之一，指雕刻印章的艺术。因刻印时先在印材上作篆字，再加锲刻，故称。一般用刀刻于石、牙、角、木等印材上；金属印章，则多先刻印模，然后铸成。秦印、汉印为公认的篆刻艺术之源，明、清两代出现众多篆刻流派。

的父亲）、程秀卿兄弟。南典开始一段时间非常兴旺。后来，可能管理人员监守自盗，也失了次火，就开不下去了。房子"关门卖"，就是把门一关，里头所有的树木花草、家具，包括墙上挂的匾，一样东西都不拿，哪个出钱就卖给谁。大概是刘桥有个老板跑过来，出资 9 000 个大洋买的。这个老板同白蒲街上开粮食行的陈先生是好朋友，问这个陈先生借了 9 000 大洋买下来后，也不曾来还钱，也不来住房子，不了了之了。陈先生就变成了房主。后来，房子充了公，被改造为区供销社。这个里头还有个古戏台，朝北，面对敞厅，过去人家家里办堂会，请戏班子来演戏。老戏台还在，已经破旧不堪，同我家房子差不多大，角稍微有点翘，现在翘角已经被拿掉了。

南边现在还仅存的一条佛伞桥巷，原来早年东边上有一条河叫玉带河。有一年发水，随水淌了个木盒子来了。木盒子打捞上来后，发现里面有一尊铜佛，在佛伞的地方建了一座桥，叫佛伞桥。后来，河没了，佛伞桥也废了，就有了佛伞桥巷。原来佛伞桥巷也是南北分界的巷子，也叫分界巷，南边是南通，北边是如皋。

佛伞桥巷往东点，有个南北的井儿口巷，就是大路口有个井，人称井儿口。井儿口巷的名字是现在取的，再上北与秀才巷平行的是驷马桥巷，还有个小桥叫筷儿桥，南边是驷马桥。当年，有个姓吴的人家要出资建桥。吴家发生变故，桥不曾立即建好，最后吴家"一言既出，驷马难追"，克服困难，筹集资金修好了桥，于是这座桥取名叫驷马桥。后来，玉带河被填平了，驷马桥也没有了，现在填平的玉带河一带成了巷道，取名驷马桥巷。

驷马桥巷向东有印池南巷、印池北巷；驷马桥巷南端向东是东行巷。老早以前，白蒲东乡的人从一里墩向西经过公墓三角坟，再朝西跑点就到东行巷。巷子很小，房子也矮也小。民国时期，巷子已经形成了东西的街面，里头有草行，过去人家家里不烧煤气、煤饼，主要就是靠灶烧草。东乡的人用船装豆秆、棉花秆到街上来卖。草行应运而生，设在河边、巷子头上。另外，还有几家粮食行，经营豆饼、黄豆、大麦、小麦等，还有几个做小本钱生意的。因这巷子在白蒲东边，又有些商行，所以叫东行巷。现在巷东边已经不通了，变成了断头路，这条巷子仍然仅存在那里。

现在白蒲北面的大路，叫蒲塘路，在 1949 年之前是条东西比较狭窄的脚行巷。脚行就是过去出苦力,凭箩筐、扁担运货来挣钱的行业,后来叫搬运站、搬运公司。这个巷子后来拓宽了,并向东延伸,成东西主干道。

在美国长老会那里,西边还有一条平行的巷子叫史家巷,过去有个不雅的名字叫屎缸巷,因为在巷子头上有两三个大茅缸。过去白蒲的厕所有很大的粪池,上头有木头座,桌子一般高的脚踏子蹬上去,木头座供人大便,白蒲人戏称厕所叫"一步楼"。后来,根据谐音改成了史家巷,实际上,巷子里头一个姓史的人家都没有。

传说,白蒲有个女子,她丈夫短命大概20几岁就死了。后来,她的公老爹、婆老太又死了,就剩她一个人。她还养了个遗腹子①。没得办法,就从南通家来,依靠父亲过日子。同时,把她的儿子抚养成人,这个儿子曾经还得过天花,保住了性命,但瞎了一只眼睛。她靠纺织来挣点钱,精心地培育这个儿子,教他读书。后来,儿子还做到县官的助手。她死了以后,帮她立了个牌坊叫三牌楼,旁边的巷子叫三牌楼巷。这个巷子北边还设了个育婴堂,育婴堂就是过去旧社会收养弃婴的慈善机构,那个巷子取名叫育婴堂巷,现在统称北市大街,变成一条古街。

白蒲公园的变迁

讲述人:刘政

在古代,白蒲林园有二十几处,后来没有了。

1949年之后,白蒲又新辟了一个公园,除了如城外,白蒲成为全县唯一有公园的乡镇。在中华人民共和国成立之前,这个地方四边是沟,有七八亩田,是个姓顾的人家租种的,这家在上面搭了几间茅屋居住,种田为生。早前,这个地方被伪军的团长朱开聪占去了,建了个核心工事。朱开聪在西边设了个吊桥,四边环水,只有一边有吊桥好进出,在四个角上还建了碉堡②,这成为朱开聪的核心工事。1945年,白蒲解放了,朱开聪建的碉堡又被夷为平地,这

---

① 遗腹子,怀孕妇人于丈夫死后所生的孩子,就是出生时父亲已经过世的孩子。

② 碉堡,古代军事上的专有名词,是指用木、铁或混凝土等建成的军事上的防御建筑物,作为自卫基地。碉堡在德国为避难所,在苏联为储存场所,在日本和其他国家为军事检查堡垒。

在曾经的公园内舞扇的村民

里变成一片荒地。中华人民共和国成立初期，有个娄炳泉，觉得这个地方有发展前途，又租下来想办个农场，养鸡子、养猪子，种田。娄炳泉花了很大的力量，雇了人，把地整了，把碉堡的地基挖掉，变成了田地。大约经营了两三年，一方面因他人力有限，另一方面可能也不曾有什么效益，他后来就不想弄了，把田转手给了白蒲中学做操场。白蒲中学后来有了操场，这块地又空下来。1958年，镇政府想到这块地四边是沟，可以建个公园。建公园的花草、树木那时是平调过来的，人家家里有什么花草、盆景一搬就去了。当时，公园办得蛮好的，建了三间茅屋作为温室，里面摆有盆景；请了街上有花木管理技术的人（姓陶），负责管理公园。当时，公园是白蒲政协活动的一个场所，因为公园有花有草的，非常适合定期举办活动。后来，这里驻进了工厂，有油石厂、絮棉厂。田里有人种点花草之类的，比如秋天培育点菊花，这样就有了点收入。一直到1985年，这个地方工厂迁走了，又重新恢复成公园。

现在公园西边一块已经建了文明佳苑小区，绿化保护得蛮好的。朝西砌了一座桥，叫百岁桥；里头有环形跑道，有假山，还有两栋楼房；有门球场，给人锻炼。我经常在公园里唱京剧或做运动，现在这里又不叫公园了，作为文明佳苑的一块绿地。

做古镇文化的传承人

讲述人：杨春和

江苏省、南通市分别开展非物质文化遗产普查和农村历史文化遗产普查工作，政镇府又要我总负责。我组织相关人员参加小组活动,共同学习,分配任务。同时自己也以身作则,顶炎热冒酷暑,驻足古镇大街小巷,踏遍全镇原56个自然村,走访数百个重点普查源,拍摄了近千组基础镜头。我认真搜集白蒲慰安所的大量资料,并千方百计寻找到日本士兵随军日记、侵略白蒲的照片,互为佐证,形成了日本侵略者在白蒲的罪恶纪实,铁证如山。这些资料我还投稿到如皋、南通等地的报刊并成功登载。

为了跟上时代步伐,适应历史文化研究工作的需要,我在较短时间内,自学了电脑办公操作基本技术,学会了打印、复印、编辑、上网下载资料、拍摄照片、扫描、QQ、微信、邮件收发,什么WORD、EXCEL、PDF、PPT等软件也能初步掌握。我主编了67万字、860多幅照片的农村历史文化遗产普查汇总资料和30余万字的非遗普查汇编资料,以及17种类别98则地名的美丽故事,其采稿量、汇编质量均为全市之最。

我还为镇政府申报全国重点镇①、国家建制镇②示范试点镇、江苏省特色景观旅游名镇提供素材。我带队向考察领导专家宣讲介绍古镇的悠久历史,专家很是感叹。专家讲,现在像白蒲这样保留了5.18公顷这么大的古建筑保护区的镇在全省也不太多了。由于有古镇为基础,全国重点镇、国家建制镇、江苏省特色景观旅游名镇都如期被批准下来。

2017年,我还领衔编写中国红木文化之乡、中国红木文化艺术传承基地的申报材料。此后,我又受政府的委托,承担申报中国长寿文化之乡、中国长寿饮食文化传承基地的申报工作。申报材料有20多万字。申报过程中,专家看到材料,认为资料详实,都已顺利批准。

2018年,我又参与江苏省名镇志的编纂工作,任执行主编,除完成分配到本人的任务外,还协调处理各项资料筹集。参与了初审、复审、终审中的各项补充工作。在这两年时间内,为补充、核查、校对,我在电脑上常常工作到深夜。

---

① 全国重点镇,一般具有镇域规模较大、人口较多、经济较发达、配套设施较完善等特点,建设全国重点镇是均衡布局农村转移人口、减少大城市人口承载压力的有效手段。

② 建制镇,即"设镇",是指经省、自治区、直辖市人民政府批准设立的镇。按照建镇标准,搞好规划,合理布局,使小城镇建设真正起到促进城乡物资交流和经济发展的作用。随着建制镇的增长,中国国民经济得到持续的高增长,从而进一步推动中国城市化进程。

同年,白蒲又创建省诗词之乡,党委政府又让我组织。我在创建工作中,参加策划,构思。并完成诗词进企业、进景区试点工作。我还协助镇政府编制了《蒲塘诗词集》。这是与刘政同志一起编辑的,我们花了五个多月的时间,把白蒲的诗人几十年来作的诗编辑起来形成了这本《蒲塘诗词集》。在法宝寺景区、白蒲酒厂、蒲东社区,我深入一线,靠前指挥、帮助策划,创建有新意、有特色,项目落实均取得成效,在省市验收中得到领导的一致好评。

为了更好地保护古镇,我还协助政府编制了《省历史文化名镇保护规划》《历史文化街区保护规划》《白蒲镇博物馆修缮规划》。为了传承古镇文化,激发全镇人民对古镇文化保护的积极性,我与研究会同仁编写江海文化丛书《风雅千年名流接踵——白蒲》。我还配合北大江融教授编写《行走古镇——白蒲》画册,带队摄制400多幅珍贵照片。我又协助省、市组织的大型"乡村记忆文化工程"在白蒲多点多地的拍摄采风活动,这项工作进行了一年多,现在已经结束了。

我还利用自己精心积累的文史、图片资料,主动在镇文化站制作了"白蒲历史文化展览",共有八大版块。几年来,接待省市各类领导、专家、学者及市民、学生参观学习,取得了较好的效果。

古镇风物掌故在我心中早已烂熟,我既是展览室的义务讲解员,又是古镇导游。凡是上级领导、新闻媒体及外地游客前来古镇考察、采风,我都熟门熟路,带队走街入巷串户。一桩桩生动的历史事件、一个个美丽的故事传说,我都能脱口而出,不断加深人们对白蒲古镇传承保护的理解和支持。

杨春和参与或主持编撰的材料

这次全省开展的口述历史采集工作在我镇进行，我协助策划、构思、联络，编制计划，协调解决各方面的问题，保证了整个采集工作顺利进行。

四、保护开发

白蒲镇是江苏省历史文化名镇，有江苏省、南通市、如皋市文物保护单位和国家AAA级旅游景区多处。昨日的辉煌已经结晶为经典，今天的文脉正阔步走向悠远。保护文化街区，收集历史文物，修缮明清建筑，正在如火如荼进行。

古镇开发与保护

讲述人：沈恒希

张成到白蒲来做镇长、副书记。市委书记找他谈话："你到白蒲去，项目要抓，但是白蒲是个古镇，在文化建设方面多动动脑筋。"

白蒲有上千年的历史，在东晋义熙七年（411）建县，如皋县城也是这一年建县的，石庄叫临江县，这三个县都是同一年建的。据说，唐朝时，白蒲的繁荣达到顶峰。到了国民党时期，白蒲仍是苏北重镇，是国共必争的地方。国民党的流亡如皋县政府在白蒲驻过一段时间，就在刘政家附近，县长也住在那里，如皋解放后县长被抓。

历史建筑有美国长老会的房子。现在整体全部修缮了，修旧如旧，弄得不丑，准备挂白蒲镇博物馆牌子。每个房间做什么，方案都定好了。将来，派出所向北要建国际小学，法宝寺向西南要建长寿休闲养生区。我想写个建议书给镇政府参考，白蒲中学临街面破破烂烂的，应该改造成中式文化街，建个中式楼房，带走马廊檐的那种，两三层楼就行，底下开店，二楼人家住住，三楼用内楼梯上去给单身教师住。

市大街开发还不曾弄啊，只把石板路面铺好了。老市大街要开店，要繁荣起来才行，如皋东大街用了三个亿开发了，可店不行啊，没多少交易啊。市大街北面，要把店开起来。镇上的杨春和点子多，镇上领导还要搞个名人园雕塑，在白蒲政府的南面。

古建筑正在恢复

讲述人：杨鸣

白蒲的历史有一千多年，有些古建筑被拆除了。这几年有的在恢复重建，比如，南石桥、北石桥，虽然不是原来的，但也保留了白蒲人的记忆。

近几年，白蒲的旅游开发也在进行中。白蒲的旅游开发主要是依托市场，政府也参与，但毕竟财力有限。所有白蒲人都有感觉，杨春和老书记对古镇保护起了很大的作用，凭自己的人格魅力和关系，发动群众筹集资金，建起法宝寺。我当时也捐了几千块钱呢。

~~~~~~~~~~~~~~~~~~~~~~~

瓦当也成了古董

讲述人：顾华

前几天去买茶干时，我看到巷子里，有几个旅游的人，正在看瓦上刻的图案，说那房子是民国时修建的。

这儿三间屋都有这么个瓦，上头四个字，我还认不得，有的猫头是寿字，有的是龙，有的是蛇，有的是蝴蝶，还有的是蝙蝠，但蝙蝠的少啦。

前几天，南到北街、东到西街，我总在瞅，看到果有这种猫头，还就没有啊，还只有这个巷子里有。像这么一大片的地方能有几家住啊。丛家里头没有人，郑家里头没有人，冯家里头没有人，包括原来日本人做慰安所的房子也没有人住。政府应该回收。有保护价值的空房子通过政府买下来，以后可以修复做做旅游；不保护，将来就看不见了。

~~~~~~~~~~~~~~~~~~~~~~~

祖宅是文物保护单位

讲述人：沈鼎

我家的宅子并不是沈岐的老宅。父亲跟我说过，这是他曾祖母买下来的。这个地方叫蔡家园，当时是姓蔡的人家砌的，好像是三进院子，前头有房子，后头有房子。后来家人离开了这里。"文革"时，有人在里面养兔子。后来，安排住户进来，里头共住三户人家。

1987年，落实政策，伯伯是华侨，我家沾了点光，回到老宅子生活。由于房龄比较长，这种房子现在不太多，杨书记带南京大学的专家来考察了，认为它有保存价值，申请将它作为值得保留的明清建筑，现在是省级文物保护单位，下一步，镇上还准备申请专项经费进行修缮。

义务重建法宝寺

讲述人：吴圣

大约是1999年，我们在杨书记的发动下，按照原样，买来街上拆迁老房子的"老料"，在进寺南边朝北的地方，砌了一排新房子。古建筑质量是比较好的，五间房子前后进深不一样大，我们将其调成进深一样大。全部用的原来的材料，材料也属于白蒲镇上的遗产。几间房子的质量是比较好的，全部是徽派建筑①风格，雕刻不少。后来，大殿、走廊、天王殿、朝西的经房也砌起来了。杨春和书记主要起到谋划的作用。我们从建筑材料的选用、图纸的构画等方面出谋划策。我和他一起去买材料，为保护古建筑，跑了不少腿。

参与筹建法宝寺

讲述人：吴宗朴

我是1997年12月办的退休，但人还在镇上，有工作还照做。1998年中，镇上周书记找我，说要筹建法宝寺，要我做杨春和书记的助手，做筹建处办公室主任，负责内部的事情。

这期间，一是发动群众捐款。我从机修厂弄了一间房子做募化站，当时，我们从如皋定慧寺借了尊菩萨，我还组织人到各个小组宣传，要大家做点慈善事业。财务制度抓得很严，捐款箱的钥匙有两把，要两人以上才好开箱。开箱以后还要点清钱币，一一记录下

---

① 徽派建筑，是中国古建筑最重要的流派之一，并非指安徽建筑，主要流行于钱塘江上游的新安江流域、浙西的婺州、衢州及泛徽州地区（江西浮梁、德兴，安徽旌德、石台）。徽派建筑集徽州山川风景之灵气，融风俗文化之精华，风格独特，结构严谨，雕镂精湛，不论是村镇规划构思，还是平面及空间处理、建筑雕刻艺术的综合运用都充分体现了鲜明的地方特色。

来。杨书记在这方面很认真的。我把搞养老保险时的经验用到法宝寺筹建中：哪些人参加的要搞清楚；募捐的钱要有收据——一式三联，一联给捐钱的人，一联在家里，还有一联作为缴款单；专门安排收钱的人，钱收好后，将缴款单交给会计，会计交给银行，要三统一。

重建后的法宝寺长廊

二是组织人力建设。我组织人力，明朝做什么，后朝做什么。人力都是免费的，全部是义务劳动。法宝寺是拆过来的，搬运全部是镇上的人帮忙的，群众积极性蛮高的，都不要钱。没有自来水，东西全部在河里洗。很多是年纪大的老爹、老太参与的。有个老和尚叫宗鼎，人非常好，没有食堂，三块砖头支起锅来做饭，自家带菜、米来，还睡在工地上。

众人中，杨书记吃的苦大呢。他的交际广啊，在外面争取各方面的支持，人力、物力、财力的获得都不容易。法宝寺重建，杨书记是第一功臣。我们是在他后面做具体工作，他叫怎么弄就怎么弄。他经常加班到深夜，有一次，到夜里三点钟才回去的。

有时要用汽车出去办事，寺里没有钱，我就向镇上申请用车。我的办公桌是原来镇上已经用了36年的那一张。最令我感慨的是，南石桥的四个石狮子被我们找出来了，石狮子被絮棉厂铺在大门口坝头上，用于驳岸。群众肯吃苦呢，从泥土里扒出来了，上面写着："愿天常生好人，愿人常行好事"，同如皋丰乐桥上写的是一样的。

一个大老板捐了一百多万元，买来寺里菩萨身上所用的全部贴金。阎王殿是浦文海主席的弟弟浦文余一个人发动群众捐建的。镇上也是很支持的,搬运站有个旅社,旅社拆掉后,把里面床、被子、帐子等物品全部给了我们。针织厂撤销后,把办公桌送给了我们,现在寺里的东西全是别人送的。

～～～～～～～～～～～～～～～～～～～～～～～～～～

做古镇保护的"领头羊"

讲述人:杨春和

白蒲镇宋街古巷内,青砖灰瓦、砖木结构的苏派、徽派的建筑,画梁雕栋,重檐翘角,工艺精良,风格独特,为苏中、苏北地区所罕见。

为了发展古街,我带领一群志愿者苦心孤诣,搜集文物。多年来,我们共收集墓志铭石10余块,古牌坊条石30余块,其余各类文物50多件,如"五世一堂坊"石、"百岁坊"石、"白蒲小学初创石碑"、"法宝寺田产碑"等。有人笑话我是个收旧货、捡破烂的老人,我乐呵呵地说:"收集散失在民间的文物的这副'货郎担',我将继续挑下去!"

在收集的这些文物中,"皇帝御旨碑"是清朝道光年间都察院左都御史沈岐父母的墓志铭碑。后来此碑被农户砌在猪舍墙壁内。我得到这个信息后,登门动之以情,晓之以理,多次宣传《文物保护法》,终于将这块文物从猪圈里面解放出来,送入法宝寺内。这块墓志铭碑具有较高的书法、雕刻艺术价值,为研究清代家族史提供了第一手史料。

清左都御使沈岐父母墓志盖石

"五世同堂坊"牌楼柱石,由于特殊的原因,遭到破坏,残石搁置在印池河边作为老百姓洗菜的踏步石。由于碑石几十吨重,请吊机需花费8 000多元,我发动大家土法上马,用滑轮提吊,硬是将十六块坊石拉上了岸。这些牌坊石我也送给法宝寺,成为我市长寿文化悠久历史的又一重要佐证。省有关专家、学者来白蒲考察后说:"在老干部的带领下,一个古镇能收集这么多的古迹文物,在全省实属罕见!"

我坚持向历届镇政府建言献策,申报国家、省两级历史文化名镇。2013 年,白蒲镇如愿被列为江苏省历史文化名镇。之后,我再接再厉,又于 2013 年、2016 年,两次协助镇政府完成中国历史文化名镇申报工作,目前,白蒲的中国历史文化名镇申报正在等待上级的批准。

当我看到丽江古城一年内三次火灾的报道,不禁联想到白蒲古镇区内建筑鳞次栉比,年久失修,存在消防隐患。我又分别向镇政府和市文广新局书面提出了"加强古镇区消防安全教育,增设灭火消防设施"的建议。文广新局拨付的 100 台灭火器,全部发放到古镇联防用户的手中。此后,政府又对省文物保护单位增加消防喷淋设施,使古镇的防火工作得到基本的保障。

我还多次书面或口头向党委、政府建言献策,如利用古镇资源加速发展旅游业,修缮古街古巷恢复石板路、美国长老会白蒲教堂、古戏台。利用美国长老会白蒲教堂建立博物馆等建议,都得到了党政领导的肯定和采纳。其中,镇区的文化墙、石板路、长老会教堂等相关项目都已经实施了。

第二章
寿乡探秘

溯古追今,蒲塘乡亲,多为寿星。长寿思源,离不开水润人美、品优德高,也离不开淳朴民风、贤孝文化。还有别具一格的三香斋茶干、白蒲、黄酒等长寿美食,让老人们享"寿"人生。

一、长寿文化

白蒲镇堪称华夏长寿第一镇。长寿文化源远流长,长寿基因一脉传承,长寿现象令人瞩目。古往今来,百岁寿星在各自的时空里闪烁辉映。如今,海晏河清,政通人和,百岁人瑞脸上绽放的笑容,深深镌刻着长寿文化的岁月印记!

白蒲古代长寿寿星

讲述人:秦镜泽

白蒲长寿历史,源远流长,州县、家谱、镇志等书多有记载。截至2017年12月底,白蒲人口123 000多人,其中百岁寿星有44位,约占总人口的万分之三点五八,已超过联合国世界长寿之乡的标准。据此,白蒲堪称华夏长寿第一镇。

先说古代,文献记载:白蒲镇90岁以上的共有85人,男女老人各有34位和51位。

《三国志·吴书》记载:吕岱(161—256),广陵海陵人(今属白蒲镇林梓社区),享寿96岁。

旧版《白蒲镇志》记载:姜迓熹96岁、姜士芮96岁、郭镇92岁、陈紫垣96岁、姚日进妻吴氏92岁、刘明妻吴氏91岁、邹文耀妻李氏98岁、邹文瑞妻马氏98岁、姜任修妻顾氏96岁、薛显祖妻郭氏93岁、杨杰妻程氏91岁、陶佩玉91岁及妻吴氏94岁、顾鉴90岁、顾元妻陈氏96岁、顾巢阁妻吴氏96岁。

白蒲《郑氏族谱》记:郑东海妻姚氏90岁、郑大毅妻宗氏94岁、郑有章妻沈氏90岁、郑尹敦91岁、郑丕城妻薛氏97岁、郑修妻顾氏90岁、郑立训继配黄氏92岁。

白蒲《沈氏宗谱》记载:沈书升93岁、沈猷92岁、沈澧94岁、沈岑93岁、沈炼妻蒋氏94岁。

白蒲《邓氏族谱》有录:邓鸿寿登90多岁,获得皇帝赏赐米布;邓枢妻任氏寿登93岁,也获皇帝赏赐米布;邓淳寿登91岁,恩赐八品衔,其妻史氏寿登90岁,夫妻都获皇帝赏赐米布。

白蒲《顾氏家谱》记载:顾谊享年91岁,县令曾请他参加宴会；顾守享年 99 岁；顾天荐享年 93 岁，三次获皇帝赏赐米；顾允谦享年 96 岁；顾万里寿登 98 岁。

白蒲顾葭埭《顾氏宗谱》记载：顾榴 93 岁、顾家鸾 93 岁、顾希成妻王氏 93 岁。

白蒲《杨氏家谱》记载：杨鼎监妻冒氏寿登 93 岁，杨绥组继妻高氏寿登 92 岁。

白蒲《吴氏家乘》记载 90 岁以上老者共 41 人（男 12 人，女 29 人）。吴尔泰寿登 90 岁，生逢五代；吴必誉寿登 90 岁，举乡饮耆，恩赐黄衣；吴必贞，寿登 95 岁，恩赐粟帛，授八品顶戴；吴宗盛妻沐氏寿登 94 岁，恩赐粟帛，建有长寿牌坊；吴称妻魏氏寿登 94 岁，恩赐黄衣……

沈岐编撰的《沈氏宗谱》

历史上五世同堂或眼见五代有 10 人，除去上述的吴尔泰，还有如下几位。

民国《如皋县志》记述：杨春生五世一堂，旌如例，年 90 岁；秦永茂五世一堂，旌如例，年 94 岁。

清朝《白蒲镇志》记述：姜笛，一堂五世，寿 96 岁；吴谏妻徐氏，目见五代，94 岁；吴宗盛妻沐氏，一门五世，寿 94 岁。

白蒲《吴氏家乘》记载：吴世则，字昆仑，五世同堂，寿 81 岁；吴嘉孺，字义我，号瑟如，寿登 93 岁，眼见五代。

古代不少白蒲名人寿星，极具风采。

顾谊（1462—1552），字从宜，号北居，仪表魁梧，为人朴诚爽直，办事果敢坚毅。在民间，他享有威望，通州知州、如皋知县到白蒲来，都去拜访他。明正德年间，他与同里吴庶先发起修建北石桥，公众推举他负责采购石料。他不顾个人安危，多次亲赴江南洞庭山采运石料，终于在明正德十二年（1517）把北石桥建成，初名登津桥，又名溯淮桥，俗称北石桥。他还多次应邀参加如皋知县举办的宴会，如皋知县称赞他"人伦藻鉴"。他享寿 91 岁。

吴世则（1596—1677），字微庶，号昆仑，承顺心德，勤俭治家,为人耿直,说话公道。亲友间有不平之事,他竭力排解,使双方情理两得,满意而去。县令李文秀奖其匾额"行高香洛"。他八十大寿,家添玄孙,知县高瑚又赠其匾额"德徽五代"。这年,里下河地区发大水,许多灾民逃荒到白蒲。他将自己的积蓄和儿子为他办庆寿的钱财全部用来购置棉袄,送给灾民。他寿登82岁。友人称赞说:"昆仑公身历两朝,眼看五代,硕德宏才,世不多见。"

其子吴嘉孺(1617—1708),字羡我,号瑟如,孝亲尽礼尽哀,为人朴实无伪,向以勤俭为本,食不重味,衣不兼采。他先后三次应邀去如皋城参加知县举办的宴会。他八十寿庆,也喜见玄孙,五世一堂,江苏巡抚宋荦特奖其匾额"齿德兼优"。他享寿92岁。名儒王楼村说:"吴族自昆仑公亲见五世而公又与之齐,蒲中论家庭盛事者,以公家为第一。"

徐培,字天笃,自幼力大,稍长工技击,炼臂如铁,刀斧不能入,人呼之为徐铁膀。他躺下,把手臂伸开,让重载的车子从臂上碾过,丝毫无损,看得人心服口服。有少林寺和尚来和他比武,他都比赢了。当时又有和尚向他挑战,他委婉地说:"我的手臂已受伤了,要治疗多日,我就不跟你比了。"他活了九十多岁。

陶佩玉,字正昌,号润斋,是个秀才,以忠厚宅心,以诚信处世,寿登91岁。妻子吴氏,与两个媳妇拉家常,以俭道相戒免,寿登94岁。

姜迈熹,字子蕃,喜爱古法书名画,不惜重价购求。他学习养生术,老当益壮,步履如飞,灯下能写蝇头小楷,得颜筋柳骨,年96岁无疾而终。

郑东海之妻姚氏,喜读书,识古今,勤俭以孝闻,她常对媳妇说,不勤则逸,不俭则骄。明朝天启、崇祯年间,闹饥荒,遇到荒民,她就拿些粮食、衣服送给人家。姚氏享年九十,无疾而卒。

吴宗盛之妻沐氏,29岁丧夫,痛不欲生,念上有公婆需要侍养,下有幼子待抚育,坚持生活,孝顺父母,培养子女。孝养公老爹历时八年,精心照顾。终年持斋礼佛,后有曾孙绕膝,五世一堂,享年94岁。

姜任修之妻顾氏,出身名门,培养儿子,考取举人。白蒲人称她为健妇,享年96岁。

镇南季家糖坊老板季南林之妻,性娴静,寡言笑,帮助丈夫处理家务事，克勤克俭，扶养嗣子。道光十六年（1836），孝和睿皇后六十万寿节，对天下百岁老人赐粟帛，宗氏亦受赏赐黄衣鸠杖。道光十七年（1837），她的儿子季维珍为她举办百岁寿庆，亲朋好友、左右邻居数百人前来热烈祝贺。她身穿黄衣，手执鸠杖，喜气洋洋地迎接宾客，享寿102岁。

白蒲寿坛十大盛事

讲述人：秦镜泽

纵观古今，白蒲寿坛喜出十大盛事，现在介绍如下。

第一盛事：高龄封官。吕岱是一位身经百战、开疆拓土的军事家。初为郡县小吏，汉末战乱，投效孙权，屡立奇功，历任昭信中郎将、庐陵太守、交州刺史，80岁时晋升大将军。92岁时，他又官拜大司马，位在三公之上，堪称一大奇迹。吕岱一生廉洁奉公，自任交州刺史以后整日埋首公务，无暇顾及家事。妻儿衣食匮乏，难以度日，孙权得知后，即每年赐以钱米布帛。吕岱临终前，吩咐儿子吕凯："殡葬之制，务从俭约。"凯遵父嘱，以"素棺、疏巾、布襦"将吕岱安葬于出生之地的白蒲高阳荡（今林梓社区）。

第二盛事：状元祝寿。顾万里（1591—1688），字翼飞，号讲山，隐居不仕。明崇祯年间，北石桥被暴雨冲坏，顾万里入山采石，经数月屹然告成，又置义冢，赈饥荒。顾万里九十大寿，其独子顾岱宴请亲朋好友为其庆贺。康熙六年（1667）状元缪彤，撰有《大隐君翼飞先生九十寿序》，以示热烈祝贺。顾万里妻子是缪家的，缪彤是他丈人家的后代，所以写了寿序。

第三盛事：高官献诗。白蒲钱氏（1634—1727），系白蒲邑庠生、诰赠文林郎石崧之妻子，生有三子，大儿子叫石瑾，字玉溪，康熙三十七年（1698）贡生；第二个儿子石琮，字果育，号又全，康熙五十二年（1713）举人，诰授文林郎；第三个儿子石璠，字夬若，邑庠生。石琮，为文力崇古训，而尤得力于韩苏二家，一时能文名士，尽出其门。康熙第十六个儿子庄亲王允禄听说他的名声后，就请他到王府担任家庭教师，教授其子弘普、弘明。其间，庄亲王允禄偕子弘普，还请石琮月夜同舟，游湖联吟。雍正四年（1726）六月初五，母亲钱氏九十大寿，石琮邀请其好友朝廷一品大官礼部尚书任兰枝、刑部尚书孙嘉淦、吏部尚书魏廷珍、雍正元年（1723）恩科状元湖北学政于振、江苏学政礼部侍郎张廷璐等10位高官及地方名贤赋诗祝贺。其中，名臣孙嘉淦的祝寿诗写道：

> 九秩华筵敞紫芝，人间阆苑赋新诗。
> 鹤龄祝应悬金悦，鲐背歌还晋玉卮。
> 兰茂南陔欣植杖，萱荣北寝快含饴。
> 惭余忝附登龙末，堂下爰陈织锦词。

第四盛事：奉旨建坊。陈天祥（1671—1772），家世寒微，在镇上经营小本生意，安贫守分，年至期颐，腰脚清健，背不驼，发不白，手不用杖，与人说话笑容可亲。乾隆三十六年（1771）奉旨建百岁坊，牌坊横石书有"寿登百岁陈天祥之坊"九个大字。牌坊石头还保存在法宝寺。陈天祥老人享寿102岁，无疾而终。

第五盛事：皇帝请客。吴际昌（1716—1803），字麟文，号韦亭，性格豪迈，寄居扬州与名士相往来。嘉庆元年（1796），奉太上皇乾隆帝恩旨，与同里施景禹共赴京师参加太上皇乾隆帝禅位、嘉庆帝登基的"千叟宴"隆重典礼，吴际昌撰《赴千叟宴恭记》。

《恭记》记载了吴际昌老人赴"千叟宴"的盛况，表达了他"伏蒙恩赐"，受此"荣遇"的虔诚感恩心情。遗憾的是原来供藏在家祠内的御诗、如意、鸠杖、银牌等珍品，都没有了。吴际昌活到88岁。

第六盛事：钦赐金匾。沈猷（1752—1843），字尊彝，号兰泉，清国学生，诰封光禄大夫。善良谦谨，工书法，教子有方，常谆谆勉励儿孙立品自爱，读书成名。一门出4名进士、4位举人。道光二十一年（1841）正月十九日，时任都察院左都御史的二子沈岐在京城为他举办寿筵。堂内悬挂"一品当朝""五世同堂""九旬正寿"十二个大字，见者莫不艳羡，称其为人瑞。道光皇帝钦赐"恩荣衍庆"金匾、官缎等，奉旨旌表建"五世坊"，寿92岁。清代兵部侍郎、江南总督潘锡恩为其撰《墓志铭》，清代大学者、体仁阁大学士阮元篆墓盖。

第七盛事：圣旨嘉奖。沈岐（1773—1862），字鸣周，号饴原，别号五山樵叟。嘉庆五年（1800）恩科举人、十三年（1808）进士，历任翰林院编修、国史馆总纂、侍读学士、侍讲学士、国子监祭酒、内阁学士兼礼部侍郎、吏部右侍郎、兵部左右侍郎、紫禁城骑马、嘉庆庚午科湖北乡试正考官、己卯恩科会试同考官、都察院左都御史诸职。在朝期间，他厘奸剔弊，刚正不阿，反对捐资买官、坚持严禁鸦片，得到道光皇帝的首肯与支持。他为官布衣蔬食，不改孺素之风。致仕后主讲扬州梅花、安定诸书院，与清代学者阮元、文学家梁章钜同住南河下，时称"南河三老"。76岁时，他重游泮水。

咸丰十年（1860），朝廷奖给书"宾筵人瑞"金匾，准其重赴鹿鸣宴。沈岐重赴鹿鸣宴，并作《纪恩诗》四首。兹选录两首如下：

大罗天上会群仙，倖侧微名讵偶然。
棋局酒垆联雅集，雪泥鸿爪话前缘。
勋铭竹帛分中外，梦醒黄粱敦后先。
今日洪恩开寿榜，桂花香里月重圆。

圣代官人始鹿鸣，班联玉笋尽知名。
食苹叠奏宾兴曲，折桂重邀蕊榜荣。
权国杖朝惭耋老，同袍同泽赖公卿。
遐龄帝赐非无竟，快睹银河洗甲兵。

沈岐于同治元年（1862）谢世，寿90岁。恩赐祭葬，谥号文清。

第八盛事：元首褒辞。钱氏（1853—1946），清诰封宜人，系白蒲贡生、诰授奉政大夫郑志善之继妻。生了两个儿子，长子郑鸿浩，字子荣，号伯纶，贡生，诰授奉政大夫、候选盐课使提举，如皋特税经理处名誉理事、白蒲市警董助理员，通如海棉业公会董事；二子郑鸿藻，字锐耕，号仲华，国学生，敕授儒林郎，候选布政司经历。

1922年农历十月吉日，钱氏70岁生日，其子郑鸿浩、郑鸿藻设寿宴，邀请至亲好友前来庆贺，时任白蒲市总董、通海镇守使署谘议、沈来宽特撰《钱太宜人七十寿言》予以祝贺。先前，已将《寿言》层层上报至民国临时执政段祺瑞。他专门写了个褒辞。1925年9月，中华民国临时执政特颁发《褒辞》一道，内容记不清楚了。钱氏逝于1946年春，享寿94岁。

第九盛事：挥毫颂党。刘镜寰（1901—2002），住白蒲镇顾家老宅巷4号，祖父是位医生，父亲是晚清时期的一名贡生。他是民国时期东南大学首届毕业生，毕业后在安徽一所学校任教，其间到上海美术专科学校进修，师从美术大师刘海粟①，在艺术上有一定的造诣。

日寇犯华的时候，日伪曾多次威逼利诱他下水，他都拒绝，表现了一个爱国知识分子的崇高民族气节。中华人民共和国成立后，他先后在白蒲中学、南通女师学校执教，把毕生精力奉献给了教育事业。他倾注心血教人成才，6个子女中一个是专家，享受国务院特殊津贴；两个是高级工程师；三个在教育岗位上默默耕耘。六个孙辈在美国工作。他在全家福的照片上题写："历尽艰辛岁月，梦里春秋；喜看子孙贤达，含笑九泉。"步入期颐之年以后，他仍思维敏捷，遇见熟人便侃侃而谈。2002年10月，被邀赴皋城参加首届"如皋·中国长寿文化节"，为百寿龙凤碗题写"如皋百岁碗"五个字；在"太平盛世万岁宴"上，又挥毫泼墨，现场写下了"共产党好"四个大字，获得满堂喝彩。2002年冬去世，享年102岁。

第十盛事：荣上央视。朱有章（1905—2003）、邓回英夫妇，白蒲镇合兴村九组居民。2003年8月8日，晴空万里，骄阳高照。他的儿子朱松林、朱松年、朱松云兄弟三人，按"九不贺十"的习俗，为其99岁高龄的父亲朱有章、91岁高龄的母亲邓回英举行盛大而隆重的祝寿活动。朱有章、邓回英夫妇生有3儿4女，眼见孙子孙女10人，曾孙曾孙女7人，全家四世一堂56人。与宴者和庆贺者600多人，时任如皋市市长周铁根、副市长陈冬梅特地为老人送来29英寸的彩色电视机，时任林梓镇党委书记严世斌、副书记沈亚峰手捧红木工艺品"寿星"献给老人，曾孙女们为老人跳起了欢乐的舞蹈，子女们纷纷向老人拜寿、敬酒和添长寿面，左邻右舍的乡亲们蜂拥而至，争"抢"百岁碗。

---

① 刘海粟（1896—1994），字季芳，号海翁。汉族，江苏常州人。现代杰出画家、美术教育家，民盟成员。1912年与乌始光、张聿光等创办上海图画美术院，后改为上海美术专科学校，任校长。1949年后任南京艺术学院院长。早年习油画，苍古沉雄。兼作国画，线条有钢筋铁骨之力。后潜心于泼墨法，笔飞墨舞，气魄过人。晚年运用泼彩法，色彩绚丽，气格雄浑。

中央电视台《夕阳红》栏目组记者特地赶到这个农家小院拍摄专题片,并于同年10月4日重阳节当天在10套节目中播出,央视1套、2套、4套节目分集重播。朱有章年近百岁,邓回英也过到96岁。

明清两朝白蒲长寿现象

讲述人:刘政

白蒲是一方宝地。一是由于气候宜人,二是由于土壤富含微量元素,所以人的寿命一般都比较长。人们喜好杂食,所以营养很全面。另外,人与人能够和谐相处。基于这些原因白蒲出现了长寿现象。

清朝的镇志里面有耆寿一栏,专门记载长寿老人。白蒲历史上有百岁坊、五世坊、万寿桥,现在有寿星园。

白蒲人家喻户晓的陈天祥,家里不咋富有,做点小本生意,为人非常好。虽然高寿,但是他也不保养自己,就粗茶淡饭地过日子,过到一百岁以后也是背不驼,头发不白,而且还不要用拐杖。去世后,皇帝就下旨来表彰他,在白蒲大街建了一个坊,就叫百岁坊。

陈天祥百岁坊坊上横石

白蒲的牌坊非常多,五世同堂坊、百岁坊是建在大街上的,表示对长寿者的尊重。节孝坊有二十多个,建在巷子头、巷子尾,或者建在郊区。

还有个姜仕瑞,为人纯朴,喜欢读书,教育子女很有办法,96岁的时候去世。他的四个儿子,分别叫姜文梯、姜文全、姜文德、姜文革,这四个儿子也都高寿。

根据有关资料统计,明清两代,百岁寿星有这样几个,其中女寿星比较多,有8个。姜生荣的妻子金氏活到107岁,这是最高的了；顾友山的妻子宗氏活到 101 岁；季罗林的妻子活到 102 岁；吴祖友的祖母活到 103 岁；姜宗发的妻子柏氏活到 104 岁；等等。男的除了陈天祥活到 102 岁外，还有邓允严活到 106 岁，姚松广活到 104 岁，黄洪山活到 103 岁，吴伯珍活到 100 岁，王连国活到 100 岁。当然到近代一百岁的就更加多了。刚才说的陈天祥建的是百岁坊，还有街上的沈兰泉，他的儿子叫沈岐，做到左都御史，他家里是五代同堂，就建了个五世一堂坊，也在白蒲大街上，这是出名的两个牌坊，来歌颂长寿的。

~~~~~~

吴际昌赴"千叟宴"①

讲述人：刘政

吴际昌到京城去参加了乾隆皇帝的"千叟宴"，轰动了整个镇。他家来以后很兴奋，写了文章，还有名人题了诗。

"千叟宴"举行的时期，历史上有记载，是 1796 年正月初四，在北京紫禁城宁寿宫，参加的人数有 5 900 多人。这个吴际昌参加宴会家来以后，写了《赴千叟宴恭记》。

这篇文章就记在《吴氏家乘》里面，"恭"就是恭敬的"恭"。当时皇帝赐给他鸠杖、紫貂、绸缎、大小荷包、银牌。鸠是一种鸟，据说这种鸟呢，吃东西不打噎。古代人就把鸠刻在杖头上，是对老者的一种美好祝愿。他把这些东西当珍宝，放在他家家祠吴氏家庙里头供奉着。当时大诗人袁枚②与白蒲人交往很多。他曾经为姜恭寿写过墓志铭，与三里楼的北园有个叫吴骊的官员来往甚密。皇家也邀请袁枚到北京去参加千叟宴，因为身体不好，他没有去。吴际昌从北京参加千叟宴回来路过扬州，拜访袁枚。后来袁枚帮他画了一幅画《吴韦亭赴千叟宴归画赐杖图》，吴韦亭是吴际昌的号。

在这幅图上，袁枚就题了三首诗，第一首诗："宴罢彤庭出建

---

① 千叟宴，最早始于康熙，盛于乾隆时期，是清宫中规模最大，与宴者最多的盛大皇家御宴，在清代共举办过 4 次。旨在践行孝德，为亲情搭建沟通平台，营造节日气氛，加强友善的邻里、家庭等关系。

② 袁枚（1716—1798），字子才，号简斋，晚年自号仓山居士、随园主人、随园老人。钱塘（今浙江杭州）人，祖籍浙江慈溪。清朝乾嘉时期代表诗人、散文家、文学批评家和美食家。

章,耆英会上说吴刚。丹青赖有传神笔,画出钧天梦一场。"这首诗第一句"宴罢彤庭出建章"中的"彤庭"就是指宫廷,"出建章"是指离开了皇家到了扬州;"耆英会上说吴刚"中的"耆英会"是指年纪大的老人一齐聚会,老年精英,"吴刚"是月宫里头的神仙,这些人都是高寿的老人,在宴会上像神仙一样受到接待;"丹青赖有传神笔"中的"丹青"是绘画;"钧天梦"是好梦。这幅画是指吴际昌像做到好梦一样的去北京参加了千叟宴。

第二首诗写的:"宠锡重重喜不支,手拑如意下阶迟。一支鸠杖群恩重,交付童孙好护持。""宠锡重重喜不支"中的"宠锡"是皇帝的恩赐,"重重"是指皇帝送这样东西又送那样东西,皇帝的恩宠对他来说,就是欢喜得不得了;"手拑如意下阶迟"就是手上捧了个如意一步一步地下了皇宫的台阶;"一支鸠杖群恩重"指皇帝赐鸠杖给他的皇恩很重;"交付童孙好护持"指他把鸠杖交给子孙一代一代传下去,感激皇帝的恩德。

第三首写的他自己:"老我欣逢盛典开,路遥无福醉蓬莱。群仙定讶东方朔,何处偷桃不见来。"这首写的是他本人因为生病不能够参加千叟宴,感到很遗憾。

~~~~~~

白蒲古代的寿星雅集

讲述人:秦镜泽

白蒲寿星,以酒为媒,以诗为友,安度晚年,史书记载有这样几个文人社团,社员都是七八十岁的人,不定期举行雅集。

一是"十二友花会"。清康熙初年,白蒲吴世则平日逍遥娱乐,延年益寿。他请七十岁以上同堂兄弟吴世显、吴世懋、吴世扬、吴世抡、吴世敬、吴世贞、吴世臣、吴世楣、吴世禧、吴世振,表弟顾仲坚等11人,每月因花雅集一回,赏花品酒咏诗,故称"十二友花会"。正月为水仙花会,二月为杏花会,三月为桃花会,四月为杜鹃花会,五月为牡丹花会,六月为兰花会,七月为荷花会,八月为桂花会,九月为菊花会,十月为芙蓉花会,冬月为山茶花会,腊月为梅花会。

每月一会,一人主持。弹琴、赋诗、下棋、喝茶、清谈,并且绘《十二友花会图》。

二是"同社老友会"。名贤吴世标，号崛谷，康熙十九年（1680）家来以后，约同社老友订会，有张天荫（年86）、许著工（年84）、胡牧长（年81）、许茹庸（年77）、吴纶宣（年81）等。花朝月夕，一觞一咏，畅叙幽情，洵盛事也。

三是"怡园八仙会"。八仙本指唐代诗人贺知章、李琎、李适之、崔宗之、苏晋、李白、张旭、焦遂八位酒中八仙。乾隆三十六年（1771），白蒲举人、江浦县教谕顾金菜告老还乡后，联集蒲镇八位诗友开吟社于怡园，十天一集中，吟咏诗词，佐以名酿佳肴，以此赏心乐事，欢度晚年。主要成员如下：

顾金菜，字湘船，号半舫，吏部文选司员外郎顾云的长子，举止凝重，兼擅诗文与书法，乾隆辛卯科举人。曾任江浦县教谕。著有《花图堂诗钞》。

郑韶（1743—1805），贯彻经史，工诗古文，旁通书法。乾隆五十四年（1789）恩科副榜，候选直隶州州判，嗣后无意仕途。

姚隽五，字序东，号晴峦，系清《白蒲镇志》纂修姚鹏春的父亲，十岁工诗文，但科试无果，以教授生徒为业，教人先器识，有善心奖之。以尝学至老不倦，所读经书都是手抄的。年73岁终。

吴廷瑞（1758—1827），字晋臣，号玉田，贡生，清都察院左都御史沈岐之大舅父。少承家学，末弱冠游庠，屡荐不受。书法山谷，诗宗初唐，晚年集同人为诗酒社。

郑棠（1762—1844），字甘林，号棣原，贡生，历署溧水、赣榆、六合、海门、高邮县学训导，工书善诗，在八仙吟社中年最少，诸同社相继谢世，惟郑棠岿然独存，年82岁。

郑渠（1757—1812），字庶凝，号鹤田，贡生，候选训导。10岁能文，因病居家中，怡情诗酒。

顾金寿，字晓澜，顾金菜的弟弟，年三十岁的时候，做清河县教谕。后侨居苏州二十年，以行医名大江南北，善书画，精音律，著有《吴门治验录》《吴门唱和诗》。

吴莺谷（1759—1835），字鸣春，号渭臣，省试连不得志，因绝意进取，以造就后学为己任，做私塾先生。

四是"蒲塘九老会"。清嘉庆十五年（1810），白蒲名士冒篁，邀同里张宗艺、吴醇、顾达、郑巇、朱洪寅、郑有福、吴干云、吴士德等，联九老会，诗酒赛酬，欢娱自乐，顾达绘《九老图》。

冒篤寿登 84 岁，他是冒辟疆的后人。吴醇过到 88 岁。顾达过到 84 岁。朱洪寅过到 86 岁。郑巍过到 75 岁。郑有福过到 77 岁。吴干云过到 77 岁。吴士德过到 86 岁。

当代寿星辈出

讲述人：秦镜泽

当代白蒲也出现了令人喜悦而振奋的新的长寿现象。

白蒲镇堂子巷顾刘氏，生于 1883 年，卒于 1984 年，寿 102 岁。1984 年，尚未乡镇合并之前的白蒲镇，总人口 7 625 人，其中 90 岁以上的老者 14 人，百岁寿星 1 位。

2002 年，尚未合并的白蒲镇与林梓镇两镇合计总人口 130 471，其中百岁老人 15 位，首次超过了联合国规定的长寿之乡的标准，成为名副其实的长寿之镇。

2016 年，全镇总人口 122 891 人，其中百岁老人 45 位。

统计资料显示，从 2002 年起至 2017 年，白蒲百岁寿星连年超过联合国和国家规定的长寿之乡的标准，村村皆有百岁寿星，堪称华夏长寿第一镇。

此外，2016 年，全镇 90 岁以上的老年人多达 730 人，这是百岁寿星的后备军。2002 年至 2016 年，全镇五世同堂或眼见五代的累计 102 人。

做长寿文化的推介人

讲述人：杨春和

白蒲人长寿历史源远流长，如长寿名人有三国东吴大司马吕岱，享年 96 岁。他既是南通地区第一名人，也是南通地区有记载的高寿第一名人。明清两代我镇有记载的高寿者近 40 多人。白蒲还有寿星桥、万寿桥、百岁桥。长寿文化有八仙会、九老会、千叟宴、万岁宴、寿庆诗文、寿联集锦、百寿图汇等。

老骥伏枥，志在千里。我虽已年逾古稀，但依旧默默守护古镇，痴心不改。近年来，我的事迹多次在江苏电视台、南通电视台、如皋电视台连续报道。现在条件好了，作为一名地地道道的白蒲人，看到家乡的变化日新月异，我想发挥余热，为古镇的建设出一份力、做一点贡献。为子孙后代留下历史文化遗产，我无怨无悔。

我在不同的场合，用不同的方式传、帮、带，为传承古镇的长寿文化，贡献我的余热和光辉。

二、饮食文化

如皋传统美食饮誉大江南北，而居东南一隅的白蒲独占近半份额。醇和的黄酒，筋道的茶干，白嫩的鱼腐，这"蒲塘三味"成为远近闻名的饮食文化典范之作。这里的饮食文化与长寿文化气韵相通，脉络相连。

1995年版《如皋县志》记载：

【白蒲茶干】 古名菽乳干，创于1696年（清康熙三十五年）。据清道光《白蒲镇志》载："蒲镇菽乳干为绝品。通称茶干，言可佐茗饮也……尝分铺崇川（今南通市）制作终不及此地味美。"具有工艺别致、细腻筋韧、色鲜味美、久食不厌等特点。清乾隆皇帝下江南时，食后赞不绝口，并御笔书赐"只此一家"条幅。1979年后，全镇生产白蒲茶干作坊有数十家，以"三香斋"茶干为正宗。

【黄酒】 以白蒲黄酒最为著名，1988年后易名水明楼牌黄酒。用上等粳米、酒药、麦曲为糖化发酵剂，采用传统加饭操作精制而成。属低度酒，亦为中药辅料和理想的烹饪佐料。1986年后，连续获得江苏省优质食品、江苏名优食品和首届中国食品博览会银奖。

2017年版《如皋市志》记载：

【灌蟹鱼丸】 俗称蟹包鱼腐。选用1.5—2千克青鱼1条，宰杀洗净，片下鱼肉，剔除鱼刺。将鱼肉剁碎，放入盆内。加适量的葱汁、姜汁、水、淀粉、蛋清，按照同一方向搅拌成茸状。加适量精盐，再行搅拌，成膏状，备用。把蟹黄与猪油下锅，熬成红黄色的蟹油，盛于碗内，待冷却凝结后，将蟹油搓成直径0.6—1厘米的小丸备用。以调羹取适量鱼茸，于手上做圆，再把蟹黄丸包于鱼圆内，入冷水锅，慢火烧至鱼圆浮于水面，捞出。与制作好的配菜烩制，或者烧汤。

乾隆亲题"只此一家"

讲述人：周洪兵

据说乾隆皇帝下江南时，白蒲茶干成为贡品，供他品尝。乾隆一尝以后，龙颜大悦，挥笔题词：只此一家。

旧版《白蒲镇志》上有个记录，白蒲茶干的创始人姓屠，店名叫屠三香斋。关于"三香斋"牌子的记载可以追溯到1841年，即镇志编写的时候。屠三香斋，也就是现在讲的"三香斋"茶干，自清朝初期开张以来，已有三百多年的历史了。

以前，在老文化站那边有个码头，过往的商船比较多。有很多白蒲老人喜欢在老街上（现在的建设银行附近）喝茶，喜欢拿豆腐干做小点心。茶干的名由此而来，商船的人不用上岸，岸上的人直接用篮子一吊就送到船上了。时间长了，茶干的名就叫出来了。

三香斋茶干成了"中华老字号"①

讲述人：周洪兵

白蒲茶干不是家庭式的传承，而是师徒传承。以前，我家父亲是知青，回城后，分配在大集体茶干厂工作。有师傅教的，这也是学手艺，谁勤劳点，谁就多学点。

三香斋茶干荣获的"中华老字号"牌匾

我父亲当时比较勤劳刻苦，师傅让做什么就做什么，任劳任怨。时间一长，他掌握了茶干全部的生产制作工艺。父亲在40多年前接手这个厂。2008年，这个厂从老镇上搬迁出来，已经11年了。

2006年左右，茶干厂着手"中华老字号"申报工作，包括江苏

---

① 中华老字号，指历史悠久，拥有世代传承的产品、技艺或服务，具有鲜明的中华民族传统文化背景和深厚的文化底蕴，取得社会广泛认同，形成良好信誉的品牌。

省的非物质文化遗产申报工作。大约在2011年5月，商务部批下来了"中华老字号"，再过了几个月，"江苏省非物质文化遗产"证书也到手了。

学外贸的做起了茶干

讲述人：周洪兵

我以前是做外贸的。因为父亲年纪大了，感到力不从心。我于2011年回来，接手茶干厂的管理工作。以前，茶干是用传统工艺做的。随着市场不断的发展，在传统包装的基础上，我们采用高温灭菌技术，开发了真空装袋的休闲食品。我跟大家一起研究杀菌技术，提高茶干的口感。现在厂里的杀菌工艺非常稳定，也相继推出不少新产品，有卤汁茶干、肉脯夹心茶干等。

目前，我们以手工生产为主，机械化为辅，需要大量工人来传承这种手工工艺。用机械化生产茶干，产能似乎是提高了，但传统的工艺全部丢掉了。在这种情况下，我还是希望把传统的东西坚持下去。在坚持的同时，又面临一个更严峻的问题，如何做环保？投入配套的污水处理设施，大约需要一二百万元，投入以后，还要人力去维护，还有运行成本。关键问题是还没有接通污水管网。我是学日语的，跟日本人接触比较多，他们的生态理念值得我们学习。

从2016年开始，我把厂里产生的污水采取委托外运处理的方法处理，请大的槽罐车外运出去。

三香斋茶干的制作流程

讲述人：周洪兵

茶干的制作过程主要有筛选、浸泡、烧浆、点卤、上板、煮制、包扎等。

首先，从挑选大豆开始，要那种蛋白质含量高的。制作时，要进行筛选，再进行浸泡。浸泡的过程，也是非常讲究的。表面上看就是放水泡黄豆，黄豆泡开了不就行了吗，事实上可不是那么简单的事情。一年四季的季节要跟踪，有时气候忽然变冷变热，这些都要关注。说专业点，就是跟踪大豆浸泡出来的pH①，酸碱度适中的时候，才可以制浆。烧浆的时候要用快火烧。过去是铁锅烧浆，现在是用蒸气烧的。烧浆的温度控制比较重要，它决定浆是不是完全烧开。

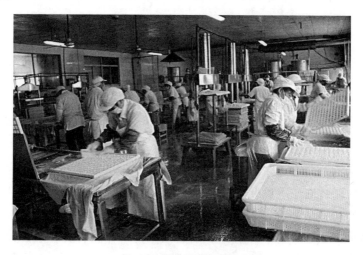

三香斋茶干制作车间

然后，点卤对师傅的技术要求就比较高了。外行一看，感觉很简单，盐卤倒进豆浆里搅拌一下，豆腐脑起来了就好了。实际上，这里头手法上会有很多的讲究，决定豆腐脑是嫩还是老。盐卤下到豆浆里头，一定要注意慢慢摇细卤，随后，分离出蛋白质和黄浆水②。黄浆水要排掉的，不能排到河里，排到河里会发酵，造成污染。我们采取黄浆水外送的方式，为的就是不污染河流。

再将豆腐脑放在带有"三香斋"字样的模板上。以前，三字分开，假冒者容易模仿。现在改进了，将三个字放在一片上，然后压榨，茶干的白胚出来了。等它的温度降到自然温度以后，再送煮制车间。

煮制还是老法子，坚持用大铁锅来煮。缺铁贫血的人，医生会建议他用铁锅来炒菜吃，所以铁锅煮制茶干的工艺，我们一直坚持。用铁锅卤东西，卤会越卤越少，而不是越卤越多，茶干得以入味。再用上传承的配方调制，最后将茶干放到摊凉机完全放凉。

---

① pH，溶液中氢离子的总数和总物质的量的比。
② 黄浆水，生产豆腐的副产品之一。

最后,等温度降下来了以后,把茶干用传统的关丝草包扎起来。这种草现在越来越少了。关丝草全部取自江边。现在江堤多了,弄这种草很麻烦。中央电视台十套有个"文明密码"栏目组还拍摄过我们采草的过程。为什么要用草包扎茶干呢?关丝草拿到手上有一种特殊的清香。

还有一种是直接装袋,抽真空以后高温灭菌。经过杀菌以后,能够放三个月,方便消费者旅游、送礼。我们的产品现在有五种口味:五香的,麻辣的,卤味的,肉脯夹心的,虾籽夹心的。

白蒲黄酒工艺的传承

讲述人:金鑫华

白蒲黄酒历史悠久。最早的时候,如皋李渔亲家的几个儿子把黄酒的配方从浙江带过来。如皋有,白蒲也有,白蒲的要出名些。1956年,公私合营,现在厂长的父亲张万珍作为官方代表,把几个黄酒作坊合并起来,成立了白蒲黄酒厂。那时是计划经济,粮都是划拨的。黄酒厂的粮较少,白蒲黄酒的工艺比较简单,但酒的质量在南通地区是响当当的。

白蒲黄酒有限公司一角

大约在1976年到1979年之间,南通行政公署在白蒲组织了一场十大国营酒厂的技术大比武,白蒲黄酒厂在张万珍的带领下,取得出酒率和质量第一。从此,南通行政公署在协调划拨粮的时候,黄酒厂划拨得最多。

在这个基础上,白蒲黄酒厂得到很大的发展,张老先生发明了"二次喂饭"的工艺。这个工艺能够使大米的营养充分发酵出来。好多白蒲人,八九十岁了还用黄酒泡饭。有的人不吃饭,一天三顿都喝黄酒,当然,都是适量的。随着社会的发展,大家认识到低度黄酒对人的长寿有利。

现任张总是第九代白蒲黄酒非遗传承人。他发明了低温养醅，充分利用原料的营养价值。

~~~~~~~~~~~~~~~~~~~~~~~~

御厨祖传蟹包鱼腐技艺

讲述人：郭国华

我家奶奶告诉我，我家祖上有做过御厨的。我小时候还看见我家有清代满汉全席的菜谱。

爸爸的爹爹叫郭文兵，过去在白蒲街上是开饭店的。他的饭店做蟹包鱼腐。新四军的地下党在白蒲时，郭文兵白天上班，晚上就帮助发传单。发放传单的事，被叛徒告密了，说是要抓他。我的爹爹是招到郭家来的，叫吴泰，从屋后小沟用小船将郭文兵送到林梓。后来，他就去了兴化，在兴化打了一仗以后牺牲了。在牺牲前，他托平潮的一个人带信给我爹爹："你看了信以后，赶紧把信烧掉，防止再有叛徒告密，你被连累。"后来送信的也在兴化牺牲了。

到了我爹爹这代，他就在白蒲街上饭店做厨师。我家做鱼腐的技艺代代相传，我爸爸也是厨师，过去镇上也请他去帮助做特色的蟹包鱼腐。我爸年老体衰，为了保存这份技艺，政府号召让一部分人跟他学。我也继承家传厨艺，将蟹包鱼腐的烹饪方法教给下一代。

~~~~~~~~~~~~~~~~~~~~~~~~

我成了"非遗传承人"

讲述人：郭国华

我做的鱼腐不错，就申请如皋非物质文化遗产①。杨春和老书记帮我办的，2018年年底从如皋拿回了证书。通过非遗以后，我的产品更上一层楼。

---

① 非物质文化遗产，根据联合国教科文组织的《保护非物质文化遗产公约》定义，非物质文化遗产指被各群体、团体、有时为个人所视为其文化遗产的各种实践、表演、表现形式、知识体系和技能及其有关的工具、实物、工艺品和文化场所。

郭国华蟹包鱼腐传承人标牌

2018年,中央电视台十三频道到白蒲来采访百岁老人。杨书记找到我说,中央电视台要到白蒲来采访百岁老人,因鱼腐是长寿食品,所以叫我在现场做。

我就把鱼买好了,材料带全了,做给人家看。中央电视台的人现场拍摄,随后播出。12月,如皋电视台也来拍摄:削鱼,剁鱼,调料,下锅,把蟹黄灌到里面。

通过我家几代人的传承,非物质文化遗产传到我手上了。鱼腐做出来,包装袋印的就是祖传,我儿子现在也跟着做。我家孙子看到了,说要跟我学做鱼腐。

师承蟹包鱼腐制作技艺

讲述人:冯正泉

150多年前,我曾祖父冯甫堂是本地一代名厨,做得一手好鱼腐。清末,曾祖父将这个手艺传给我爹爹冯文庆。他利用长江的特产刀鱼,先把鱼茸拍出来,做蟹包鱼腐,取的蟹也是当地蟹,跟兴化的肉质不一样。本地蟹的肉质比较结实,蟹黄比较硬,比较大,如东的蟹就不如白蒲的。

后来,我爹爹传给了我父亲。要做出好鱼腐来也不是件容易的事情,要根据气候、天气、温度等条件,有很大的考究,讲究细节。公私合营,父亲在大集体,要把技艺传给大家,也传给了我。

白蒲街上的人家到过年才舍得做鱼腐。人家请我到家中去做。肉从上午就要开始剁,一直到晚上才能把一墩子肉剁好。做鱼腐不简单,有些细节是要有人教,才能掌握的。

制作蟹包鱼腐的工艺

讲述人：冯正泉

制作鱼腐，选料特别讲究。现在量大了以后，一定要保证鱼肉鲜嫩，所以选定兴化鱼。兴化是自然水网地带，不像其他地方人工挖的水塘。当地都是老水，水质好，鱼的口感就好。一般选4斤左右的鱼，重了肉老。首先要把鱼皮、鱼骨头全部去

蟹包鱼腐成品

掉，切成小块子，用白果树墩子剁溶了，加入少量的面粉和少量的猪油。猪油的营养成分，对人体一些疾病有一定的疗效。再加少量蛋清，加水搅和，放入内壁不滑的缸，用拳头使劲擩。白蒲有句老话：要吃好鱼腐，多擩几拳头。一定要擩到恰到好处，不能让鱼圆下沉，好了以后，三分之一在水面上，鱼圆才嫩，口感才好。掌握火候也很重要。

工艺操作主要靠剁工和搅工，这是最重要的两点。现在加工用绞肉机把鱼肉绞成泥，加水后再用磨浆机磨，磨好后鱼泥很细腻，再将少量面粉、猪油、蛋清、盐、味精、生姜、葱放入搅拌机搅拌。

加工鱼腐最后还是要人工操作，做成鱼腐坯子把蟹黄塞进去，再包起来形成圆形，下到锅里煮至鱼腐膨胀，好了以后包装速冻储存、销售。一天能生产1 800多斤。

富硒大米申请"国家绿色食品标志"

讲述人：姚广圣

我高中毕业以后做粮食经纪人，跟农民打交道。有一次，在上海的一个粮食老板跟我说："你们如皋是长寿之乡，水土那么好，盛产米、黑塌菜等，为什么你不自己建一个大米加工厂？"回来后，我就开始筹建。2005年建成加工厂，年销售量开始有200万到300万斤，现在大概有8 000万斤。

富硒大米包装现场

公司注重长寿文化的品牌。通扬运河两边的土壤里含硒量特别高,长寿老人也特别多,我把土壤拿到南京土壤研究所去化验,里面的硒含量是普通土壤的四到五倍。然后,我又把种植的大米拿过去化验,里面的硒含量也特别多。2013年,我开始打造"富硒大米"品牌,产品在网上卖得很好。富硒大米一个是口感非常好,一个是营养价值高,得到了消费者的好评。

我追求一二三产业全面发展,带动农民致富,在如城、白蒲朱家桥社区、如皋市城北街道万顷良田有生产基地。品牌方面,我有两个品牌:蒲塘和寿皋长寿。两个品牌都申请了国家绿色食品标志。

天水泡茶是本地特色

讲述人:方志成

泡茶是比较讲究的,先要洗净茶杯,放适当的茶叶,放多些的是喜欢吃浓茶的,放少的适合胃子不好的人。然后,用刚烧开的天水先泡一半,再冲整杯的茶,茶汁很快就出来了。泡龙井不洗茶,因为娇嫩;毛峰也不洗茶。铁观音、乌龙茶制作过程需发酵,所以一般地,在沏茶前要先洗一下。绿茶制作成成品后相当干净,一般地,不提倡洗的,如果洗的话就会把维生素洗掉了,龙井、毛峰的香味也会失去一些。

天水是种软水,如果在江南,最好的是泉水,像虎跑泉①的水。现在泉水很少了,吃不到了。过去去杭州西湖,吃的茶就是用虎跑泉的水泡的龙井。大概在30多年前,去西湖喝一杯茶要两块钱。你点龙井茶有服务员用热水瓶上来帮你加茶。两个人坐下来,聊聊天

---

① 虎跑泉,位于浙江杭州市西南大慈山白鹤峰下慧禅寺(俗称虎跑寺)侧院内,距市区约5公里。

看看风景，就要四块钱。现在呢，你自己带茶叶来，但是不允许你上来就泡，买了茶社的茶叶泡了以后，你把茶叶倒掉，拿你自己带的茶叶没有意见，这个生意已经做成了，吃的也是虎跑泉的水泡自带的上等梅坞龙井。

泡茶，水为第一。山林地区包括杭州、南京，或者徽州等地都有泉水，苏北平原没得泉水啊，就以天水为重。特别像白蒲向东，掘港、丰利、栟茶、双甸等地城镇一带，家家户户都有天水池，那个时候就是用缸。

白蒲镇区居民院落中用于接天水的缸

后来，用水泥砌起个池子来，比缸大得多，贮存天水。

我记得有一年，如皋有个县长，中华人民共和国成立了不曾有事做，就在家里。他家里就有大天水池啊。他说，吃茶没得天水吃什的茶，河水不行。为什么？这一带靠海，海面上如果吹的是东风，吹过来的云落下来变成了雨，包括如东到丁堰、白蒲以东这一带，这个雨水中带有淡淡的咸味。井水烧的茶同自来水就不同，和纯净水又不同，有种地下矿物质的味道。东风带来的雨水中带咸味，泡茶不好吃，大家都等东风不上来的时候，没有大风的时候，用贮的天水泡茶喝。

过去，白蒲包括南通考究的人家都不要吃东风雨的水，要吃正常时霉天的雨水，今朝说落就落，明朝停停再落，进入时霉天的水是最好的。人家把它贮存起来。这个水我拿到环保局检测，水质比自来水好得多，天水吃了口感不同，这是泡好茶的道理。

白蒲人对吃相当考究

讲述人：许镜华

白蒲人讲究吃。有人说，以前白蒲平房多，楼房被人"吃"到肚子里了。可以说，白蒲人随便做几个菜，到外地去都能做上桌。

从前，白蒲的茶馆、书社较多，有的老人早上起来后，茶馆里坐坐，喝茶看戏，到了中午到饭店里叫菜。

白蒲镇上很多老人的子女在外地工作，老人以后也要到外地靠孩子赡养，所以以后可能镇上的人以外地人为主呢。我往外跑，外地人向白蒲跑，是这么个状况。

白蒲人对文化还是重视的。老话说的，"富林梓""贵白蒲"，白蒲贵人多，为什么？白蒲人是"慢生活"，就讲究吃，有条件的人家到饭店吃。家里唱堂会时，把厨师请到家里做菜，叫家厨。娄福兴家的菜，陆德记的点心，都不丑。陆德记的老师傅叫范群，做包子的师傅叫顾本银，这都是一代代传下来的。他家的包子酵已经失传了，后代没有人会做了，他的儿子也不做。将来白蒲可能没有人做点心了。从前的老师傅本事好呢，比较全面，白蒲的水酵馒头出名的，先是做浆糟，再发酵，到了冬季才做，也是白蒲的特色。

鱼腐咋叫鱼腐的，就是洁白如玉、软嫩如腐，吃到嘴里像豆腐一样的。记好了，鱼腐表面太光滑的可能就加了添加剂。冯正泉家的鱼腐不添加食品添加剂。朱向阳每到逢年过节做点，规模太小。

还有白蒲的姜丝肉，菜谱取名叫瓜姜肉丝。到过年，基本上家家户户都要弄的，冬天吃点姜丝对身体有好处。

精工细作的白蒲菜肴

讲述人：许镜华

在白蒲，无论有钱人，还是没钱人，对于吃都比较讲究。哪怕早上吃碗面，都要加点荤油。白蒲老人们平时相当注意饮食，不胡吃海喝。饮食结构和习惯对白蒲老人长寿很重要。蟹包鱼腐属于精细的做法，蟹中取肉不容易的，鱼取出骨头还要剁成茸，还要有合理的配方，还要放猪板油，再放面粉，当时就是这么配。按现在营养学来看，就是合理搭配，动物蛋白和植物蛋白结合起来，既容易吸收，又有营养。

白蒲的菜是荤素搭配，烹饪方法相当考究，几冷几热，相当全面。比如，8个冷盘里，4个荤的，4个素的。最开始的时候是4冷、4热、4碗12个菜。现在发展下来，10个冷的，另外再加热菜、汤什么的，菜品丰富了，但荤素搭配不大合理。我编的晚餐菜谱,包括8个冷菜、12个热菜,再来几个炒菜。

扬州菜、苏州菜、上海菜都偏甜。白蒲菜放醋不酸,放糖不甜,又不太咸,口味适中,食物鲜嫩。这与长寿都是有关系的,高盐对身体有害的。煮鸡蛋是煮嫩好,还是煮老好呢?煮嫩了蛋白不是很凝固,人体容易吸收;但是有缺点,容易细菌感染。煮老了人体不容易吸收,都排掉了。一般煮鸡蛋冷水下锅,水烧开后,再焖五分钟。这样煮的鸡蛋是最好的,火候很重要。

上灶十年的师傅同三年的师傅是不一样的。临灶一勺全凭感觉。中国菜改成机械加工,做不出那个味来。中国菜百人百味,百菜百味,就是师傅和他带的徒弟做得也不一样,哪个料先放了会儿,哪个料后放了会儿,煮出来的味就不一样。以前,调料都是厨师根据老调料自己搭配,你要什么味,我做什么味。现在追求速度,属于傻瓜调料,调味料包装好,直接上架销售。现在的厨师,鱼不会削,鸡不会杀,很正常。饮食方面,自己动手比较好。外面的食物,口感很好,主要是靠调料。传统的饮食文化讲究功夫菜,不马虎,什么都烧得恰到火候。

一年四季,白蒲人吃蔬菜都不一样。白蒲的黑塌菜①、黄芽菜等,都是分季节的,白蒲人要吃时令菜。以前,没有冰箱啊,都是当天买当天吃。台风一起,上街买鳗鱼。白蒲话说,夏鲹寒鲫,夏天的鲫鱼瘦又有籽,不好吃。顺着时令吃还是比较好的。冬天要吃根茎类,比如,山芋、芋头等。春天要吃野菜,比如,香椿头②。夏天要吃瓜果类。

家常便饭不随便

讲述人:秦镜泽

白蒲长寿老人在饮食方面逐渐形成了两种习惯:一是吃菜讲究时令;二是进食有方法,因龄而异。自古以来,白蒲人喜欢食用当地土生土长的各种食物,偶尔也购买一些外地出产对身体健康有益

---

① 黑塌菜,本名塌棵菜,是江苏省常见的一种野菜。叶子以黛青色为主,带有浓浓的黑晕,所以人们习惯地称它为黑塌菜。

② 香椿头,也叫椿巅、椿芽,是香椿树的嫩叶尖,含极丰富的营养。香椿树,亦称椿树,楝科,落叶乔木,早春生嫩芽,呈黄绿色。

的食物。当地主要食物如下：

谷类：优质大米、小麦、大麦、玉米、荞麦。

薯类：香堂芋、山芋、马铃薯（土豆）、毛芋头。

蔬菜：青菜、白菜、韭菜、菠菜、黄芽菜、卷心菜、甜菜、生菜、白萝卜、胡萝卜、茄子、茼蒿、番茄、竹笋、大蒜、辣椒、洋葱、米葱。

豆类：蚕豆、豌豆、黄豆、黑豆、豇豆、扁豆、绿豆、赤豆、刀豆。

瓜类：南瓜、笋瓜、香瓜、黄瓜、西瓜、丝瓜、苦瓜、茭瓜。

果类：桃、杏、白果（银杏）、长生果（花生）、柿子、枇杷、葡萄、草莓、橘、枣、梨。

水产：鲫鱼、鲢鱼、乌鱼、青鱼、鲲子鱼、鲤鱼、甲鱼、黄鳝（长蟹）、蚌、螺蛳、虾、菱角、荷藕。

野菜：荠菜、小蒜、蒿儿头、马齿苋、榆树叶、香椿头、杨柳。

菌类：平菇、香菇、蘑菇、黑木耳、银耳、金针菇。

蛋类：草鸡蛋、鸭蛋、鹌鹑蛋、鸽蛋。

肉类：猪肉、牛肉、羊肉、鸡肉、鸽子肉。

油类：大豆油、菜籽油、花生油、芝麻油。

饮品：黄酒、豆浆、家酿米酒、香茶、薄荷茶、菊花茶、天水茶、蜂蜜茶。

时令食物：青蚕豆、青豌豆、蒜苗、蒿儿头、元麦冷蒸、青黄豆、青扁豆、青玉米棒子、煮花生。

节令食品：正月初一春节吃汤圆，正月十五元宵节吃汤圆，清明节吃杨柳烧饼，立夏吃鸡蛋，五月初五端午节吃粽子，七月初七七夕节吃面条，七月十五盂兰节吃饺子，八月十五中秋节吃月饼，九月初九重阳节吃重阳糕，冬至吃汤圆，十二月初八腊八节吃腊八粥，除夕吃馒头、年糕，生日那天吃长寿面。

长寿饮食文化的五大特点

讲述人：杨春和

白蒲长寿饮食文化主要特点如下：

1. 风味独特。白蒲长寿饮食色香味俱全，如白蒲黄酒、茶干、潮糕、鱼腐、姜丝肉，无论是口味，还是外观，都能给人以美的享受。

2. 营养丰富。白蒲土壤中含有对人体有益的硒、锌等微量元素，生长出的农产品如富硒大米、黄芽菜、银杏果、黑塌菜、香堂芋等营养丰富，老少皆宜。

3. 传统工艺。白蒲的很多长寿饮食传统生产技艺已分别被批准为省、市、县三级非物质文化遗产或者中华老字号，获国际、国家级大奖。部分农产品已获国家农产品地理标志，像白蒲黄芽菜、黄酒、富硒大米等。

4. 种类齐全。白蒲长寿食品种类很多，可办长寿全席，从茶水酒类到早餐小吃、中晚餐菜肴，样样齐全，有冷盘、大菜、素菜、汤菜、饭粥面食。

5. 定型产业。白蒲长寿食品有数百年传统生产历史，得到人们长期的认可，并传承至今。改革开放以后，长寿食品生产又接受国家食品生产的一系列刚性管理，都有工商、质检、卫生、食品、防疫、商标、原产地等项的年检保证，长寿产品生产已步入常态化，发展势头迅猛，方兴未艾。产品销售覆盖江苏全境、长三角、珠三角、京津等地区，年产值十亿多，并以每年百分之三十以上的速度迅猛发展。

三、孝悌家风

"孝"是传统伦理道德的核心。"孝"文化薪火相承，生生不息，对蒲塘人家的影响尤为深远。"家有一老，胜过一宝。"孝敬长者，嘘寒问暖，侍药奉茶，大孝延寿，既是居民的自觉行动，也是对子女最好的言传身教。孝悌家风，代代传承。

精心服侍107岁老母亲
讲述人：程建慈

我家娘结婚前，她的父亲就去世了，她同外婆一起做针线活、绣花，解决生计问题。老太有文化，白蒲有南校、北校，还有个东校，她是白蒲东校初小毕业的。老太绣的锦花，卖到唐家闸50块钱一块。

后来,她嫁到我家后,家中共有十二三个人。奶奶中风八年,都是娘服侍的。娘还到裁缝店里拿衣服回来做,补贴家用。生活比较困难时,她就到农村租了点田种。合作化之后,她进了工厂。

不知不觉,娘如今已是一位老太了。她对人比较诚恳。人家敬她一尺,她敬人家一丈,从来不曾跟人红过脸。我的小弟是给叔叔家抱养的,婶婶不愿小弟见亲生母亲。婶婶见我娘去,就把水一泼,泼到地上了。她也不作声,绕过去了。最后,我家婶婶临终的时候,觉得对不起我娘。我家有个鸡舍要拆了翻新,人家不让我娘砌。后来人家病到要去世了,她还去看望人家。

老太生活比较有规律,夏天六点半起床,冬天七点钟起床,下午四点钟洗澡,晚上八点钟睡觉。她不睡午觉,睡了午觉,晚上睡不着。只要有精神,他还帮助做点事。她平时吃饭不挑食,也不狂食。喜欢吃的,她就多吃点;不喜欢吃的,她就少吃点。她平日总是保持心情舒畅开朗,现在我发现长寿的人心态都比较好。

陶克明五世同堂照

我开了两次大刀,现在还在吃中药。我的太太活到93岁,她90岁的时候,还吃炒蚕豆,牙好。我家爹爹也活到70多岁。我家父亲活到86岁。我姊妹八个,当中最大的87岁,最小的60多岁。再下来娘的玄孙有七个,这一支总共有87个人,五世同堂。

老太100岁的时候,我家庆祝了一下子,聚了20几个人,外孙女以下的还没来。她8个子女虽然身处各地，但对老太都比较孝顺，二姐每天来帮助老太搞好个人卫生，洗衣服、洗脚、洗头，等。我家三弟也经常来，他就住在这附近，经常送老太喜欢吃的东西来。

人活到100岁不容易的，到107岁更不容易，确实就像爬中山陵，越向上越难。老太生活能够自理。她早上自己起床、吃饭，看看电视，再玩玩长牌。她不抽烟，就是冬天吃点白蒲黄酒。她喜欢吃甜的，吃年糕，肠胃不是太好的。

后来，政府给老人发生活费。改革开放后，逐步加工资，现在一个月老太能拿到退休工资近3 000块钱、尊老金300多块钱。

父亲患病住院

讲述人：程祝慈

大概是1995年，我父亲程瑞华得了肿瘤，是早期。开始他不肯开刀，等到疼痛难耐的时候又要开，要开又晚了。

当时，我姐姐在省人民医院做护士，提议他先到南京去看一下，毕竟是省城，各方面条件总好点，看南京医生什么意见。那次，我老大陪他坐船去的。没得汽车啊，从南通港坐到南京。到了南京，我姐姐找了两个五官科的先生，他们意见不统一。一个建议开，一个建议不要开。以后就不曾开，这个一来一去又耽误了。

他到平潮肿瘤医院住院，我们兄弟三个人各拿出2 000块钱。我就在医院旁边租了一间屋。他住院后就照光①，照了二十几次。他原来精神好着呢，一照人就软了。照的效果并不好，后来他就去世了。

一开始，南通附院诊断是早期，开刀的话声带要切除，所以术后不好说话，所以他不肯开刀，很遗憾啊。

106岁老母亲发高热

讲述人：程祝慈

2017年，106岁的母亲发高热降不下来。医生说，如果是胃子

---

① 照光，放射治疗的通俗说法，是用来治疗肿瘤的一种方法。

上难过的话,倒是好吃药,如果是心脏上难过,没得办法,那时她的心跳一分钟只有34次。

先生就对我说:"你要有思想准备,一分钟30几次的心跳是非常危险的。"先要把体温降下来,其他的不谈。我打电话给负责她的主治医生。医生说,叫她吃药。吃了几天后,温度降下来了,心跳也逐步正常。照顾老人,你什么东西都要懂点,体温烧到39度,这么大年纪了,肯定吃不消的啊。幸好老母亲最后不发热了。

照料老父亲起居

讲述人:顾华

退休了以后,我同老爹住在一起。

我家老爹脾气比较暴躁。我服侍老人不容易啊。

现在我给老爹早上弄点蜂蜜、牛奶,还有桂圆,再泡点饼干,再盛碗粥。中上让他吃点肉片、肉丝。我也不炒多,他也不吃多。晚上,老爹吃蛋炒茴香。现在,他的生活还算安定。

老伴四次手术后护理不容易

讲述人:刘俊

我的老伴叫李百岁,生过几次病,做过四次手术,手术后的护理全部是我一个人,我感觉很不容易。

1980年,他在白蒲无线电厂的时候,到河南省安阳开订货会,突然生了阑尾炎。安阳人民医院误诊,当成了菌痢。阑尾炎逐渐化脓,好在国家医疗队在那里看出来了。后来,发展成了腹膜炎,老伴需要开刀。手术只是改善了点症状。输血的时候,他应该是A型血,给他输的却是AB型血,结果血浪费了,他还发起高热。

当时,由于交通不方便,我从白蒲坐汽车到南通十一圩,再坐轮渡、汽车到苏州,再坐火车到安阳。见到他,他瘦得一塌糊涂。因为我也是个医务工作者,把他接回来了,一路上帮他打针。回来,一路坐火车,从北京转到上海。因为订不到船票,在上海的招待所住了好几天。最后,坐轮船回来的,途中又耽误了好几天。家来后,他一直发高热。厂里的人来看他,都认不得他了,他太瘦了。我们医院的老医生问南通附院的程达人,开刀怎么会开成这样?程达人说的,可能是肠内脓肿,开刀的时候,肚子里面没有搞干净。后来,我们就请的区里比较有名的外科医生周尧重新开刀,把腹腔"打扫"干净了,他的体温就退下来了。

李百岁平常胆囊总有点疼,2011年的时候,引发了组织性黄疸。我们医院看后,说要开刀。主刀的是平潮的高主任。谁知开下来,医生们从未见过这种情况,胆管、肝管都烂没了,而且结石把胆囊戳穿了。医生把里面的小肠拉出来,组成了胆总管。症状由此改善,但还发炎。

切片化验,开始以为是癌症,后来多方了解,才知这种症状是长期慢性炎症刺激的结果。他是9月2日开刀的,到年底还经常发高热。儿子从南通买了一种药,也降不下他的热。没有办法,我就煮中药给他吃。吃到2012年5月,我看他的眼睛又像黄了,就带他上附院去复查。附院的外科一把刀叫陈冲,建议去上海开刀。我们去了上海肝胆医院。术后他又发了热,肚子又胀,B超查不出原因。老是发高热,直到25日,他才被查出是肠瘘。肠子里的东西往肚子里流,腹腔放水后,呼吸就停止了,情况危急。医生让我签字,才好进ICU。

他进了ICU后,儿子从南通买来12支丙球。儿子是内科医生,他请上海医生一天用4支。三天三夜后,李百岁被抢救过来了。

儿子、媳妇要上班,孙子要上学,姑娘在如皋陪读,因为外孙女要考高中。子女总没有时间去,只能抽空去看一眼,只有我一个人在那里。6月12日,他的病情基本上稳定了,我就同张主任商议,让他出院回家休养。肠瘘容易致死,医生建议最好上南京军区总医院去治疗。儿子、媳妇拿着三十几张拍片到南京军区总医院去。医生回道:"这个暂时也不好开,要养多长时间可以开刀还不一定,你可以到这儿养,也可以在家里养。"后来他是在家里养的。

根据上海的方案,我每天同医生联系。B超机放到床头上,隔一段时间做下B超,看看肚子里有没有水了。8月8日,在家里做B超看像没水了,赶快上南通三院再做B超,确实没水了。肚子里大网膜包裹好了,等于长起来了,这也是天大的幸运。

此后,用了许多白蛋白、丙球,再输血,输血浆,又食补,他慢慢恢复了。我们医院的人说,要不是护理得好,他这个人难说啊,真的是命大啊。因为家里有三个人在医院里,有些知识有点懂,所以照顾起来稍微顺手些。

我家奶奶活到102岁

讲述人:李海泉

那时,我家妻子在学校里开店,周六休息。碰到当天太阳好,洗晒衣被,奶奶就有好日子了。我妻子烧满一大锅水,帮助奶奶洗得干干净净,还帮助她剪脚指甲。

奶奶说:"你帮助我洗,不过意,没得钱给你。"我妻子说:"我们有钱。"孙女也说:"老太太,我也有钱啊!"大家笑得可开心了。

我家妻子非常孝顺。人家说的,不简单啊。我家奶奶是她的太婆,过到102岁。老人家要有人服侍。她生活很有规律的,六个小时一次小便,这个我妻子都掌握好了。奶奶去世的时候,身上非常干净,我家妻子帮助洗得好好的。

96岁的丈人得过三次重病

讲述人:刘骥

我丈人叫钱国昌,今年96岁,算得上高寿。他身体素质还好,也受到我们很好的照应。

近二十多年来,他得过三次重病。一次,他小便有血,我们带他在白蒲和南通的医院查了,怀疑是前列腺癌。术中发现不是癌症,只是前列腺炎,就把前列腺切除了。一个月以后病就根除了。

第二次,阴囊有脓,白蒲医院认为是阴囊坏阻。这个病在两三天之内就发作了。他的血糖也比较高,需要前往南通的医院治疗。我家妻子陪他去了。一个多月,他的血糖降下来了,阴囊化脓还未好。南通的医生让我们带他回白蒲的医院治疗,再慢慢地调理恢复。白蒲的医生教我护理的方法,让我们带他回家慢慢护理。

在家,我天天帮他换药、做饭。他的血糖高,面食不能吃,弄荞麦和鱼肉给他吃。经过一个多月的护理,他逐渐恢复了,伤口也长起来了。半年后,他彻底恢复了。

第三次,脊上长瘤,麻烦蛮大的,又疼。医生帮助开刀,拿出来了个小鸡蛋一样大小的瘤子。化验后，这个瘤是良性的。护理一个多月后，他的伤口愈合了。

后来，他自己说的，他得的这几次病，要不是护理得好，可能命都难保得住。现在，这个老爹每天的药，我总帮他分好了，早、中、晚的药各装一个瓶。我等于是他的家庭医生。

我最合老人缘

讲述人：薛剑岚

敬老养老这一块，我是最合老人家缘的。我从家里开始，就是养老专业户。我家两个老的，老太活到96岁。我们兄弟姊妹7个人，我是最小的。老太股骨跌断后的5年，他们都没得工夫，我负责照顾的。

我在居委会上班，时间上稍微自由点；没得工夫的时候，我就让邻居去看看老太。我照顾她五年，一点问题都没有出，她身上干干净净的。现在家里还有老娘，已经跟我一起生活了整10年了，我也照顾得好好的。家里有一老是一宝啊。所以，一些因为赡养老人而引起的家庭矛盾纠纷其实没有必要。知恩图报，应该的。

有几个老年人的协会，要让我担任会长。他们有活动我全力支持。没得场地，我把楼上的办公室让出来，给他们用。没有地方坐，我买了90张红塑料凳，给大家坐。跳舞的老年人参加老龄委和体育局组织的活动。我说，还要向所有村社区送演出。后来，他们去沈桥社区，参加一些庙会的演出。

村里有小区办公室，下去搞活动时若缺少费用，我帮助想办法解决。农村人现在不缺钱，缺的是精神支持。打太极拳我也会，打腰鼓我也会，我什么都弄，就是要把老人的积极性调动起来。

早上去广场，不谈有200人，100多人还是有的。有跑步的、舞剑的、做操的、跳舞的，多种多样，但是互不干扰。以前，"长寿之乡"栏目来拍过录像，最大的有80多岁的，而且还很活跃。每天下午三点多钟，就有人跳双人舞；晚上大概七点钟，又是一班人在跳舞。我帮他们安排得好好的，不能为争场地起冲突。政府给退休的人那么多钱，就是为了让老人们耍得开心。

我怎样对老人，儿女看得见

讲述人：顾遗

我家姜汉伦去世时58岁，那时我56岁。我是姨兄妹做的亲，我的婆老太就是我姨娘。他去世前是上海第八人民医院的医生。那年，他突发脑出血倒在了工作岗位上。他的医术很高，所以病号总是排很长的队，因此他很疲惫，太辛苦了。

他去世时，大儿子、小儿子都结了婚，孙子出世了。家中还有我的姨娘和姜汉伦的姨妈等共9个人。我娘是老二，我姨娘是老三，我姨妈是老大。

婆老太得了阿尔茨海默病①，整个家里有事，全是我一个人。后来，我请了一个保姆，10个人过日子。几年下来，我可以自豪地说，家里从来没有一点点矛盾。姨妈98岁才去世的，我对她就像自家的亲妈妈。很多人都说我家家庭关系好，没有什么矛盾。

我对老人什么样子，儿女也看得见，他们对我也非常孝顺。几年前，我腿骨骨折，躺在床上，儿女服侍得很好。关于经营家庭关系，我的想法是不要等产生了矛盾才去化解，而是尽量不让家庭矛盾发生，因为防患于未然更重要。一个家庭要和睦，就尽量不让矛盾产生。我可不是唱高调，事实如此。

为了避免家庭矛盾，我自己也不会去隐瞒事情。一切都是公开的，一切都是敞开的，一切都是阳光的，我就是这样，把心全部敞开了。在我家里，你对他们好，他们识好，心里都很阳光，这个很重要。

另外，我没有后顾之忧。我不想聚钱。我对子女们，不留一手，不存后手。彼此真诚。

媳妇对娘家好，你千万要支持。如果我媳妇对娘家不好，我还反而不高兴，不是说好话，她对自家的父母都不好，她能对你好吗？我就是这么想的。

---

① 阿尔茨海默病，是一种起病隐匿的进行性发展的神经系统退行性疾病。

四、享"寿"人生

老有所养、老有所医,是晚辈的职责所在,而老有所教、老有所学、老有所为、老有所乐,则是长者的自觉行动。唱京剧、攻诗词、练书法、学绘画、"爬格子"、研究方言及文史、健身养生两相宜,这幸福安康的晚年生活也是自己"奋斗"出来的!

既是老有所乐,也是老有所为

讲述人:刘政

我原来在学校工作,退休已经有二十年了。年纪大了,尽量利用自己的兴趣和特长,做些有益的事情,继续为社会服务。

我爱好京剧,能够拉二胡唱唱。白蒲是江苏省的"京剧之乡",也是原国家文化部命名过的"京剧之乡"。我为申请"京剧之乡"也做了一些贡献。当时有些活动的申报材料,是我帮助整理的。20世纪80年代到现在,近40年了,白蒲的京剧活动不曾断过。讲票房,我们在南通地区有一定的名望。教育部要求京剧进校园,我们在白蒲小学组建了京剧小组。我在白蒲小学义务服务了四五年,组建了一个有60个师生参与的京剧兴趣小组。星期三或者星期五,我去上课,专门讲京剧。

我还喜爱诗词创作,参加了如皋楹联诗词协会、南通诗词协会,并被推选为理事。我为白蒲小学清蒲诗社出谋划策,培养了年轻教师李春亮和秦爱玲。让这些年轻教师能够在岗位上做诗词进校园的有心人。去年,我被江苏省评为诗教先进个人。白蒲关心下一代委员会设有校外辅导站,我被聘为辅导员,对校外的学员进行辅导,包括开办京剧班。我对学生进行"爱党、爱社会主义、热爱家乡"的教育,收集素材,向其他教师约稿,拍照片,制作了四五个版块,其中有文章、绘画、照片、诗词等,这些图文展板在白蒲各地中小学校巡回展出,使全镇的学生普遍受到一次"爱党、爱社会主义、热爱家乡"的教育。

每年,我还参加教育局组织的退休教师绘画、诗歌比赛,通过绘画、诗词来歌颂祖国。我根据自己的兴趣爱好,既是老有所乐,也是老有所为,尽自己的力量,做了点事情。

参与创建江苏省"诗词之乡"
讲述人:刘政

白蒲镇取得了很多荣誉,像"全国体育先进乡""民间文化艺术之乡",等等。

作为一个千年古镇,白蒲文化底蕴深厚,在诗词方面也可圈可点。《东皋诗存》是一本如皋地方文献。编者是乾隆年间的汪之珩①,大概有四五十卷,录有上千首白蒲人写的诗作。白蒲姜任修就是清朝雍正到乾隆年间的诗人,还是个知名学者。不少专著上也提到姜任修。

刘政、杨春和主编的《蒲塘诗词集》

现在,提倡诗词要"六进":进企业、进景点、进农村、进社区、进学校、进机关,发挥诗词的教化功能。白蒲有这个条件,争取成为全国的"诗词之乡"。在镇党委的领导下,我正在做这方面的工作。作为省里验收"诗词之乡"工作的一个部分,查看白蒲的典型,就是诗词进景点、进学校。"进小学"就准备定在白蒲小学。"进景点"是选在白蒲东边的绘春园,那里竖有诗廊、诗牌;还有法宝寺作为旅游景点,杨春和在建庙的时候有意识地在门上、大理石上刻有唐诗,诗碑、诗廊也正在制作。"进企业"定在白蒲黄酒厂,那里很多的宣传牌子上面有与酒有关的诗歌,宣传它的品牌、质量。我们还在编一本诗

---

① 汪之珩(1718—1766),字楚白,号璞庄,出生于如皋,祖籍安徽歙县。他自幼聪颖好学,诗词书画无不精通。他本人除了《甲戌春吟》《文园集》等多种著作外,还广征诗稿,网罗乡献,辑成《东皋诗存》48卷,于乾隆三十一年(1766)印行。

集,是为迎接验收工作的。

在2018年的三月中旬,我们就发出了这本诗集的征稿启事,收集与白蒲有关的作者创作的诗歌。启事发出以后,凡是诗歌爱好者都蛮积极响应的,从3月份到大概6月底,就收到近千首作品。其中也有已辞世人的作品,子女整理好送过来的。有个留美的沈洪煮也已故了,他以前是中山大学毕业的,有些诗歌在中山大学校刊上发表过,子女把收集的诗作送来了。有个叫王坚的,姑娘也把他的诗收集整理发到邮箱里。这一本诗集上的诗基本上是按照传统的格律要求来作的,作为一种古风,一般都是律诗,填词都是按照词牌来填的。

我根据白蒲的现状,兼收并蓄,把这些人的稿子统统收进来,凡是来稿的适当修改修改,或者个别的调整一下,都收到集子里头。集子里头就内容方面来说,有颂扬改革的,有叙事抒情的,有咏物寄情的,有旅途览景的,还有一些是怀古的。

这本诗集是中华人民共和国成立以后,白蒲首次编的综合性诗集。这本诗集编出后,得到南通市诗词协会的支持,专门请的人帮助仔细长眼,帮助修改定稿。最后,我再回过头来精加工。整理后作为定稿,还要请南通市诗词协会的人再来回看一次。我们争取早日印出来,作为省里到白蒲来验收的一个成果。

白蒲在诗词"六进"方面,已初具成效,初见规模。

辅导学生书法

讲述人:张开明

现在有些伢儿学画画、素描。我认为要先把字练好,随便钢笔、毛笔,一定要打好基础。现在是电脑时代,不过写字还是需要的。你写得一手好字,不管将来到哪个单位都用得上。字练好了,对画画有帮助。但是,画画得好,不一定字写得好。现在不少画家画很漂亮,但字写得不好,画家也要练字。

练字要先练正楷,写楷书,打好书法基础。根据我的实践经验,楷书练了三五年,然后再练行书、隶书。有位老师,他开始就练草书,写得龙飞凤舞。结果,你叫他写个正楷就写不起来。我楷书基础打得牢,现在隶体也能写,篆体也能写,草书还在练。我练《草字会》,已经练了80几张。草字不容易,一个"十"字就有好几种写法，有王羲之的，有王献之的，有苏东坡的，有王铎的，各人有各人的写法。

我退休了以后，有些家长觉得我字写得好，就把伢儿送了来。实际上，我也不在乎这点钱，就是再做点贡献，年纪大了，发挥点余热啊。

我有个学生现在在北京，字写得非常好。他从小随我学，上初中后，跟如皋沈正学书法。他到现在总还记得我，最近还把写的字发给我看。他爸爸说，让我提提意见。他的楷书写得很好，他的爸爸对他练书法也重视。

我自己喜欢买书，我买的全部是书法书。有的书是在南通买的。你请书法家来写，不可能的，但买本书只要花几十块，就能欣赏到名家的字。

香港回归的时候，我带伢儿去如皋参加比赛，一等奖、二等奖都是我的学生。有个在省里、全国获得过奖的伢儿，评委想让那个伢儿得一等奖。我的伢儿写得非常好，写的隶体字，没得一个败笔。有一个评委是白蒲的，他就据理力争，认为我这个伢儿写得好。最后，我的伢儿获得了一等奖。我也被评为"优秀辅导教师"，教育局给我颁发了荣誉证书。

一年发表140多篇"豆腐块"

讲述人：孙祥虎

2003年，我内退了。没有班上了，我想要有个事情做做。我给自家定了几个不做：风险大的我不做，投资大的我不做，太苦太累的我不做。

我结合自家的兴趣，写作投稿。就这样我一直坚持到现在，一个月我总要发十几篇文章。到现在，各省基本都用过我的稿子。

每到一地，我都买明信片，我写，我寄，也是我收。有时，人不曾到家，明信片已经寄到了。明信片有什么好处呢？它上面有邮戳，能够证明你什么时间到过什么地方。

我唯一的感受是，老有所学，才能老有所乐。2018年，我统计了一下，我在各地刊物上发表的"豆腐块""茶干"已有140多篇。邮递员还把一种专用条码贴在我家门上，送报送稿费的人还在上面扫描呢。我问送报的人在几家有这个待遇啊。他说,这里就两家,一个是我家,还有一个是东边白蒲小学。等于说我是邮政上的大户子。我每年订的各种报纸费用差不多2 000块呢。送报的人说:"个个像你这样的,我每年的任务好完成得很呢。"每年年底我就开订报清单给他,他来了,我就把钱给他,我属于邮政投寄大户。

记了41年的日记

讲述人:孙祥虎

我从1977年开始记日记的,从来不间断,外出旅游,也要把当天的所见所闻记下来。这是我动脑子、练笔的最佳机会。如果三天不记,再回头写的时候,有的就记不清楚了。

我还有个特点,三天内很少吃相同的菜。家里的菜,总是我买,我配。我做白案,我妻子做红案,我帮助配好。天天不一样。

记日记的好处确实多,我记了有二十几本呢,编了号,收在家里。有时候,翻出来看看,一年前的今天在做什么,十年前的今天在做什么,二十年前的今天在做什么,甚至三十年前的今天在做什么,很有意思。

以前报纸上有个小栏目叫《历史上的今天》,我就受了这个点拨,也想历史上的今天,我在做什么。人生苦短,珍惜年华,记日记不求什么大作用,只是回首往事翻开来的时候,会发现我好像还能做点儿事呢,还有点蛛丝马迹。

看报、看电视是我的"新常态"

讲述人:孙祥虎

退了休,一个身体要保养好,第二个要有兴趣爱好。

我天天看《如皋日报》以及《城市日历》《如皋民生零距离》《新闻联播》等电视栏目。不了解世界,就要落伍。

人家说,八十岁还是小弟弟呢。现在,百岁老人越来越多,要追求健康长寿。像杨春和老书记76岁了,我佩服他,他电脑熟啊,出门还开电动四轮。

创作、旅游两不误

讲述人：孙祥虎

现在网络、交通把世界变成了个地球村啊。世界这么大，我想去看看，一点儿不假的。你不看，你跑不动咋弄啊，我旁的本领没有，能够写写记记的，对自己也是个安慰。

如皋电视台到我这儿来做了一期节目，在电视上放了15天啊，拍摄我怎样为小学生写稿子，江苏教育电视台城市频道也来的。我都是做的微不足道的事情，只能说，退休后能够这样子还算尽力的。

我曾经想在街上调查几十个退休老人家不同的生活状态，但一直不曾能够实施，这个不容易。如皋有个漫画家将如皋百岁老人用漫画画出来，还配上了文字。现在进入了老年社会，有些老人家的生活状况不太理想。

除了出国旅游外，我在周边旅游也非常多。电视上报道的周边的景点我都要去，我领了长寿卡，坐车子免费呢。南通有了新景点，我也总去的，像唐家闸的城市绿谷、唐家闸菊展，还有1895创意园。绿博园、园博园，我也总去啊。启东的吕四、如东的洋口、栟茶，我们几个人约了说走就走啊。我前段时间还去镇江了。我已经有几十年没去了，去了镇江的西津古渡①、金山寺②。

~~~~~~

重操旧业：画画

讲述人：沈开太

年纪大了以后，小儿子接了摄影的班，我就不弄了，重操旧业，画画。

现在人们生活水平提高了，广大群众都喜欢美啊，买了房子，要美化。我就想到要画画，绘画总要有个主题，家里养了牡丹，不

---

① 西津古渡，坐落在镇江市西边的云台山麓，是一条有着千年历史，令人称奇叫绝的古街，全长虽不长，但有自唐宋以来的青石街道、元明的石塔、晚清时期的楼阁，都是别具风情的建筑，沿坡而建的几道石门古色古香，门楣上历代名人的题字清晰可见，西边的小码头街仍保持着唐宋风韵。

② 金山寺，位于今江苏镇江市区西北的金山上，始建于东晋，高四十四米，周长五百二十米，距市中心三公里。金山寺布局依山就势，使山与寺融为一体。

如就画牡丹。于是,我就经常观察牡丹,还带照相机到山东菏泽去拍牡丹。牡丹花是富贵的象征,画牡丹可写意,也可工笔。我看到清朝的御用画师意大利画家郎世宁画的牡丹。虽是西画,却既带有传统的中国工笔风格,又带有写意风格。

我在家里没事就画画。画布、颜料都是姑娘买。她同我提了要求:"你画的画不要给人啊,你要帮我收起来。"她还上欧洲,看西画,旅游花两万块钱。她要带我去,我说吃不消。

我现在不忙了,专心画画,摄影变成业余的了。因为我要写生,写生来不及,就用照相机拍。前段时间,我去戴庄拍了一天的荷花,以后还要去呢。画山水必须到名山大川去写生,去拍照,回来再进行创作。即便这样子,你专门坐在家也要反复思考。我有时早上和下午都画,有时早上起来晚了,又要去锻炼,时间不够了,就下午开始画。

说来说去,我原来学的是这个专业,有了西画的基础,国画画起来就得心应手。有时候画得不如意啊,还撕掉了。有时一幅构图要画很多草稿,最后才成功。

沈开太绘画作品《富贵满堂》

我也画油画,代价蛮高的啊,画布、颜料、笔,等等,女儿要么到南通买,要么到上海买。画布总是现成的,框子叫木匠做。我的创作题材基本都是花卉。南通唐家闸菊展,我也去拍了不少的照片,牡丹花我拍得更多了。我家里开照相馆有彩扩机,拍好了,我就自己回来冲洗。

现在很方便，我家里有两三台高档照相机。照相机拍下来，创作起来也更容易些，照片改成素描、打样。所谓打样，就是白描，在照片的基础上再艺术化点，比如，有的花瓣不见得如你所愿，必须要把它更改得立体了。

有时去写生，画荷花。拍照时，有时专门拍一朵荷花，有时是大片大片的拍摄。家来整理，开始创作，画写意的荷花。

创作的主要作品，我总要保留在家里。需要的时候，我还可以参考。现在有了先进的法子，像我画了《百鹤图》，一百只鹤子，我这儿又没有鹤子，我到哪里找呢？我就找了很多资料，有的鹤子在飞，有的鹤子在戏水，有的鹤子在寻食等。我打起草稿来，画一幅长卷。我题什么字呢，有人家贺寿要，便题"松龄鹤寿"——松树的年龄，鹤子的寿，创作要美化人的生活。有的人过到一百岁，子女帮他贺寿挂了这么一幅画，纪念价值就不同。

画画、写作充实了我的老年生活

讲述人：蔡家华

前后大概有三年的时间，我在家里画了白蒲历史地图。大概是72岁的时候，照相馆不开了，家来养花，养了蜡梅。平时，秦镜泽、沈恒希找我用电脑处理些稿子，我都解决了。我看吴宗裕96岁，画了个一米多长的地图，这种精神不简单。我自己也有这个才能，为何不用起来。

我有个姨侄，是德国留学生。他教我使用Google卫星地图软件，能够看到房子、道路，等等。我又用拓印法，一路一路的，把它画下来了。我花了几年的工夫，把地图画出来了，别人都蛮惊讶的。杨春和还特地跑到我家来看，沈恒希也来看了，都说蛮好的。

我写了不少文章，其中五篇比较突出。朋友、编辑都认为写得蛮好的，便刊登了出来。

光有地图，没有文字说明不行。于是，我开始学习写文章，结识了秦镜泽、刘政、沈恒希，还有孙祥虎。头一个接触的是孙祥虎，我们一起旅游时认识的。听人说他一天写一篇文章，一个月能写几十篇。我说："瞎说吧，我写篇文章要几个月。"后来，我到他家去拜访，一看真的不少。

他提醒我,写文章要符合编辑的口味。这句话到现在我总记得。如果编辑喜欢甜的,你写咸的,他就不欢喜。有回在清明节前几天,他说:"明朝南通电台来采访你,好不好?"我说:"不行。"他说:"你画的这个地图,就可以啊。"我一想,叫他找镇上的吴圣,他是专门画画的。他前头走了,后头我想起来了,马上是清明节了,可以写个文章,把那张图写成白蒲的"清明上河图",多好呢。这篇文章写到夜里12点。第二天叫孙祥虎帮助看,他帮助改好后,我马上寄到如皋。头一天寄,第三天就发表了,我就欢喜得不得了,这就是对我的鼓励。这是我发表的第一篇文章。

第二篇文章是《圆仁①入唐登陆记》。圆仁是日本的和尚,1 000多年前,在白蒲镇登陆的。南通博物苑苑长写的文章否定他在白蒲登陆,说在如东登陆。而我认为他大概在离白蒲10里左右的地方登陆的。我查了资料在清水港。我用卫星地图把他登陆的路线画出来了。圆仁有个日记,说到今朝到长江口,一边水什么色,一边水什么色的,已经行了三个小时,或者四个小时,过掘港亭。我就以他四个小时,一小时行60里,240里下来了,在途中遇到什么问题,又几个小时,很难说的,我把它算出来的。文章出来后,还不曾有人反驳。我想起以前在南通搞设计的时候,住在南通地区招待所,那脚下有个西被闸,我在地图上一瞟,西被闸向北正好到唐家闸,同圆仁说的距离差不多。从西被闸登陆弯弯曲曲的,经过钱家坝、十八里河口以后,再向北就到了这个地方。清水港就是从南通向北六十里,从如皋向南七十里,所以我推测他是在那里登陆的。

第三篇是《江海文化概论》。前后54天,我每天早上5点钟起,晚上10点钟睡,除去吃饭,其余时间都用来写作。文章注重解释文化这个词,提出未来文化的概念。这个文章在南通的征文比赛中得了三等奖,对我鼓励蛮大的。

第四篇是《江海平原成陆》。这篇文章很难写,断断续续写了四年。秦镜泽写了个文章,说白蒲成陆2 500年,又举了很多例子。我也要写,但思路与他不同。

2017年,哥哥回来了,我就把这个事情告诉他。他就鼓励我

---

① 圆仁,日本佛教天台宗山门派创始人。俗姓壬生。下野国人。幼丧父,礼大慈寺广智为师。

写,沈恒希、刘政也说我专业。刘政帮我把文章寄给顾启。顾启回信说,我的观点是正确的,他支持。我又高兴得不得了,我又继续写啊。文章最后发表了。文章到现在也没有人反驳,还有南通人打来电话说:"你这个思路比较新。"

最后一篇是《吕岱墓葬海陵辩释》。上海复旦大学古籍整理研究所的吴金华教授,说吕岱不可能葬在高阳荡。高阳荡就是林梓,属白蒲。他说葬在湖北省嘉鱼县。我对地图了如指掌,对三国比较熟。顾嘉禾说,教授也有犯错误的。这给了我启示,最后我文章写好了,也发表了。

研究白蒲方言,乐在其中
讲述人:陈杰

我对方言蛮感兴趣的,看见吴凤山编了《如皋方言研究》,我想自家不也可以编本白蒲方言的书吗?我在吴凤山那里,他说浦文海(如皋政协原主席)也很支持白蒲出方言书。

我没有采用吴凤山书中的国际音标,觉得太烦琐。我就根据普通话的音标又增加了几种音标。白蒲方言最大的特点、亮点,就是声调。我们通常说话也用4个声调,但是这和普通话的4个声调不一样。普通话是阴平、阳平、上声、去声,过去有入声,是平、上、去、入。普通话规范化以后,入声归入到其他声母去了,入声还分成阴入、阳入呢。比方说,刷牙的牙,如皋和普通话都说"牙"(yá),白蒲方言说"芽"叫(ngá),牙齿叫牙(nga)子;在白蒲方言阴平是"挜",挜菜挜饭,你称肉时说称一斤,又挜你半斤,最后称了一斤半,"挜"(ngā)是阴平,阳平是"芽",上声是"哑",去声是"垭",阴入是"恶",阳入是"鄂"。我提出这个6个声调的论断,就是吴凤山也没有提出来,白蒲人说话与如皋其他地方也有差别。

平时,我都随身带个小本,把听到的,想到的,随时记下来。有时,出去走走,跟村里人讲讲(说话)啊,做有心人。我有两个特点,第一个不完全牵强或倾向于原始的。北大有个学生是如皋人,他在如皋范围内,调查各个乡镇方言发音的差别。比方说,"椅"是"木"加"奇"组成,是个形声字。他说,还是要尊重字义。再比如,农村人说的"灭门局(绝)户",你咋记"灭门局(绝)户"?他说,"面糊泼到门上",实际上是灭门绝户,是最大灾祸。既不好牵强字义,也不好纯向音倾斜。在写这本书的过程当中,我经常与人接触,发现不同的发音,或什么词语,我记下,回来再想。想不出来时,便根据音到工具书上查,像《现代汉语词典》《古汉语字典》《辞海》等。比如,农村"殿"钉耙,农村工具上"殿"个柄,这个"殿"字,我是根据这个字的字音到《辞海》中查到的,应该用"殿"字。

陈杰编著的《白蒲方言初探》

在研究方言这件事上,我的家庭对我比较支持。我没有收入,还要花费,还要出去跑啊。儿子也理解支持,老伴更不用说,一般家里什么家务、农活,她全包了。

一开始,我就是写着耍耍的,镇上历史文化研究会开会,刘校长、秦镜泽等人在会上发言,认为我应该把这个方言搞起来。于是,我回去开始正儿八经地编方言。

2013年,儿子晓得我希望有个电脑。因家庭并不宽裕,我一直不曾跟他说起。他主动帮我弄了个电脑,教我,我再学。《白蒲方言初探》就是在电脑上自己打的。

虽然书出了,但我觉得还有许许多多的词语没有收集到书里。

我加入了中国楹联学会

讲述人：陈杰

改革开放后，我被招入蒲西中心校去代课。十多年后，教师多了，学校人员足了，我就回来了。其间，白蒲有个朱友梅，学历不高，但是水平不低。朱友梅时常举办灯谜竞猜活动，我每次猜中的总比别人多，这人就发点小奖品给我，又让我谈谈心得。白蒲文化站有个站长组织大家成立了灯谜小组，逢年过节帮文化站举办灯谜活动。我有时候帮助他们编写材料。20世纪80年代，我还有灯谜发表在《文化娱乐》《知识窗》《智力》等文化报刊上。文化站领导推荐我加入如皋民间文学协会，后来我也就加入了如皋文联。

1988年，在书店买到太原出版的《对联》杂志，我觉得挺好。我后来就订这个杂志，并联系上面发文的楹联专家，邮购他们的专著。从此，我就与楹联结下了不解之缘，参加征联、竞赛活动，得了不少奖，楹联作品也刊登在《如皋日报》《江海晚报》《对联》等报刊上。

1993年，我参加南通广播电视报组织的"华联杯"春联竞赛，获得了三等奖，以后在《对联》杂志上发表了《评央视录像厅对联》。我在看电视的时候，看录像厅的对联，不对啊，就写个文章，寄到《对联》杂志，文章刊出来了。我就有了底气，积极性也提高了。

2013年上半年，我经人推荐加入了如皋市诗词楹联学会。下半年，如皋举办首届"水明楼杯"长寿楹联竞赛，我获得了一等奖。2014年，我又被江苏省楹联研究会吸收为会员，江苏省楹联研究会寄给我《江苏楹联》杂志。以后我就在上面发表了很多楹联作品。我不光写楹联，也写楹联论文、楹联故事。我欢喜写谐趣联，像玻璃对、回文联、谐音对联、宝塔对等。后来，我又加入了中国楹联学会，成为中国楹联学会会员。

晚年研究地方史

讲述人：秦镜泽

我退休以后，没有别的爱好，既不下棋，也不打牌，就专心地看看书，研究如皋、白蒲的地方人文历史。看古书，先看的家谱。接触的第一部家谱是《吴氏家乘》，内容比较丰富，共计28本，八十几卷。我在白蒲区做秘书的时候，这书是白蒲清管所所长作为垃圾收过来的。1984年9月，我将书捐给如皋县档案馆，如皋县档案馆的第一部线装木刻本家谱就是我送过去的。该家谱对于档案馆来说，也是重要的。谱上记载了好多白蒲的人文历史，尤其是吴家的。

我原来不曾学过古文，对文言文一窍不通。我是在做中学，在学中干，逐步研究，请教他人，买《辞海》《辞源》《二十四史》等书籍作为工具书。

我研究的第二部古书就是清《白蒲镇志》，南通市图书馆翻印的，里面有关于白蒲历史的很多内容。

日后，我日常的重点就是研究家谱，我对家谱特别感兴趣。找家谱不容易，既要花钱，还要托人。《郑氏家谱》是在九华找到的。《顾氏家谱》是乾隆二十九年（1764）编印的。我是从闲谈当中得知人家有《顾氏家谱》的，于是顺藤摸瓜找到了。我还找到林梓《沈氏家谱》《陈氏家谱》、皋南《沈家宗谱》、磨头《沈家宗谱》《陈氏家谱》、如皋《冒氏宗谱》、南通《顾氏宗谱》《金氏宗谱》等，前后算算有二三十套家谱。研究后，我写了很多文章，主要刊于《南通江海文化研究》《如皋文史》《如皋日报》。

研究地方史，比较辛苦，特别是找资料，思路也不容易。准备写这个杲戾①，没有成文前，日有所思，夜有所梦，待到文章写好，才感轻松。

研究地方史，在经济上没什么好处，找资料、买工具书都要花钱，你去找人家，还要带点礼物去。实际上，稿费很少，对我来说仅仅是兴趣而已，只是为地方上做点贡献，发挥余热。

我写了几篇关于白蒲革命史的文章。一篇是《白蒲红军赤卫队的革命活动》，白蒲在1926年就有了红军赤卫队。还有两篇《白蒲人民抗日救国斗争史略》《白蒲地区人民在解放战争中的奋斗史》，一条线下来。2016年，编印《蒲塘烽火》，就把白蒲整个革命历史写出来了。如皋市红十四军研究会的浦文海老主席，是白蒲勇敢人，大力相助，后来研究会出资印书5 000册；白蒲镇佘德华书记、

---

① 杲戾，泛指"东西"，此处特指"文章"。

张成镇长都很支持；南通市顾嘉禾老主任、谢翼飞老书记也全力支持。

我85岁了还帮人看病

讲述人：沈汉庭

我有个特长，打"蚯蚓筋①"，即把血管硬化剂打到静脉里头。这个方法怎么来的呢？一次，我在手术室里为下肢静脉曲张患者开刀。南通的程达人院长正好来了，看见我，就说："我教你个新法子，下肢静脉曲张可以不要开刀，我已经试了，用鱼肝油酸钠注射液血管硬化剂，等会儿把详细情况说给你听。"

新法子注射、用药，成本只有几块钱，就能治好。我记得血管硬化剂卖5块钱一支，打下肢要两支，共10块钱，还要用弹力绷带，收人家20块钱，我只有一点利润。

多少人烂膀子，有的人都烂膀几十年了，我都治好了。奚斜的有，新姚的也有。多少人糖尿病，烂膀加上静脉曲张，长期不得好。奚斜就有个人，要我帮他治。他烂的地方，已经发臭了，每年都要到医院里挂水。我说："你首先一条，要抬高患肢，如果说，我帮你打了针，用了药，你家去还是脚垂着，还在做呆工，效果就不好。"按照我的嘱咐，他的脚，睡觉时跷，吃饭时也跷。坏死的组织，我帮他剪掉了。58天后，他就好了。

新姚有个姓徐的老爹，害病20多年。我要给他打针，准备帮他弄点药，让他家去自己换，不要花多少钱。他说，平时忙，到过年的时候请我治。后来他如约而至，我帮他打了针，配了两次药，他就好了。他就介绍了许多人来治。

现在，我帮多少人看病，有的多远跑了来。帮他们打治痔疮的针，我只收成本费，病人都不过意。常有病人送大米来把我吃。人家来看病，我也不向人家要钱，也不是要人家送米给我，把我钱绝对不要。我现在退休工资更加高了，我要钱做什么呢。我这样，一个是本身对职业的爱好，第二个是能帮人把病看好了，心情也不

---

① 蚯蚓筋，也叫静脉曲张，指由于血液淤滞、静脉管壁薄弱等因素，导致的静脉迂曲、扩张。静脉曲张最常发生的部位在下肢。

同,高兴,是为人民服务。人家说的,你家两个人都是85岁了,身体这么好,因为好事做得多。我说,凭良心做事,才好啊!

退休后销售茶叶
讲述人:方志成

二十世纪六七十年代,茶叶、棉、花纱布、粮食是国家控制的商品。后来政策渐渐松了。改革开放后,我退休了,发挥点余热,做点茶叶生意。

我老家在徽州歙县那一带,那里是产茶叶的地方。我去歙县考察过各种规模的茶厂。大型茶厂本是国家的,后来也变成了民营的。茶厂像雨后春笋似的,开了很多。生产的茶叶要人销售。亲戚、朋友与我沟通,上门接洽,我帮助销售,钱多点少点,我无所谓。南通、如皋等地茶叶都有我卖的,很多做茶叶的都晓得白蒲有个卖茶叶的老徽州。我的信用度比较高,售出的茶叶,质量绝对不错。如皋县商业公司销售我的茶叶。茶店在商业局隔壁,销了好多年,一直不变。有一年,茶叶卖到腊月二十附近还剩了点儿,估计卖不到年三十夜。经理要我补60箱茶叶。我说没有,我不临时到市场进货。于是,他到南通别的人那里拿了40箱,每箱价格比我的要少40块钱。过年,全销了。经理开会说,明年不往我拿茶叶,比南通贵40块钱,一年得多花几万块呢。没想到,正月初五,就有顾客跑到店里,要求退货。很多人都说,这个茶叶不好吃。没得办法,经理答应全退,又保证5月1号茶话会请大家吃新茶。在清明前惊蛰补茶叶的时候,他和两个副经理、总账会计老找我,向我打了招呼,以后还拿我家的茶叶。这一拿,一直拿到后来市场大量放开。

原如皋县供销合作社下面有五大公司,专门拿我的茶叶,每年新茶上来要报喜的。后来,我不做了,在门口摆了茶摊,交易还比较好,到现在还是有人上门。要货真价实,才能留得住客人。

坚持搞好家庭副业

讲述人：李海泉

　　我退休前，就在妹子家里搞点副业。一个人，在大河边上养猪，养鸭，又养鸡。当时打算退休后不做了，哪知道，退了以后还做得更得劲。

　　我老家在新姚二大队十一队。当时，母亲已经没有了。奶奶102岁去世后，家中还有父亲，我就搬过去，一边服侍他，一边搞副业。那里有三亩田。我把猪舍改建，最开始只养了两头老母猪，后来又养了二三百个鸭子、二三百个鸡子等，一直坚持到今天。

　　平时，我家妻子要服侍丈母老太，没得工夫来这里，鸡鸭要打预防针，非要她来，也只来半天。有人问，你养的鸡鸭，不病呢？肯定吃药吧。我说，什么药都不吃。卫生防疫一定要做好了。我到了这里，当地兽医站还把两个生产队的鸡鸭防疫工作交给我。每年的1月14日开始，我还送种蛋（不是普通蛋）。吴窑有个大炕房，种蛋全部进炕房。小鸡出炕后24小时内要打针。一瓶药水能打2 000个鸡。我买了辆电瓶三轮车，不但方便防疫工作，还帮助人家。老人收粮收不动，我就用三轮帮助拉。所以，我在那里非常受大家欢迎。

　　2018年，我养了27头猪，卖了14头，成本17 000多块钱，都回来了。我养猪不给猪吃饲料，粮自家加工的，成本就低了。吃饲料的猪，肉还不好吃。我要自家买粮，家来自家打，猪食就来了。我养的猪还吃山芋茳儿，这些草成本非常低。我养这么多鸡鸭猪，平均每天要工作6个小时。

　　2018年，鸭子养少了。2017年，我养的鸭子有800只。上海人来买，价格高啊。我告诉司机走高速，从白蒲出口出来后，向右走。他弄错了，认不得东西南北，到晚上八点多才来捉鸭子。一个鸭子卖50几块钱。街上有些店一只烤熟的鸭子才卖18块。不一样，我的鸭子卖去南方煲汤吃，一只鸭子上桌能卖到上百元。放养的土鸭子，口味不一样。

　　自己不光要养，也要经营，卖时也要注意方法。以往每年儿童节前夕，我的鸭子就全部卖光了，过了6月1日鸭子要削价，因为到了那时农村里要莳秧，鸭子要下田觅食便会影响秧苗的生长，所以大家都卖鸭子。2018年特殊情况，鸭子相当宝贵，到了十月份了还卖16块钱一斤。卖鸭子,也有大学问啊。

晚年健身、养生两结合

讲述人:刘汝琴

以前,我总认为自己身体不错,不喜欢动。人家跳广场舞,我不跳。这几年,我觉得自己身体大不如前,开始锻炼锻炼。

我一直坚持早上起来在树前伸伸手、踢踢腿,弯弯腰,耸耸肩。有时间,有精神,我至少花个把小时,跑跑步。下午做做活动,屋内屋外散散步。饮食方面,不讲究。自己是穷苦出身,生活上不计较,现在条件好了,拿这么多钱,用不掉啊。同子女一齐过,随他们。他们孝敬我,天天总要弄上三四个菜,荤的、素的,都有。愿意吃的,就多吃点;吃不动的,就少吃点。我不怎么吃肉,喜欢吃鱼虾,一个星期总要吃两次海鱼,吃海鱼对身体好。平日,我喜欢吃蔬菜,茄子、丝瓜、黄瓜,都吃。早上,我喜欢吃吃粥,有时不方便,就泡泡米粉、麦片,再来些点心。鸡蛋天天要吃一个。子女让我喝牛奶,一盒牛奶嫌多,我就和姑娘一起吃。

电视上说,吃饭不要过饱,我只吃个七八成饱,特别是晚上吃得少些。晚上吃多了,夜里睡不着,有时还反胃。我退休工资月月有得拿,没有负担,所以吃得进,睡得好。心情好,心态好,大小事都不计较。

五、政府关爱

晚辈孝顺,长者养生,政府关爱,这"三套马车",致以耄耋老人颐养天年。医养结合养老模式的实施,惠老敬老政策措施的到位,丰富多彩的老年文体活动的开展,以及居家养老和集居养老的并举,让老人安详享受"最美不过夕阳红"的静美时光。

尊老惠老的政策到位

讲述人:袁春静

白蒲的老人们、年轻人们都关心老有所养的问题,我们白蒲党委政府非常重视，认真完成相关的工作，造福于民。

一是认认真真、不折不扣地落实养老惠老的政策。只要老人到了享受待遇的年龄，我们就用公安系统提供的数据，主动办理相关手续，确保老人的"尊老金"及时到位。

二是在全镇树立"尊老敬老好模范"。每年评选"孝老好儿女"，孝顺的儿子、媳妇、姑娘，等等，都可以参加评选。活动倡导全社会把老人家养好，宣扬尊老敬老的风气。

三是积极发动社会力量尊老敬老。一方面，建立志愿者服务队伍。另一方面，协助市里的智慧养老服务，及时做好跟踪服务工作。

四是开展老年人结对帮扶。有生病卧床的老人家，我们尽可能帮助他们老有所养，安度晚年。

五是镇政府也自行制定一些养老惠老政策。老人家过百岁生日，市老龄委送电视机等生活用品，从2016年开始，镇政府还送一份生日蛋糕。老人百岁生日临近，我们主动打电话给老人的子女，让他们来领电视机和600元钱（用来买蛋糕）。

六是加强敬老院的建设和管理。敬老院的服务对象绝大部分是孤寡老人，由党委政府托底，对他们的吃、住、穿、医、葬全面负责。打个比方，共产党就是这些老人的孝子贤孙，把他们养老送终。白蒲的敬老院的年均硬件投入超过80万元。2017年，在安全设施方面投入200多万元，在每个房间都装了消防设施，进一步保障老人的安全。2018年，敬老院内部重新装修。敬老院的伙食也逐渐得到改善。过去没有早点，早、晚两顿饭都是粥，保证吃饱。后来保证老人家一个星期吃两次早点，现在是天天有早点。晚上，粥加点心，让老人吃饱吃好，让他们能够健康长寿。敬老院的管理逐步规范化，专门外聘了保安公司负责管理，对集中供养的老人管理流程上是比较严格的。2012年规定，凡是进入五保序列的老人必须请他的兄弟姊妹等直系亲属全部到场，由村里组织召开家庭会议，决定是否送老人来敬老院。亲属无人愿养，可以，但要签字盖章，同意老人来敬老院，由政府集中供养。

探索医养结合的养老服务模式

讲述人：袁春静

白蒲镇上出现了几对百岁以上的夫妻。文峰社区有一对百岁夫妻，两个人都喜欢喝黄酒。一天三顿，夫妻两个共喝一碗黄酒，你喝一口，我喝一口，传为佳话。现在文峰社区又有一对百岁夫妻——徐良泉、邵秀英夫妇，两人加起来207岁。

在养老服务方面，白蒲准备发展民营医养结合养老服务机构，适应社会的需求。现在民营的养老机构需要老人或者子女交纳寄养费用。既然是市场化运作，没有哪个老板全部是做慈善，政府对孤寡老人必须托底的，现在正在操作，看看哪个医院能够这么做。今后，根据形势的发展，鼓励民营资本进入养老服务领域是个趋势。老龄化社会是白蒲面临的现实问题，养老事业要在摸索中发展。

不折不扣落实惠老政策

讲述人：朱克成

白蒲镇是全市高龄老人最多的镇。全镇12万多人，80周岁以上老人7 000多人，90周岁以上老人1 100多人，百岁以上老人44人。前后有几十个大学、研究机构和团体，到镇上来了解长寿现象。我作为民政助理，不折不扣地落实市里相关惠老敬老政策。

镇上有三位老寿星，年过105岁。工作中，我和他们接触多，要发放尊老金，要进行查询统计。全镇每年发放尊老金500多万元，市里出一半，镇上要补贴一半。80到89周岁的老人，尊老金是60块一个月、两块钱一天；90到99周岁的，尊老金是100块一个月；100到104周岁的，助老金是360块一个月；105周岁以上的，助老金是420块一个月。

在精神方面，政府的关爱也比较到位。对70岁以上的失能老人和百岁以上老人，由政府出资，聘请服务公司每月上门为他们服务。一开始老人不相信，还会有人免费上门帮忙洗衣服，剪指甲，做家务，哪有这么好的事？通过几年来的坚持，这项工作在社会上得到很好的反响，百姓说，这真是"天上掉馅饼"的好事。镇上一些协会，比如，京剧协会、书法协会，经常搞活动，到老人家里去进行慰问。一些社会上的志愿者到老人家里做些力所能及的活，唱唱歌、演戏给老人听听看看，给老人带去精神上的慰藉。白蒲一些企业热心于长寿事业的推进和发展。比如，惠蒲大酒店搞长寿旅游活动，带领外地的旅游团去拜访长寿老人，与长寿老人一起搞一些活动，宣传白蒲镇的长寿文化。外地游客也很感兴趣。

全镇在册的孤寡老人有600多位。他们都享受五保待遇，有集中供养的，有家里分散供养的。对于家里分散供养的老人，每个季度，我们会按时将他们的费用打到"一折通"上。同时，帮助他们每人落实一个责任人，由责任人照顾这些老人的生活。对于集中供养的老人，他们的吃、穿、住、医、葬五保全部由政府负责，这些老人住在阳光敬老院。

白蒲的敬老院不光是基础设施在全市名列前茅，服务在全市也是数一数二的，被评为"省三星级敬老院"。老人们住的标准套间，吃的四菜一汤。天天有荤，每天早上有早点，不仅有馒头、包子，还有烧饼、鸡蛋。敬老院有几亩菜地，农活上对老人不强求。愿意劳动的，敬老院还给予一定的报酬，老人家很高兴，都争着劳动。

2017年，政府拨款200多万给敬老院安装了消防设施，每个房间都有喷淋、烟雾报警设施。目前，敬老院在消防上已经达到标准，通过了上级验收。现在上级对敬老院管理也比较重视，检查都是不打招呼的，随时突击检查，夜里也来查。一直以来，镇上的敬老院在历次检查中都是最好的，值班值勤按要求全部到位。包括南通民政局领导来检查，也没有出现任何问题。他向我说了这么一句话："不曾想到你俫做得这么好！"

管理形成了制度，食堂操作间很整洁，卫生标准很高，刀具、案板摆放整齐，饭菜要留三天的样。每年敬老院评比不是第一就是第二。2017年拿了一等奖。

各级领导对老人比较重视，逢年过节，登门慰问，不光人来慰问，还带礼品或慰问金来。一些百岁老人过生日，镇上都会进行慰问。

阳光敬老院处处充满阳光
讲述人：陆建华
白蒲阳光敬老院建于2003年。敬老院内设阅览室、棋牌室、储藏室、医务室、健身房、多功能厅，厨房里设有操作间、储藏室、蒸饭间，敬老院的配套设施齐全。

建院以来，我们一直是以"关爱老人的今天，就是关爱我们的明天"为理念，来开展各项工作。

敬老院现有老人93人，工作人员10人。围绕全国敬老院服务质量大提升115条标准做好常态化的工作。平时，我们主要是围绕以下几个方面开展工作。

一是注重老人的身体健康和心理健康。每天实行逐人逐宿舍检查，主要了解老人的身体和心理情况，及时了解每个人的小病小痛，发现问题及时与医院对接，保证老人的身体健康。另外，在查房的过程中，着重了解老人的心理健康。针对老人平时的生活习惯，为他们合理分配室友，使之和睦共处，保证老人心情舒畅开心。

白蒲阳光敬老院

二是每个星期召开院民代表会议，排一个星期的菜谱，保证老人营养均衡。

三是每逢节日，组织老人开展一些文体活动。平时组织老人做些游戏，打长牌、下棋、讲故事，等等。

四是护理工作人员实行区域负责制，护理人员及时掌握老人的身体和心理情况，工作有的放矢，对症下药。

在党委政府及主管部门的领导下，通过工作人员的努力，敬老院从来没有出现院民与院民之间、院民与护理人员之间吵架、打骂等现象。通过大家的努力，2017年，敬老院被市民政局评为"一等奖"，荣获奖金 6 万元，还被市政府评为"老年工作先进单位"。

医养结合与接受寄养并举

讲述人：陆建华

2017 年的高温季节，敬老院出现个别老人中暑等意外情况（最后得到及时处置）。所以，2018 年，政府加大了投入，在所有的院员宿舍安装了空调。在政府的正确领导下，我们一定努力工作，使老人能够安度晚年，把党和政府的惠民惠老政策不折不扣地传递到每一个老人，使老人能够体会到党和政府的温暖。

在医疗保障方面，敬老院实行医养结合，在人员编制不足的情况下，成立了护理站。在每个月的 28 日，定期为老人进行体检，每旬为老人进行小体检，对老人的身体情况进行了解，使老人有病能够得到及时发现及治疗。在日常查房过程中，遇到老人突发疾病，工作人员能够与医院对接，安排专人接送治疗。

我们组织老人参加力所能及的劳动，与周边相关的单位合作，比如，安排老人进服装厂，做穿纽扣、贴标牌等手工活，使老人的生活不枯燥单调。他们做些力所能及的工作，能够有一定收入，用于日常补贴，自己获得了价值感，同时，对社会也有一定效益。

从 2017 年开始，敬老院也实行了寄养制度。对空巢老人的养老实行社会化运作。我们收费比较低的，每月每人收 1 600 元，使老人在外工作的子女无后顾之忧，能够安心为社会、为国家发展多做贡献。

敬老院实行全封闭管理。有些院民是社会的弱势群体，有的智商还不高，与正常人有差别。每个五保对象需要外出时，工作人员负责接送，有亲属的必须联系到亲属，由亲属接送才放行。

社会各界对敬老院工作大力支持，尤其是春节等重大节日，一些老板不只是从精神上帮助，而且从物质上给予无私的支持。老板送的东西没地方放了，短时间内又吃不完，只有用冰箱存放，食堂的四台冰柜、冰箱都放满了。有时企业老板送东西来，我们问他是谁，他都不肯说。这也体现社会对敬老院的关爱支持，也给我们做好敬老工作增强了信心。

老年文体活动丰富多彩

讲述人：仇春玲

近几年来，白蒲镇老年人文化体育工作在镇党委、镇政府的正确领导下和在如皋市老年文体协会的指导帮助下，认真贯彻了《全民健身计划（2016—2020年）》《全民健身计划纲要》等一系列重要文件精神，立足本镇老年人文体工作实际，完善镇、村两级老年文体组织网络，不断满足老年人日益旺盛的文体健康需求。主要有四个方面，值得说说。

第一个方面，领导重视，强化保障。白蒲镇党委、镇政府高度重视老年工作，根据省、市关于老年文体工作的文件精神，把老年文体工作列入重要议事日程，建立了老年文体工作领导责任制，党政主要领导亲自抓，分管领导具体负责，经常深入基层了解、布置、检查老年文体工作，为老年文体工作指明了方向。按照"五有"标准，也就是有组织、有经费、有场地、有活动、有队伍，不断加强镇、村两级老年文体工作，充分发挥全镇各村（社区）老干部、老教师等老同志的余热，发挥他们的领导、组织、协调作用，使广大农村老年人强身益智、健康长寿，真正做到"老有所学、老有所养、老有所乐"。

第二个方面，健全组织，规范管理。白蒲镇成立老年人文体协会，及时选举、更新老年文体协会领导班子。由宣传委员担任主席、文化站站长担任秘书长，各村（社区）老年体协主席、秘书长，文体骨干、社会指导员担任理事和协会会员。

第三个方面，开展活动，营造氛围。首先，积极开展各类特色文体活动。白蒲镇是空竹文化之乡、京剧之乡，镇老年文体协会组建空竹表演队和老年人京剧协会，定期开展空竹表演活动和京剧票友联谊演唱会。其次，积极参加如皋市组织的大型活动。2013年，组队参加如皋市首届广场舞大赛，获得金奖。2014年和2016年，镇老年文体协会分别组队参加了如皋市全民健身运动会开幕式和2016年中乙足球联赛开幕式文体表演项目——狮子舞表演，展现了白蒲镇老年人的独特风采，赢得了在场观众的阵阵喝彩。最后，积极开展各类体育赛事，强身健体。白蒲镇是全国体育先进镇，体育事业蓬勃发展。镇老年文体协会每年不定期开展各类体育赛事，如乒乓球、老年人气排球、门球、羽毛球等体育赛事。老年群众参与其中，乐在其中，不仅锻炼了大家的身体，也更好地将协会的作用和功能发挥到最大化。

第四个方面，加强宣传，提升素质。镇老年文体协会积极宣传老年人文化体育工作的各项方针、政策，争取各级领导了解、重视和支持，为老年文体工作的开展创造良好的社会环境。充分利用广播、电视、报纸等新闻媒体，将老年文体工作及开展的各项活动进行宣传报道，做到广播有声音，电视有图像，报纸有消息，不断扩大老年文体工作的影响力，提高老年人文化体育活动参与率。

生活环境和养老政策好

讲述人：汤明燕

白蒲人能长寿，在我看来，主要得益于生活方式上比较讲究。我每天一大早，靠六点就起床，喝点开水，吃点点心，然后出去散散步，买买菜。回来后，再吃些鸡蛋牛奶。

现在不同以前，中午伙食比较好，晚上吃得清淡。我丈母娘已经79岁了，习惯早睡早起。晚上八点半睡觉，睡到早上六七点钟。她睡眠比我还好，睡得沉，像伢儿的睡眠一样。她通常一夜不起来。她一天三顿都吃得清淡，油腻的食物不吃。她下午摸摸长牌，五点钟结束，家里吃晚饭。洗洗弄弄，看会儿电视就休息了。

养老政策方面，政府做得好，退休人员的政策得到落实。老人家一起打打牌，一起耍耍、聊聊。这两年，通过美丽乡村建设，白蒲的自然环境方面得到很大改善。白蒲这儿原来的磷肥厂、化肥厂等化工单位对环境污染重，近年基本上关掉了，对白蒲人的身体健康是有好处的。

居委会是老百姓的娘家

讲述人：薛剑岚

2010年7月10日，镇上让我到白蒲居委会工作。我就接了三个公章，其余一无所有。

到任后，我结合自家的特长，展开工作。我喜欢跳舞，就组织老人家活动。天冷或下雨,让老人到楼上房子里跳。有年长的同事说:"你来了好的!"我那时压力很大,勇敢社区 12 个组、跃进社区 12 个组、光明社区 7 个组加起来是 31 个组,工作量还是蛮大的。

我先摸情况,把村里老底册翻出来,看看有几个组长,一一接触,探讨工作,向他们取经。根据实际情况,考虑老组长的健康情况和工作效率,我回掉了 6 个年过 80 岁的组长。但是,老人家还有工作激情,不愿意回家。我就跟他们说,不是不想用你侬,因为你侬的儿女不同意。其间,我又物色了一批年轻的新组长。

三个社区三块牌子一套班子。当时,我来的时候,三个居委会还是分开的,三个地方没有像样办公的地方,老百姓找居委会办事,难找。我就向领导建议,全部并到公园里来办公,而且公园里的办公室,不准离人。把居委会所有工作人员的电话号码写了贴到门上,有什么事出去了,人家好联系。居委会就是老百姓的娘家,老百姓找到你,你解决不了的,也可以帮助跑腿。我们就是这样子开展工作的,三年后,老百姓对居委会的评价可高了。

为大家处理好纠纷

讲述人:薛剑岚

我原在居委会工作,手上处理过的纠纷不少。镇上有个卖电器的租客与房东闹矛盾。我对房东说:"你怎么好意思,把房子租给他,为个几百块钱要跟人家打官司,你还是人民教师呢。多大个事,还上法院,不怕丑啊。"最后,花了 400 元,双方把矛盾解决了,皆大欢喜。

我一直认为,居委会就是群众纠纷的终点站,不要把老百姓向外推,不要往上级推,不要往社会上推。现在居委会的同志就记得我这句话,做得很好,自家好解决的,解决;不好解决的,帮助跑腿。

工作的时候,我什么事都要想在前头,晚上睡觉前,总要想明朝有什么事情要处理,想好才困得着。2015 年,冬天很冷,多少人家的水管被冻裂了。夜里 11 点钟,有个人家打电话给我:"我家房子在南桥租给人家的,楼上人家的水管漏水漏得一塌糊涂。楼上又没人,户主在广州工作,打电话又不通。"我说:"没事。"我咋解决的？即使是半夜也起来，帮他喊水厂的人把他楼下水管总阀关起来。第二天早上，拨110让警察到场，居委会到场，撬锁全程录像，不会动人家家里的任何东西，把水管修好，水管坏了等不得的。再帮他买把锁装上，弄了多少钱再说。

镇区这块儿，群众呼吁要弄个寄养院。我也为此事在呼吁奔走。现在，很多子女在外地，不愿意同老人生活，因为各有各的生活习惯。我也不赞成老人和子女生活在一起，除非不能动了。我相信将来镇区会有寄养院。

六、长寿密码

富硒沃土，鱼米之乡；民风淳朴，"孝敬父母，尊敬长上"；国泰民安，家庭和睦；豁达开朗，与世无争；养生养心，怡情悦性；心底无私，热衷公益；健康饮食，预防疾病；等等。这些都是镇区寿享期颐老者不设密码的长寿秘诀。

谈谈长寿因素

讲述人：袁春静

白蒲寿星比较多，老年工作比较重要，直接关系到老人家的晚年幸福生活。我想白蒲人长寿的原因如下：

一是白蒲的自然环境比较好。主要是土壤粘性大、含硒量特高、气候温和等方面。

二是白蒲的经济发展水平比较好。白蒲是老工业重镇，通扬公路穿镇而过，是如皋最早发达的地区之一，居民的生活水平比较高。

三是古镇千年文化积淀下来的成果。譬如养生文化。白蒲人很注意养生的，即使晚上很冷，居民的广场舞照跳不误啊，街上还有跑步、健身、打橄榄球、踢足球、唱歌的。镇上有足球队，全民参与健身，这种氛围很浓。白蒲饮食文化很有特色，长寿食品营养均衡。白蒲人做的菜也非常好吃。晚上，镇上的饭店家家有生意。

白蒲人长寿得益于四大优势

讲述人：秦镜泽

白蒲为什么会出现长寿现象？这是个值得研究的课题。我觉得有以下几点，可以说说。

一是自然环境。白蒲位于长江下游以北、通扬运河之滨，总面积144.89平方千米。这里的自然环境，十分宜居。

在环境的多个单元中，土壤是一个最基本的环境单元。据中国科学院南京土壤研究所教授黄标、龚子同对白蒲土壤测定的结果显示，白蒲土壤为发育于古湖冲积物上的水耕人为壤质土，质地适中，性质为中偏碱性，有机质含量为如皋之最，平均高达19.958g/kg。土壤和饮用水中含有丰富的硒、锌、钼和硼等人体必需的微量元素，对健康长寿非常有益。白蒲居民通过当地食物，长期获取这些微量元素，大大增强抗衰老能力。

长江水是白蒲民众的生命之泉。境内河网覆盖全镇，将长江水源源不断地引流到每一块田头和每一个户头。长江水矿物质含量高，含有人体所必需的硒、镁、锌、铁等微量元素，钙的含量正常，而铜、镍的含量则较低。优良的长江水源中所富含的微量元素能够维持人体生物免疫功能，提高抗衰老能力。

气候也是自然环境的重要组成部分之一。白蒲常年平均气温约为14.6℃，其气候特点：季节分明，冬长夏短对健康长寿十分有利；气候温和，有利于机体生理机能的提高；湿度均衡，人的机体的热平衡不易受到破坏；风速平缓，清风和煦，凉风习习，对健康有利；日照充裕，这是防病保健、延年益寿的重要气候条件之一。

二是社会氛围。随着经济的迅猛发展，白蒲人民的物质生活水平和精神文化生活都有了很大的提高和改善。老百姓的吃、穿、住、行、用、玩等各个方面都发生了翻天覆地的变化。这是白蒲人健康长寿的物质和精神基础。

民风淳朴，人人尊老。尊敬长辈，孝顺老人，这是中国人的优良传统，也是白蒲人的家族美德。《吴氏家乘·宗范》明确要求白蒲吴氏族人"孝顺父母，尊敬长上"。《郑氏族谱·古训》记有："凡父母舅姑有疾，子妇无故不离侧，亲尝药饵而供之。"《白蒲镇志》在"习俗"中写道"蒲上性淳端谨"。在历史文化传统和现代文明的熏陶下，白蒲人尊老、敬老、养老、助老、爱老蔚然成风，

"五好家庭"和"平安家庭"比比皆是。

卫生防疫工作加强，医疗技术水平提高。在清代，白蒲比较著名的医生有14位，还撰写了学术水平较高的医著，包括姚国干的《食诗》、顾金寿的《吴门治验录》等。民国年间，在镇区，还先后创办了白蒲地方医院和"三八"医院。

中华人民共和国成立后，党和政府十分重视卫生防疫工作，把各种疾病控制在初始阶段，添置了各种现代化的医疗器械。2016年，全镇有等级医院6家，医护人员324人，病床570张。村居卫生室30个，医务人员65人。对常见病、多发病和急性传染病的诊断和治疗，基本做到了及时、准确、有效。这是白蒲人健康长寿的重要保障之一。

三是家庭关爱。白蒲长寿老人晚年一般都过得很幸福，眼见四世同堂或五世同堂。大多儿孙对老人尽心尽责，在经济上给予保障，在精神上给予慰藉。

家庭养老有四种形式。1. 轮流赡养。凡有几个儿子的大多采取这种形式，嫁出的女儿常送营养品，常来拉家常，帮助洗涤衣被。2. 固定一家，共同分摊。其他子女在外，只有一个子女在身边，采取就近原则，身边的子女负责老人的日常照料，其他子女共同负担老人的生活及医疗费用，经常与老人通电话，问寒问暖，并在节假日回家探望。3. 失偶老人，重新组合，共同生活，子女也常来常往，问寒问暖，帮助老人解决生活中遇到的难题。4. 由子女送到敬老院或老年公寓寄养。

儿孙服侍老人要尊重老人的个性特点，顺乎其意不与老人顶撞、争执。常常沟通感情，子女要抽空与老人聊天，消除他们的孤独、忧郁、恐惧等情绪，白天陪聊、夜间陪宿。尽量做到有一间朝阳通风的卧室，有一张冬暖夏凉的床铺，有一日三餐美味可口的饭菜，有一年四季不缺的衣服。

四是自身素质。长寿老人心胸豁达，性格开朗，处世大度，与世无争。待人厚道，与家人、与亲友、与邻居和睦相处，不嫉妒人，不算计人。对人间是非想得开，放得下，不极喜极怒，不极乐极悲。受到挫折和委屈能坦然面对，冷静处理，不急躁，不退缩。白蒲老人具有勤劳的品德，老人年轻时，就爱劳动，就勤俭。他们不仅把劳动当作谋生的手段，而且将勤劳看作是人生的乐趣、健身的法宝。年纪大了，仍然手脚不停地做做力所能及的家务。老人具有良好的安全意识，下田干活，家务劳动，户外活动，走亲访友，外出办事，处处谨慎小心，时时注意安全。白蒲老人们和子女们，都知道防火灾、防落水、防中毒、防触电、防雷击、防烫伤、防摔跤、防车祸。

长寿原因之我见

讲述人：朱克成

白蒲为什么有这么多长寿老人呢？我的感觉，首先一条，绝大部分家庭比较和睦。把老人家当伢儿一样，当宝贝，不仅孝顺，而且疼爱。老人家想吃什么，想用什么，就买什么。其次，饮食上，这些老人没有什么特殊的偏好，吃的东西比较杂，不偏食，有人归结到白蒲的长寿食品，肯定也有这个因素。

白蒲的长寿老人还引起中央媒体的关注。2018年，中央电视台有个栏目，全程拍摄了一个白蒲百岁老人的寿宴，前后大概有二十几分钟，在整个社会影响也蛮大的。

长寿老人的两个特点

讲述人：杨鸣

白蒲镇的长寿老人有特点。一是老人心态好，不记仇，子女也孝顺。我前段时间遇到勇敢的徐良泉老师，他的老伴叫邵秀英。两人分别102岁、103岁，身体都很好。我问他儿子，才知道两老经常拌嘴，但是拌过后不到一分钟就忘了，不记仇。徐老师夫妻两人都喜欢打长牌，还有个称号是"南通长牌九段"。儿子也孝顺，听说老人家几天不曾打牌了，从南京回来约了两个老人家陪他们摸会儿小牌。

现在在丁堰做副镇长的吴畏（白蒲人）家里就是四世同堂，他的奶奶已经104岁了，家里人很孝顺。后来，我又接触了个原来白蒲小学的退休教师周红生，今年（2018年）94岁。她的儿子，一个在上海，两个在珠海。她住在上海，要上珠海去，上海的儿子把她送到机场，机场工作人员把她带到珠海机场，珠海的儿子到机场接把她回去。这个事《南通日报》还报道过呢。周老师的心态好，比如说，她和另外一个人参加工作只差两天，人家离休，她是退休。她钱拿得少些，但是不计较。

前几年，在文峰斜东面建了个新的公园——绘春园，里面有个寿星堂，有很多百岁老人的长寿心得或名言。113 岁的佘文福说的：心态平和，与世无争；100 岁的宣剪英说的：儿孙绕膝享天伦，无忧无虑度百岁；100 岁的黄巧英说的：粗茶淡饭养脾骨，心平气和养精神；101 岁的李进说的：保持一颗朴素、豁达的心；102 岁的施纯英说的：坚持素食身体好，多打长牌脑瓜好；102 岁的姜鹏年说的：保持心态平和，忘掉烦恼忧愁。这些心得都反映了这些长寿老人的良好心态。

二是饮食有好习惯。主要是早晚喝粥，中午吃饭。镇上有个吴桂方奶奶，她是早晚喝粥，晚上你下面条，她也不吃。她心态很好，假如到中午 12 点或者 1 点还没得饭吃，她就在那儿等，或者跑到厨房去转一圈看一看，也从来不发火的，还去晒太阳等着。她一直保持早晚喝粥的习惯：早上一碗稀饭，一个馒头，有时还加一个煮鸡蛋；晚上一碗稀饭，吃几个萝卜干，有时还喝点米酒。

老人要优雅地老去

讲述人：孙祥虎

我是居委会多年的荣誉委员，前后经历过三个主任。我参加基层的活动也蛮有好处的。融入社会能够直接感受到时代发展带来的进步，我感到进步不简单。

过去，镇上什的样子，现在什的样子，我自己有感觉，感到如今很幸福，要更加珍惜晚年的生活，多做最平凡、最实在的事情。以前有人说，能把平凡的事情做好就是一种不平凡，有道理的。

街上有个刘同元老师，前段时间他同我讲，他跑了一圈抄了街上小广告中 26 个号码。他就是想建议，有关部门要治理这种广告"牛皮癣"，因为这属于环境污染的一种。老年人要同社会紧密结合，关心与生活有关的事情。

人不能年纪大了，感觉就不行了，整天悲观丧气的。年纪大了要怎样老去？要在优雅中老去！这也是一门学问。

人要有公益心

讲述人：许镜华

我开饭店，在白蒲镇上做不到前三名，我就不开。开店要有激情，菜谱种类要随时更新，思想也要更新。我喜好与同行交流，我的同行好友有南通的、如皋的、海安的甚至上海的，我到他们那儿免费吃，他们到我这儿免费吃，互相提意见。现在交流不多，技术提高就慢了。

那时，我找南通的师傅教，他只有晚上下班后有时间教，我就去等他啊，整夜的不困也要学会。学习要有恒心。我学会的东西也不保留，谁要学，我都教。白蒲有个职工学校，让我给学生上实习课，我去教了十几个菜，免费教不要钱的。

人也要有公益心，不要以为你的本事被别人学了去，你自家就没生意了。不是这么回事！他学会了，你自家可以再进步，人不能故步自封，我就是这个观点。有人让我申请专利，我觉得我只是把传统菜传承了下去，只比别人做得好点而已。

我战胜了遗传的肠癌

讲述人：许镜华

肠癌这种病有家族遗传性，但遗传概率很低，我娘靠90岁了没有得肠癌，偏偏被我碰到了。

有段时间，老婆脚跌断了，我一人在店里，比较辛苦，大便出血，以为是痔疮。后来，到南通附院查的，医生让做个肠镜，结果显示有肿瘤，化验单上面还打了问号。找到医生，我很镇定地说："假如良性的，在南通中医院开；假如恶性的，我上附院开。"结果是恶性的。开刀后，至2019年是第五年，一切正常。

住院期间，我都不能输营养液，一输就发热，全部靠自然食疗。我一共做了六次化疗，又通过前后三年的中药调理，血象才达标，身体也逐渐了恢复。吃中药，要注意饮食禁忌，不能吃花鱼、公鸡、海鲜等发性食物（发物）。适当吃鱼、肉，营养就差不多。药补不如食补，自家要调节好。像我，中药停后，海鲜也适当吃点。我也复查，开始一年查三次，后来一年查两次。现在，我的身体还可以。我认为,躺在床上就是个病人,只要起来了就是个好人,家务活都是我包的,买菜烧饭,平时闲也闲不住。

身体生病了不要怕它,平时有什么病,找个先生问明白,对症下药,就这么简单。不要有思想负担,家族有遗传病适当注意就行,不必太在意。看大病要去大医院,容易确诊。

若要长寿,需注重卫生和饮食

讲述人:石明德

白蒲的人长寿,离不开卫生水平的提高。白蒲人过去多吃井水,没有井的人家就吃河水(通扬运河里的水),现在吃自来水,自来水把不利于健康的杂质都过滤了。

白蒲群众注重对疾病的预防。政府每年安排离退休人员、困难户体检。尤其是困难户,得了一些疾病,民政上还特别关心,给予费用全免。

得益于改革开放,物质水平迅速提高,群众在饮食上追求多样化、营养化。过去喝牛奶的人很少,现在喝牛奶不稀奇。牛奶富含蛋白质,可以增强人的免疫力,对长寿来说,还是比较好的。

心平气和待疾病

讲述人:沈恒希

2014年,我得了前列腺癌。到医院一检查,有一项血液指标是正常值的10倍。南通附院的专家说:"你暂时不要开刀,因为癌细胞已扩散转移,从头骨到颈椎骨都有,适宜采取保守疗法,用英国进口的药,一个月打一针。"一针要2 500元,一片药片近50元,很贵。两三个月后,这项指标正常了,一直保持到现在。得了大病,有的人就消沉下去了,可我看看报纸或书,再写些东西,又经常和老朋友们一起聊聊天,心态好,有利于康复。

人生老病死是自然规律,你想长寿不一定得长寿,因为身体还受遗传因素影响。所以,对待疾病要心平气和。

戒烟宜早不宜晚

讲述人：秦镜泽

我吃烟比较晚，从1963年开始的。因为当时工资不高，30块钱一个月，所以我大多吃便宜的水烟。吃了以后，瘾比较大。也吃香烟，水旱兼收，浪费中求节约。1977年，因为气管炎变得严重，我下决心戒烟。戒烟至今，已40多年，彻底戒掉。最大的益处是延长了我寿命。

人要活得开心

讲述人：顾遗

我的娘只活到47岁。虽然她是个大胖子，但是非常漂亮，真的很好看。她就是闷，脸皮薄得不得了，从来不说自己苦恼的事情。同她聊天，只会说点书啊、戏啊。她是肝脏上的毛病，才要的命，这与她喜欢作气有关系。

我姨娘虽然活到83岁，但得了阿尔茨海默病。22岁时，她就做了寡妇，一个儿子，还走在她前头。她没有改嫁，吃了很多苦，真的不容易。姨娘晚年的病，和她一生的遭遇息息相关：经历坎坷，抑郁终生。

这是我的亲身经历，娘和姨娘都是气不留命。我现在很开心。国家给我这么高的工资，有孝顺的儿女，我有什么好难过的。要长寿千万不能作气。我要劝大家不要作气，要想开点，身体才会好。

宽厚待人有福报

讲述人：刘骥

老爹现在身体蛮好的，整天在家下象棋。他很老实，做事比较负责任。过去，芦苇厂采购总要到江边上去，叫他去，领导放心。他就睡在芦滩上，忙碌数日，买回芦苇，再用刀切断。那时，没得机械，他带头，拉石头滚子压破芦苇。

老爹喜欢伢儿，到外地去再苦，家来时总带点东西给伢儿吃。在印刷厂的时候，有工人印错了，要赔钱。当时又拿不出几个钱，他说："伢儿你不要哭，去车间再拿点纸，请人切下子重新印，不要赔钱了。"人家就记得他。

镇上有个吴宗康,他同我说,老爹那时对他可好了。老爹送烧饼给他充饥,接济他。老爹跑业务有提成,他用提成回报大家。所以,他的业务多。

老爹一辈子比较老实,待人比较诚恳,外人也欢喜他,家里的子女、小辈也欢喜他。前几天,我家姑娘来还帮他洗脚。他的福报就是有一个愉快的晚年。

养心养生都需要

讲述人:程祝慈

人的一生,不知不觉就老了。

要长寿,首先心态要好,不要老想钱。其次,要注重科学饮食和锻炼。现在有得吃了,不能天天要吃好的。老人的活动量小了,消化功能也退化了,不要瞎吃,多吃。要合理地安排锻炼,比如,早上雾大,就不适合出去跑。

我娘108岁了,她也不锻炼。她的长寿,有两条经验:一是心态好。我家房子,原先产权证上是我爹和娘的名字,拆迁后,产权证上要改我的名字,就费了大事。我需要公证,公证员从如皋赶来公证。我发现她摇摇手,表示什么都不要,你们该怎么分怎么分。对钱看得很淡,就是她的心态。二是注重饮食,绝对不瞎吃。她现在吃东西还瞟瞟保质期。

还有,大家的人格是平等的,人要互相尊重,家庭才能和睦,社会才能和谐,大家才能长寿。

第三章
古巷旧事

听惯了小城故事,内心充满了纷繁的市井;走进蒲塘旧镇古巷,我们将不一样的旧事细细诉说。有耕有读,有悲有欢,有爱有恨,有忆有思。一个人就是一本书,一方水土就是一部历史。

一、民国往事

民国时期波诡云谲。日寇入侵，商业凋零，日伪"江北公司"欺行霸市，民不聊生。驻地新四军英勇抗击，蒲塘子弟投身革命。继而，内战烽燧又起。当地教师仗义执言，揭露国民党撕毁《停战协定》，国、共、美三方现场调停"白蒲事件"①。

1995年版《如皋县志》记载：

1911年（宣统三年）11月23日，如皋宣布光复，沙元炳为如皋县民政分府民政长。

1912年（民国元年），县民政分府改为民政公署，民政长李大年。次年，民政长改称县知事，首任知事为刘焕。

1925年（民国14年）6月，如皋学生、工人、市民等组织"五卅惨案后援会"，声援上海工人斗争。活动遍及白蒲、石庄、磨头、东马塘等集镇。

1928年（民国17年）4月13日，县暴动委员会成立，决定5月1日联合泰兴举行农民暴动。

1932年（民国21年）9月19日，白蒲区宦人乡五相庵一带农民一二千人，趁当地"迎神赛会"之机举行暴动，打伤警察局长，捆绑保安团军警8人，缴获步枪5支。

1937年（民国26年）7月，抗日战争爆发。

1938年（民国27年）3月19日，日本侵略军占领如皋城。在县境内设江北公司收购棉花。

1945年（民国34年）8月15日，日本宣布无条件投降。22日，驻如皋日军全部撤往南通缴械投降。

1946年（民国35年）1月13日，国民政府军七十一军九十一师二七一团、二七二团抵平潮，当晚12时，派出部队向白蒲驻军苏中一分区特务三团彭桂卿部挑衅，在苏中打响破坏《停战协定》的第一枪；1月15日，国民政府军队强占白蒲，其党政机关、保安

---

① 白蒲事件，1946年1月10日，国民党政府代表被迫在《停战协定》上签字。但在《停战令》生效的第二天清晨，驻守南通的国民党军就对苏中解放区南线前沿的如皋白蒲镇的守卫部队——华中第一军分区特务三团发动突然袭击，于次日侵占了白蒲镇，制造了震惊全国的"白蒲事件"。

队、还乡团等随军进驻白蒲；3月15日，北平军调处执行部淮阴执行小组中共代表韩念龙、国民政府代表肖凤歧、美方代表邓克于下午6时抵达如皋。16日，白蒲人民代表徐浩泉向执行小组控诉国民政府军队侵占白蒲危害人民的罪行。17日，执行小组赴白蒲视察。21日，徐浩泉遭国民政府军队杀害。

1949年（民国38年）1月27日，驻如皋国民政府军四三三团和如皋县政府人员撤往南通。次日，林梓、白蒲国民政府军亦撤往南通，如皋全境解放。

爹爹是个开明的人

讲述人：吴光模

我家爹爹叫吴西成，过去，开个不大的杂货店。做点小生意养活一家十多口人，是很苦的。1938年，日本人入侵白蒲镇，镇上设哨卡，生意都不让做。为了生计，爹爹还带了伯伯，到哨外去开店。

东乡的新四军经常到店里来买东西，爹爹对这些人都很客气，悄悄帮助共产党。有一个人在中华人民共和国成立后，还来找爹爹的，说起这个事情，谢谢爹爹。还有个朱其文，后来做到驻外大使，也认识爹爹。他后来回到白蒲，跟爹爹说："谢谢你过去对我们的支持。"

爹爹这个人民主。他有文化，上的私塾，学了《中庸》，写字不错。他当资方经理时还给顾客写对子，卖对联。写一副对子4分钱。卖一副便宜的要1角2分，贵的要2角，收入都归合作商店所有。

日伪时期的江北公司

讲述人：刘政

20世纪40年代，白蒲在日伪的统治下，处于一片白色恐怖之中。日伪在白蒲境内南边的南洋桥、北边的北洋桥、东北角的如虹桥、东边的牛桥，都设有碉堡，设了岗哨，盘查过往行人，检查良民证。百姓如果不从便遭到毒打，有理也无处申诉。除了早市兴旺一阵外，到了下午街上就没得什的人跑了。白蒲的土话：扔个砖头佬儿总打不到人了。到了晚上,又没有电灯,到处乌黑的。没有人敢上街,家里人把门关起来,还加上个杠子杠起来,也就不再出去了。除了生病到药店去抓药的,产妇临产要去找催生婆,不然晚上很少有人走动。

有一个大汉奸,把佑圣观大殿做成饭堂,号称"怡然亭",供日本人吃喝玩乐。我七八岁的时候,晚上偶尔看到信号弹从天上划过去,挺亮的,我也不晓得是国民党发的、共产党发的,还是日本人发的。偶尔听到白蒲东乡有步枪的响声,可能是抗日游击队在镇区附近打击日伪分子。我家的隔壁就是顾子丹家,他好像是日伪维持会的,帮日本人做事。

人们痛恨日寇,也同情被抓到慰安所里的姑娘,还鄙夷那些得势于一时的汉奸走狗,更恨白蒲地区垄断棉花收购坑害棉农的"江北公司"。这个"江北公司"又叫"株式会社",是日本人开的。这个公司平时经营"五洋",就是洋纱、洋布、洋油,等等。到了棉花收购的时候,强迫附近的棉农将棉花卖给江北公司,再将棉花打包,用船装到南通,运到日本去。日寇又与伪军朱开聪勾结,欺行霸市,操纵市场。江北公司就设在现在的新蒲路北头,大概在新华书店附近,四间店面前弄十几块青石铺了个小场地,河边还有码头,这样便于装卸货物。

江北公司成为群众的眼中刺,肉中钉。大概在1942年春,由叶飞率领的一支新四军突击队,在地方武装的配合之下,偷袭白蒲。他们首先拿下哨所,沿着河向南跑,进了街,在西北边的鬼头街向南冲直捣法宝寺,歼灭了伪三十四师特务团的大部分军队,并在镇南的巷子活捉了伪三十四旅的特务副团长蒋益飞,最后放一把火把江北公司烧掉了,三千担籽棉统统被烧光了。另外,朱开聪存放的三辆摩托车也被缴获了。

日本人的经理和翻译慌忙从后门逃走,躲在九曲巷的厕所里头,被吓得要死。日本侵略军在白蒲还有三个驻地,南洋桥有22个人,北洋桥有10个人,牛桥有10多个人。叶飞的部队还在巷子里头放鞭炮,好像机关枪的响声,日本人看到火光冲天,不敢出来救援。白蒲的抗日士气得到鼓舞。

日寇罪行滔天

讲述人：刘汝琴

我的父亲和母亲过着小商贩生活，生下我们兄弟姊妹5人。我最小，1926年4月生于白蒲镇。1938年春，日寇从天生港登陆，过白蒲，进犯如皋、海安。大家听到这个消息非常害怕，一夜之间，全镇的人几乎都跑光了。我躲到乡下，投靠亲戚家，过着流浪的生活。二哥刘汝魁，才20岁左右，去南通办事，睡在同学处。日寇来了，说他是中国兵，一枪就打中他的左腿，把他的腿打残了。幸好，同学在旁边，及时把他背到东门外，叫了小船送到白蒲东乡，再通知我去接他。父亲一个人在家里，年龄比较大，舍不得这个家，联系请人把二哥送到乡下亲戚家。经过几个月的治疗，二哥才好的。要是给日本人晓得，家中有伤员，肯定对全家都不利。因为这个波折、心结，二哥吓出了心脏病，过到32岁，就死了。

后来日寇战线拉长，白蒲镇只剩了四五个兵，老百姓胆就大了，陆陆续续从乡下回镇了。日军少了，汪伪军发展了，汪伪军又叫和平军，在地方上为非作歹。父亲和表兄开粮行卖米。伪军的团长在白蒲的南空场，建造碉堡，下面筑好防线。伪团长将表兄关到炮楼里，要我家粮行送200担米去赎人。表嫂身体又不好，听到这个消息就被吓死了。父亲连夜到各个同行的家里借米，你家10担，他家20担，凑齐200担米送去，表兄才被放出来的。

抗战时期，我家一分为二。一些在街上开店，一些在乡下种田。种田也不容易，因为要面对绑匪。绑匪的目标就是镇上来的有钱人。听说刘家在农村有个小孩也被绑架。家人连夜叫人从乡下把我和妈妈接回白蒲。

南通药店被迫停业

讲述人：顾汝询

小学毕业那年，我就到南通药店当学徒，做交易。早上起来蛮早的，要扫地，抹柜台、桌子，样样都要收拾好，才开店门。晚上9点钟关门。关门后，自己还练练字。

1938年春，日军进攻南通。城内交通断了，乡下人不敢来，我们也不敢出去。两个多月以后,药店的经理说:"没得力量经营了。哪个愿意家去的,就家去;不愿意家去的,就留到这儿。"我就和经理说:"我娘挣钱不容易,我要家去。"他发了5块钱路费给我。

家来以后,白蒲、林梓驻了日军,三天两头到我傈顾葭埭来,经常开枪什么的。我想想不对,就同娘说,枪子认不得人,被日本人打死了犯不着。听说,新坝在做交易,我就到新坝去开店,以后开得不错。

母亲是个经商好手

讲述人:方志成

1941年,祖母去世了,方永大店里没人。我父母是包办婚姻,母亲从徽州来到白蒲,顶替祖母,生意最终做得红红火火。初来的时候,店中经理洪鹤亭经常排挤她。后来店市不好,大家想要加入工会。母亲就挑了这副担子,一直把此店维持到公私合营。

母亲有商业头脑。1952年年底,禁止自进茶叶。她早前已去杭州进货,托宁波船,运回白蒲。她又进了好多小商品,丝网、丝线、围巾、袜子等,既可带回徽州老家送亲戚朋友,又可卖给他人。杭州茶行的朱经理,给了戏票,请母亲去看梅兰芳的演出。她在剧院遇到一个十八岁的小伢儿,这个小伢儿告知,茶叶日后只能当地买卖了,茶叶价格也受到限制,主要利润要归供销社。她一听,给了小伢儿50块钱。商业情报真的值钱。母亲没看戏,也不去徽州探亲了。她连夜工作到晚上11点,多进了四十担茶叶,汇票说好到白蒲再汇。方永大的信誉在,货主也同意了,那次赚了一大笔钱。

全家都是情报员

讲述人:江炳仁

我生在如皋县勇敢公社,11岁妈妈去世,跟着父亲江瑞巷做地下工作,帮助送情报。我哥哥李明,原名叫江炳铎,也做地下工作,打入和平军内部,搞情报的。我10多岁的时候,帮他送过情报。拿一米多长的竹竿子淘空了,把和平军材料(哪些人、哪个据点、什么兵力等内容）灌到竹竿里面去。父亲拿的拐杖，我就抓着在他后面跑，帮助新四军送情报。过去送情报送到九华山（现在的九华镇），要经过三道关（每关都有人站岗），每关都查得比较严。老爹年纪大了，我跟在他后头也能送过去。送过去也比较苦啊，挑了150斤米。米是活动费的补助，过去没得钱，把150斤米给你，卖了作活动费。

嫂子也帮助李明送情报。她把情报用纸包好几层，放到月经带里，送到和平军里头。

过去不知道离休和退休有区别。我是1949年10月前工作的，简历上少填了一段，少了个证明，结果成了退休干部。档案上少写的这一节，就是协助我父亲帮助兄弟送情报到九华山的情况。

顾其昌参加革命早

讲述人：刘汝琴

我的爱人叫顾其昌，他的弟弟叫顾洽昌，他俩都是在南通上的中学。1948年暑假，顾其昌回来和我结婚。他高中毕业，正逢中华人民共和国成立前夕，他就与兄弟、其他同学，组织了一个宣传队，联系上四分区的地下党，带回红色宣传材料，在我家藏书楼上准备印发传单。工具是借的白蒲小学的印刷机、钢板。

四分区地下党的宣传材料一夜印了600份。第二天天还没有亮，学生就散发给了群众，宣传共产党的政策，安定人心啊。传单散发后天才亮的。我邻居，一位叫毛绍红的老板说："这个人家带新四军印发传单到了我镇。"

国、共、美三方调停"白蒲事件"

讲述人：刘汝琴

1945年，如皋第一次解放。我感到很兴奋，拍手欢迎，新四军来了，觉得重见天日了。那时我虽然只有十几岁，但是懂事了。白蒲镇的人热烈欢迎新四军的到来。以后，国共为白蒲镇的事情发生摩擦，三方小组前来调查。因为停战协定谈好了，本来白蒲是共产党的部队管辖，但国民党违反停战协定把白蒲占领去了。三方小组到白蒲来，住在白蒲秀才巷吴家高大门（后为沈家高大门）。我记得中共来的代表有个是新华社的记者樊发源，还有个女的叫吴青。美国方面的人和国民党方面的人我不晓得叫什么。他们到白蒲来调查国民党军到底是什么时候进攻白蒲的。事实是国民党军违反协定精神。当时，徐良泉的哥哥徐浩泉说了老实话，以后被暗杀了。他家属于烈属，这个如皋人懂的，市档案馆有资料。

二、公社岁月

寻常居民的命运，与时代休戚相关。公社岁月，令人难忘。公社是根藤，居民都是藤上的瓜，那瓜有苦有甜。

中华人民共和国成立初期的公社生活

讲述人：杨春和

20世纪50年代，白蒲镇组织生产自救小组，解决民众的生存问题。后来，在农村将八户或十户人家组织成"互助组"，接着成立高级社。1957年，白蒲镇推行了"四无①镇"建设。当时，我还在学校上学，也参加了相关活动。夏天在外面乘凉没有一个蚊子。这个"四无镇"建设，大家共同参与，也一同享受。

公社社员集体劳动时的情景

---

① 四无，无苍蝇、无蚊子、无老鼠、无麻雀。

当时，白蒲镇虽然是县属镇，但也建起人民公社，而且范围很广，相当于白蒲区的建制。后来，根据党提出的"调整、充实、巩固、提高"八字方针，白蒲在农村里扩大自留地，让农民有了自主生产的权利。

边学习边照料母亲

讲述人：姜淑炎

1958年，大家吃食堂，一人一碗粥，用小钵头打回来吃，非常艰苦。母亲为了让我和奶奶多吃点，她有时只吃半碗。夏天她织袜子时热，我就拿扇子在她背后轻轻地扇风，扇重了织线长度就不均匀了。

1962年，我上五年级的时候，有一次，母亲突然肚子痛得在地上打滚，我向老师请假，回去照顾母亲。老师让我不要难过，随便我请多长时间的假。我请医生来家里给母亲看病。医生说可能是吃了不卫生的胡萝卜引起的蛔虫，她得了胃穿孔。

我一个人服侍不过来，就把姨妈叫来，一起照顾母亲。一个星期后，她渐渐地没有那么痛了，可是还不能吃东西。我想了个办法，到人家家里去要白色的耶鲁香（当地一种花的俗称）和黄色的月季花，放在她的床边。第一天，她轻轻地说："我今天能闻到香味了。"我突然有一种感觉，母亲的身体可能要好了。那一天，她让我烧点稀饭。好啊，她要吃是我求之不得的。我就做点米汤给她喝喝，又想到给她做点鱼汤喝喝。大约半个月后，母亲好了。母亲是家里的顶梁柱，她一个月拿18块钱，不错了，因为母亲的这份收入，家中日子能细水长流。

我早年的工作经历

讲述人：吴宗朴

我出生在职工家庭，生活很苦。1956年实行合作化，我进入企业，分配到综合商店，做门市部组长。在店里，我吃苦耐劳，什么事都做。

1958年12月，我就入党了。入党以后，我被调到居委会当主任。三个居委会成立了个支部，我任支部书记兼前进居委会主任。于是，我既要处理人家的家庭矛盾、邻里纠纷，又要搞生产，当时我们办了挂面加工厂，厂里大概有二十多个人。后来我还搞过独轮车修理和棉絮加工。

柔弱的肩膀支撑起小家

讲述人：刘汝琴

自从我爱人到农场去了以后，四个伢儿就靠我一个人。学校各方面都挺照顾我的，伢儿的学杂费总不要我交，我只把点书本费。生活上我自家除了买计划粮以外，基本不用钱，另外，我还种点菜补贴生活。我利用休息时间劳动，什么事情总是吃苦在前，从不偷懒。中心学校校长说的："刘老师是个女将，什么都做，挑粪，种田，种菜，样样都做。"

在那么艰苦的环境当中，我还是把伢儿抚养成人了。从六几年向后，我在县、区、社获得了八份奖状，我家老头子帮助收在家里。

我做过生产队会计

讲述人：章纪华

1966年，我从中学毕业去了农村，前后10年时间。我做的工作比较多，开过拖拉机，修过机器，做过生产队会计和供销社的临时工。

我是知青，但也是个文化人，在大队表现蛮好的，群众对我比较满意。大队支部便叫我到生产队当会计。做会计要根正苗壮，吃苦耐劳。会计是内当家，要配合队长把生产队抓好，责任不小。

早上4点半站队上工，有的去锄草，有的去耕田，有的去撒种，人人都要有活干。我看大家劳动太累，就组织学习《毛主席语录》。我学习《语录》不是死搬硬套，我经常联系实际，和大家共同学习。

我和许多贫下中农变成朋友。社员挑泥上河工，我也跟着去上河工；群众挑粪，我也参与。我练了一身硬功夫，施肥，播种，耕田，耙地，样样都会。我家隔壁的孙玉树生了四个伢儿，家里穷得上顿不接下顿的。我常常帮助他家。他家的伢儿到我家来耍子，我就拿点吃的给伢儿吃。他家锅里煮的掺儿粥能照见人,清汤寡水的,没什么营养啊!我同生产队长商量,分粮时适当多分给他家点。我每月到粮管所去拿 24 斤粮回来,就经常盛点饭,送过去给孙家的伢儿吃,就这么互相帮扶的。

我同生产队长一起抓农业生产,队里生产搞得很好,粮食产量在全大队数一数二的,该上缴的粮要上缴,剩余的,社员也吃得饱。

贫下中农没得钱买煤油,晚上不亮灯。我那儿煤油灯亮着,他们经常往我家跑,谈谈、耍耍,大家都很开心。有时,我还教他们识字,不少人在我的带动下,开始识字读报、读书了。有的家庭困难不肯伢儿去上学,我借钱给他们,一定要让伢儿去上学。有时候社员没钱,我给他们 3 块、5 块。这笔数目在当时不小了。感情是逐步建立起来的。我走的时候,社员都哭了。

做生产队会计的经历比较艰苦,但丰富了我的阅历,为我今后的人生道路打下了一个很好的基础。

我的知青朋友们

讲述人:杨春和

当时,我已经在场北粮站工作。南通有好多知青,都在那里。他们要到粮站买粮。他们是年轻人,我也是年轻人,不久大家互相打得火热。他们到公社来,就来我这里玩。我的宿舍成为知青的一个聚集点。知青有什么困难,我都帮助。我还为一个知青牵线搭桥做媒。

见证治理高沙土

讲述人:杨春和

1971 年左右,如皋提出在西乡地区大力开展"旱改水、削平高沙土"运动。县委当时就提出"旱改水、削平高沙土"的理念,是有超前意识的,非常正确,为后来的改革开放、提高农村种植水平,打下了良好的基础。

刚参加工作的时候,我到了如皋的西部。那里是龟背田,站在田南头看不到田北头,四周都是小河,中间还是个龟背田。长些山芋、花生、小米、高粱。当地农民有句顺口溜:"早上山芋茶、中上手上拿、晚上还是它"，可见当时生活非常艰苦。旱改水后，农村能种植水生作物，特别是稻子，大大地改善了当地农民的生活。

治理高沙土平整土地时的场景

为了进一步调动农民的积极性，我们推行"队为基础，三级所有"的制度，即农村实行公社、大队、小队这个建制。小队、大队、公社各是一个核算单位。随后逐步改革，采用定额记工。做多少活，就拿多少钱，与过去大集体生产的时候有些变化。那时，我已经调到公社工作，做会计辅导员，参加了农村的初步改革，我还编了一个小册子，在全省得到推广，普及定额记工。

未能坚持步行去北京

讲述人：姜淑炎

我是67届的毕业生，俗称"老三届"①。毛主席在天安门城楼上接见前往北京的贫下中农的代表。为了见到毛主席，班上有同学跑了两个月，才到了北京。我们一部分女生被送上海，我当时才十四五岁，脚都起泡了。

1968年，国家号召上山下乡。我当时是姊妹一个，被照顾下放到勇敢一大队，前后4年多。大队离家大概4里路，我会骑自行车，天天回城。母亲一个人在家里，我必须回来陪她。

下放吃苦多

讲述人：吴光模

1968年8月25日，我被下放去农村。到乡下后，我蛮积极，

---

① 老三届，1966年、1967年、1968年的初、高中毕业生，俗称"老三届"。

吃的苦很大。生活条件差得不得了，住的是草屋棚，但是锻炼人。招工、上学都轮不到我，我就做临时工，到白蒲建筑站画画图纸。一直到1979年1月，白蒲镇针织厂招工，我才有了新工作，日子好过多了。

爸爸爱帮人

讲述人：顾桂芳

对我爸妈来说，当时有一个女伢儿上了工农兵大学，非常不容易。过了几年，又有一个儿子被录用为白蒲镇财管所会计，他们感觉很荣耀。因为当时一家能有一个国家干部，就已经不错了，何况我家有两个。

我爸叫顾季英，一生爱帮人。1956年合作化后，他就当上了白蒲镇百货商店的经理，后来做到退休。职工有困难，他都尽量帮忙。单位有一个职工的孩子顶替问题，就是他帮助解决的。我爸一生当好人，我们都学习他。

三、工业辙痕

白手起家，小打小敲，自主探索，滚动发展，企业转制。白蒲工业"摸爬滚打"的历程，也是我国乡镇企业发展的一个缩影。黄酒厂、油米厂、针织厂、铁工厂、化肥厂等，撑起了白蒲制造加工创业的一方天。往事悠悠，辙痕深深。

1995年版《如皋县志》记载：

中华人民共和国成立后，人民政府开始恢复、改造和发展工业。1953年，对工业、手工业进行社会主义改造，加快了工业发展进程。机械、轻工、纺织、粮油加工等工业企业增至90余家……

【如皋县粉末冶金厂】 1974年建，位于白蒲镇，镇办企业。原为白蒲编织厂一车间，以生产日光灯插座为主，后划出重建，占地面积0.64万平方米，建筑面积0.30万平方米，职工210人，固定资产原值95万元，净值48万元。拥有各种设备51台（套），主产铜基、铁基粉末冶金配件等300多个品种，年产能力600万件/250吨。产品质量连续6年获省行检榜首。产品S195、170F金门导管获省优质奖。

【南通锻压机床厂】 1956年建,县属集体企业。位于白蒲镇新蒲大桥西首。原为公私合营白蒲电灯厂和白蒲竹木生产合作社合并成立的白蒲区铁木竹生产合作社。1958年7月,改称地方国营白蒲通用机械厂,主要制造和修理车床、刨床、农机具、滚珠轴承等。1960年更名为地方国营白蒲农业机械修配厂,主要生产摇头钻、草绳机、碾米机、炒米机、自行车衣包架等。后厂名、企业性质几经变更,产品亦不断更新。1976年与天津锻压机床厂协作生产BY32-100型四柱万能液压机。1979年易名如皋县液压机厂。1987年定为现名。占地面积2.16万平方米,建筑面积0.80万平方米,职工485人,固定资产原值327万元,净值250万元,主要生产设备93台(套)。产品YB32-100B万能液压机获1990年江苏省优秀新产品"金牛奖"。

【如皋县白蒲针织厂】 1956年建,位于白蒲镇新蒲大桥西,初为由11人的针织小组和16人的绱鞋小组组成的白蒲针织鞋帽社,生产方式以手工为主。1978年购置10台针织横机。1979年如皋织袜厂无偿支持17台电动K型袜机。1980年与香港开源织造公司达成加工半成品羊毛衫交易,香港又支持针织横机20台,至此,生产设备初具规模。现占地面积0.67万平方米,建筑面积0.45万平方米,职工385人。固定资产原值110万元,净值89万元。有织袜机、罗纹机、针织横机等主要生产设备145台(套)。主要产品有化纤袜、毛晴衫、裤、涤纶面料布等。

【国营如皋化肥厂】 1966年建,位于白蒲镇。占地面积8.82万平方米,建筑面积5.30万平方米,职工329人,固定资产原值5 204.11万元,净值4 348.80万元,主要生产设备792台(套)。建厂初期,生产能力年产合成氨5 000吨,产值45.17万元。1968至1982年,国家投资150多万元,先后建成余热发电车间、三废(废气、废液、废渣)治理车间及日产150吨煤球车间等。年产合成氨2.50万吨,碳酸氢氨10万吨。1984年5月,被化学工业部评为全国小氮肥行业扭亏增盈先进单位,次年获江苏省化学工业厅节能降耗奖。

【如皋县磷肥厂】 1967年建,县属集体企业。原为如城磷肥厂,1979年迁至白蒲镇,原址改为磷肥车间。全厂占地面积4.14

万平方米，职工349人，固定资产原值253万元，净值124万元，各种生产设备138台，年产磷肥2.50万吨，硫酸1.50万吨。

2017年版《如皋市志》记载：

20世纪90年代初期，全市（县）属、乡镇工业的结构性、积累性矛盾显露。

1993年，全市开始工业企业产权制度改革，公有资产退出企业，劣势企业退出市场，理顺企业产权归属，置换职工劳动关系，破除全市工业的体制性障碍。至1998年，全市乡镇企业产权制度改革结束。

至2010年年底，全市市属企业产权制度改革基本结束，有近3万名职工走向市场，共退出国有资产5 352万元。

～～～～～～～～～～～～～～～～～～～～～～～～～～～

南通市第一家"三来一补"① 企业

讲述人：吴光模

1955年，白蒲搞合作化，建起了白蒲针织厂。1959年到1962年，针织厂非常困难，没有活做，工人都散了。1963年，厂子又好起来了，主要任务是织袜子。南通纺织厂每年供应棉纱，下达任务，再收购产品，这种方式维持到1980年。其间在1978年，工厂生产针织尼龙衫，规模很小，只有10台机器，多数产品依赖手工操作。

香港开源织造公司的老板叫徐广裕，原来是白蒲人。1980年，响应改革开放的号召，他回到老家投资。港商到白蒲来轰动一时，不谈万人空巷，千人空巷是肯定的。他跟他的哥哥徐广玉搞了个"三来一补"的项目，进口了20台日本三星横机（织羊毛衫的）。香港开源织造公司每年下达6 000打72 000件半成品羊毛衫的任务。香港政府规定不好从大陆进口成品，所以羊毛衫做到最后，缝合时，在袖子上留一点缺口不缝，只好做到这一步。由于当时南通没有海关，没有有进出口权的单位，所以对外出口结算由设在南京的省针织品进出口公司办理。我跑外销，一个月要去南京一到两次。当时，已经开始进行市场经济改革，企业全部要靠市场，我们厂有

---

① "三来一补"，指来料加工、来件装配、来样加工和中小型补偿贸易。

了香港的投资，及时融入了市场，做得风生水起。

港商徐广裕（前排左三）在白蒲针织厂考察时与陪同人员合影留念

1982年，南通成立了苏通纺，我们的业务由苏通纺经营。白蒲针织厂成为南通市第一家"三来一补"的企业。改革开放30周年，此事录入南通外贸档案。"三来一补"的业务一直做到1989年。

进入20世纪90年代，我厂自己做羊毛衫、袜子，又和上海羊毛衫二厂、上海织袜二厂合作。企业总体上是在发展的。直到21世纪初，由于未能及时适应市场变化等诸多原因，我厂才宣布破产，改制了。

带领白蒲油厂走出困境

讲述人：沈建平

1969年年初，我下放到奚斜公社，在农村劳动。1970年，我到白雁桥油厂做车间主任。1978年，我到如皋油厂，工作了近20年，做过车间主任、生产科长、副厂长。当时国有企业是吃大锅饭，粮食部门原来是国家计划供应、计划加工，不需要自家搞经营。1995年，国有企业已经走向市场，白蒲油厂就比较困难，面临倒闭。我是如皋油厂的副厂长，又是油脂分厂厂长，经验丰富，还是白蒲人，于是粮食局就把我调入白蒲油厂。

我当年5月到任，当时厂里情况比较困难，账上基本没钱，工资发不出了，厂里问粮食局借了5万块，先发工资，解了燃眉之急。凭借多年的工作经验，我充分了解粮油行业所有的工种，以身作则，认真工作。当时，如果一边抓好产品质量，一边抓好生产成本，在市场竞争中，就能盈利。

白蒲油厂原来一天加工菜籽的量是24吨，所以成本高得不得了，产品质量也不好。后来，我抓生产管理，控制生产成本，鼓励经营，油厂的情况逐步有所好转。1998年，油厂的设备得到改造，一天产量达300吨，生产成本大大降低了，产品质量也变好了，销售就更加不成问题了。我感觉搞企业还是要脚踏实地才行。1999年，白蒲油厂基本上走出了困境，在南通市油脂加工行业小有名气。2001年，我厂年利润能够达到一百万元，又重新发展起来了。

我见证了铁工厂的兴衰

讲述人：程祝慈

1959年，我到地毯厂上班，每个月工资30块，很不错了。正月初一，娘帮我做了条回纺布裤子，我欢喜得不得了。

1962年，我又去铁工厂，跟在一位师傅后面工作，前后大约5年。我印象比较深的，有一年我得了面部神经麻痹，厂里领导就叫我去看病，还支付所有的医药费用，对我真的不错。

我刚到厂的时候，只有机械车床，只能做轧面的车子、榨油的滚子，以后发展到可以做轧花的车子、打稻机，以及小钻床、冲床。随后，我们还想做大钻床、大机床，但技术力量和设备，都跟不上。

在南通，我遇到天津液压机床厂的沈厂长，把液压机引进来。引进来后，产品卖不掉，只能请天津液压机床厂帮助销售。同事姜鸿如到天津去引进了生产压机的技术，产品质量不好，销路也是同样困难。厂里组织人员到南京第四机床厂参观。第四机床厂能做出3080的大转床，能钻八十孔的钻床。我们还去了沈阳一机、中铁铝厂、南通一轻机，感觉产品要谈精度，好厂在产品精度方面十分下功夫。通过学习参观，1975年，我厂产出第一台压机，至今还在使用。

白蒲黄酒厂的发展史

讲述人：金鑫华

白蒲黄酒厂原是国营的。2002年，体制改革，张总通过拍卖的形式竞得此厂，带领10个人成立了白蒲黄酒有限公司。从此，企业突飞猛进，年营业额从当初的1 000多万元增长到现在的近亿元。

白蒲黄酒有限公司"水明楼"牌黄酒获得的"中华老字号"证书

白蒲黄酒的营养价值来自原料——本地大米（硒含量高）。工艺跟浙江酒厂有所区别，他们是传统型工艺，我们是清爽型工艺。我们的口感适合的人群比较宽广，再加上白蒲人的饮食习惯：早上也喝黄酒，当早茶；中午、晚上喝点黄酒，暖暖心。我们的销量不错。原来如皋人不喝黄酒，借着市政府宣传长寿食品的东风，如皋普通老百姓也开始大量饮用黄酒，周边城市像通州、启东、海门等地，也有不少人渐渐爱上白蒲黄酒。

1979年，南通行政公署组织了一次酒厂"大比武"。我们厂得了第一名，得到时任江苏省省长惠浴宇的嘉奖令。张老厂长获得南通市劳模、全国五一劳动奖章。从1997年开始至今，我厂的"水明楼"牌黄酒一直是"江苏省名牌产品""江苏省著名商标"。2012年，另一个品牌"万珍"也成为"江苏省著名商标"，"水明楼"牌黄酒又被评为"中华老字号"。"中华老字号"不仅含金量高，而且无须每年年审，"终身制"的，了不得。企业必须有百年以上的历史，是"中华老字号"评判标准之一。我在如皋市档案馆工作人员的帮助下，寻找到相关史料，我们的品牌才最终获得"中华老字号"的殊荣。

现在传统行业存在一个问题：工作人员老龄化。张总早就意识到了这个问题。我们的酒之前靠坛子贮存，一坛七十几斤。工人搬上搬下，比较重，为了减轻工人的劳动强度，我们改造技术，采用大型储存罐储存，一罐能装120吨，从根本上解决了劳动力老龄化的问题。

张总、夏厂长和我都是高级酿酒师，有两个车间主任是高级技师。我们在企业内部大力发展技术，鼓励员工加强学习，不断改进黄酒酿造工艺，取得了显著成果。2016年，在省人社局的监管下，如皋市人社局对公司60个人进行了技师培训。2018年，这60个人都获得了中级技师证，为公司的技术发展夯实了基础，为白蒲黄酒未来的发展提供技术力量。

黄酒污水的处理
讲述人：金鑫华

现在政府和百姓对环保都很重视。近年来，政府对环保工作抓得越来越紧。

大约在1999年，白蒲黄酒有限公司就在江南大学的指导下，安装了污水处理设备，成为如皋市第一家拥有污水处理能力的企业。这对社会也做了一定的贡献，很多企业来参观。原环保部的一位司长也到公司参观，给予很高的评价。

近年来，由于原设备折旧严重，处污能力也不能符合当下的标准。于是，公司于2018年，投入几百万元，对老设备进行了整合、维修、改造。

工作过好几个工厂
讲述人：倪志才

过去我在手工业合作社工作。1959年，我又去五金社工作。初期就是以修修补补为主，修自行车，敲白铁，修表。后来在压铸行业，压电话里面的铝件，等等。20世纪60年代，我到南通工业干校学习，看见他们用车床、压铸机生产铝合金的铸件，这让我大开眼界。到了20世纪70年代，五金厂并入铁工厂，生产大压铸、摩托车铸件。1979年，我到地毯厂工作，一直干到退休。地毯厂靠手工，是劳动密集型产业。工资不高，但利润大。后来出口不好，企业就改制了。

白蒲工厂的前世今生

讲述人：钱杏浓

1956年以前，白蒲镇的生产形式基本是家庭作坊。我记得有油坊、米坊，不能叫厂，只能叫家庭手工业生产作坊，搞印刷的家里只有一两台印刷机。

白蒲镇的工业真正起步，是在1956年搞合作化之后。那时，开始建立铁木竹生产合作社（后来液压机厂的前身）。1958年，铁木竹生产合作社转变成了铁工厂。镇上又先后建立了回纺厂、电讯器材厂。镇上领导把街上搞印刷的集中起来，组成了印刷厂；又把搞手工的、修锁的、修电筒的、做竹器的组织起来，成立了五金社。后来，逐步发展了一些工厂，有五金胶木厂、白蒲缫丝厂，等等。缫丝厂搞得比较早。在谢家店培训的人员，回来办了缫丝厂。到改革开放的前夕，缫丝厂倒闭了。当时，国际上发生金融危机，缫丝出口量锐减，厂就解散了。

大概在1966年，县里在白蒲成立了化肥厂，这是地方国营的。镇上企业分镇办企业、大集体、国营几类。五金社、印刷厂转变成了大集体。后来，随着社会的发展，有的企业在改革开放过程中，因各种原因合并了，也有的破产了或改制了。

我得了个"金牛奖"

讲述人：秦有和

我们厂一边生产袜子，一边生产羊毛衫。后来，由于发生金融风波，整个针织厂处于半停产状态，厂领导调整我到品种业务开发科任负责人。我开始只做行政工作，对羊毛衫不懂啊。为了改变针织厂的处境，我通过学习，改进技术，开发新产品，前后帮厂里免了几十万元的税。我与其余三个同事合作，开发出新品种的柚丝产品，连获如皋市科技进步三等奖、南通市金鹰奖、江苏省金牛奖。开发新产品，不容易。其间，我经常跑到各地学习技术，争取业务。

四、商业之花

古运盐河水运悠悠,舟楫穿梭,白蒲成为南北通达的"水陆码头",成为徽商、浙商云集之地。亲商、和商的良好氛围,使得蒲塘商业之花常开不败。中华人民共和国成立70年来,白蒲现代商业与中国工商业发展同频共振。

1995年版《如皋县志》记载:

1954年开始,对私营商业实行"利用、限制、改造"政策,多种商品列入国家经营轨道,国营商业日益发展,私营商业减缩。

1956年1月,对私营商业社会主义改造进入高潮,全县接受改造的私营商号3 926户6 039人,占私营商户总数的86%。

1959—1961年三年困难时期,商品紧缺。

1962年,执行中央"调整、巩固、充实、提高"八字方针,商品供应形势好转。"文化大革命"期间,多种日用品凭证供应。

中共十一届三中全会后,逐步开放粮油等农副产品贸易市场,商业企业内部逐步实行经济责任制,多种流通渠道、多种经营成分、多种经营形式的开放型商业逐步形成,商业网点趋向平衡、合理。

【如皋县白蒲商业公司】 位于白蒲镇。1983年10月建,为集体商业公司。下辖26个核算单位和56个门市部。经营日杂品、大小百货、五化交电(彩电除外)、副食品、食品、木材建材、针纺织品、农机(代销)及饭店、浴室、旅社、照相馆、理发馆等,营业面积5 601平方米。

【国营如皋县白蒲商业公司】 位于白蒲镇。1961年11月,由白蒲供销合作社批发机构建如皋县白蒲国营商店,后与白蒲供销北社几经分合,1984年8月定为现名。初建改时,有职工20人,无固定资产。1990年,下设百货、五交化、糖烟酒批发部各1个及白蒲商场、布匹服装商店、百货商店、五金商店、布匹绸缎商店,批发兼零售。有职工147人,固定资产108.52万元,营业面积4 010平方米。

【白蒲中心供销社】 位于白蒲镇秀才巷。1952年11月建,称如东县白蒲供销社。1955年划交如皋县管辖,改称如皋县白蒲区供销社。1987年定为现名。1990年有职工117人，营业面积760平方米，固定资产59.90万元，社员股金95万元。受县供销社委托，管辖勇敢、林梓、蒲西、新姚、花园、奚斜基层供销社6个，商业总店7个，棉花收购站6个，蚕茧收购站2个，蘑菇收购站6个，总店下伸点107个。

2017年版《如皋市志》记载：

国有商业企业改制。2000年，商业系统国有商业企业产权制度改革全面开始。改制方式、方法主要为：小型企业以售为主，能售不租，经营者持大股，国有资产从企业有序退出；资不抵债企业，实行破产清算或破产重组；改制企业与主管部门脱钩，国有企业职工与企业脱钩。2001年，进一步推进国有商业企业实行"能私不公、能股不控、能卖不租"改革，加速国有资产退出，部分企业在改制后重新组建股份有限公司。2004年，如皋市国有商业企业产权制度改革全面完成。

合作商业、集体所有商业企业改制。2000年，商业系统推行以"清算、解散、注销"为重点的产权制度改革，选择8家独立核算企业做资产出售、全员分流试点，有174名职工解除劳动合同，与企业脱钩。是年6月，市委下发《关于深化完善供销社企业改革转制的实施意见》，供销社系统以"能售不租，能私不公"为原则的集体商业企业产权制度改革全面展开。9月石庄供销社店房公开拍卖，11月白蒲镇供销社整体出售，12月营防供销社整体出售。至年底，全市供销系统52个基层供销社中有48个生活资料经营部门集体资产退出，退出资本1 620万元，分流人员1 376人，社员股金余额从年初的1.50亿元下降为1.08亿元。

徽商扎根白蒲

讲述人：方志成

我家祖籍安徽歙县，旧属徽州，现属黄山市。曾祖父那辈二十多人因为躲避太平军，而去各地。曾祖父就来南通落脚，在南通、金沙这一带做茶叶生意谋生。

祖父名为方增田，号稼圃，家谱上尊称他为增田公。一百年前，说他的名号，白蒲人人都晓得。

民国元年（1912），我的祖父在白蒲开设了方永大茶庄，就在现在这个位置。祖父做生意，最讲信用，在通如泰地区的徽商中，他的知名度很大。方永大茶庄在南通平正桥端平桥附近开了分店，建了中转仓库，在如东掘港开有方永和。

白蒲方永大早上6点左右就开门，不做零售生意，没有谁早早地去买一二两茶叶。方永大后头还有一条官河，忙于漕运，粮食从此处进入京杭大运河，被运去北方。茶叶随着漕运的发达也就遍布到全国各地。早上9点之前，河下是有船的，船家批二三十斤茶叶。批货小船天天有，基本上是向如皋、海安、溱潼那里驶去。9点以后，才做街上的零售生意，这个来买二两龙井，那个来买四两珠兰。生意做得红红火火。

我家在徽州有宗庙。从徽州来的族人，到达南通，都要奔方永大、南通方氏祠堂。那些族人出来，一路非常辛苦。先去杭州，又入苏州，再达无锡，最后渡江抵通，再来白蒲。走到各处，都是投奔徽州会馆，吃好饭，睡完觉，一宿两餐，次日就赶路。徽商是非常团结的，有着浓郁的乡人情结。

祖父人称"一支笔"，擅于察言观色。一看来者举止言行、文化程度，他就执笔，开出介绍信给苏北、苏中各地徽商，安排好那些人的工作。人家接到他的信，基本上都用。祖父在通如泰地区，乃至盐城地区，知名度很大。他等于跨县、市的"徽商劳动局长"。被介绍去的人犯了事，要处分的，也要通知祖父。徽商内部纪律非常严格。手脚不老实的，经济有问题的，赌吃嫖媱的，都要被处分的，处分包括回原籍，退回去种地。

祖父还喜欢做慈善事业。老家有难，像徽州的路被山洪冲了，民间出钱修路，他都积极捐钱。老家有一座桥，据记载是方永大捐建（后此桥废弃）。白蒲街上需要疏浚、修路、修下水道，等等，他出的份额也比较大。

我生于小商贩家庭

讲述人：杨春和

1943年7月，我生于一个小商贩家庭，住在白蒲镇北石桥东尾北。家中有大门堂、大小天井、古宅五间。1976年，镇邮政局新建邮电大楼，征用我家的宅基地，我家搬迁到蒲塘路123号居住至今。

我家祖父杨少琴原来在市大街白蒲著名杂货店裕源昌对门开一家衣店。父亲叫杨人华，先在平潮镇学生意，后回白蒲在北石桥东尾座附近租了房，开一家米店为生。20世纪50年代，他就失业了。后来他参加政府组织的生产自救小组，开设了布店，后又转入水产苗猪市场服务，直至去世，享年62岁。我的母亲叫刘明辉，协助父亲抚养6子1女，操劳家务，于2018年2月去世，享寿百岁。

白蒲镇的商业

讲述人：毛彭年

白蒲镇发展到现在基本上属于消费型集镇，工业并不发达，商业比较繁荣。

20世纪50年代初，镇上都是小商小贩，没有大的资本家。1956年，国家搞合作化①运动。白蒲镇出现了百货店、杂货店、茶食店、土杂品店、建筑器材店、旧货店、水产店、贸易服务所、饭店、茶馆、旅社、照相馆、理发馆、浴室等。合作化运动后，白蒲镇商业门类蛮齐全的。国家对工商业社会主义改造②时，镇上先后成立了国营商店和区供销社。国营商店隶属于县商业局，领导镇上的商业，对城乡合作商业实施利用、限制、改造；区供销社隶属于县供销社，负责领导农村商业工作。由此，整个白蒲镇商业由分散的市场经济过渡为计划经济了。客观地讲，中华人民共和国成立后，在国民经济恢复发展阶段，白蒲合作商业在国营商业的领导和主导之下，对发展经济和保障供应起了很好的作用。

1965年，在县商业局和供销社的领导下，白蒲镇进行了商业网点调整。为什么要调整？因为白蒲镇的人口比较多，在核算方面有缺陷。于是，在广大农村设立代销点，一方面解决了商业上人多的问题；另一方面，解决了农村商业网点缺乏、农民生活用品供应的

---

① 合作化，指无产阶级取得政权以后，从组织互助合作开始，逐步把个体所有制的小农经济改造为社会主义集体经济的过程。建立社会主义公有制在农村是通过合作化实现的。

② 社会主义改造，即中华人民共和国建立后，由中国共产党领导的对农业、手工业和资本主义工商业三个行业的社会主义改造。

问题。

在物资贫乏的情况下,计划供应起了很好的作用。当然,随着国家经济发展,特别是1978年改革开放以后,计划供应又逐渐失去了动力,因不适应社会形势的需要,代销网点也随着萎缩。

~~~~~~~~~~~~~~~~~~~~~~~~~~~~

爹爹和李士英副省长合过影

讲述人:吴光模

爹爹有三个儿子一个姑娘。我的父亲是老二。爹爹叫吴西成,是个开明人士。1955年搞合作化,他是白蒲镇资方经理。这个资方经理做得很不简单。合作化就是把所有的店包括东西(店房、柜台、货架、账桌、算盘、货橱、秤,等等)全部交出去。店里的流动资金,有些人不愿拿出来,给个10块、8块的,了不得了。爹爹拥护共产党,拿了1 200块,在镇上是第一。后来,他做了个资方经理。

我家里当时有9口人,实际上也不富裕。1962年,爹爹参加过江苏省在扬州开的工商联年会,很光荣。会上,时任副省长李士英到会讲话,和参会人员合影。这个合影我小的时候看到过。会后,每个人发了20个扬州小笼包和一些橘子。他回来后很高兴。

~~~~~~~~~~~~~~~~~~~~~~~~~~~~

白蒲成为采取退休人员工资统筹的先锋

讲述人:茅衍年

1958年,白蒲的商业人员精减了一次。1964年,再次精减,以后又有下放,但是商业人员还是比较多的。

1970年,商业人员中又招了一部分知青,本来老的从业人员就比较多,如此一来,负担更重了,养老就是一个突出问题。1983年,成立商业公司,处境也十分困难。供销社放手让商业公司自行组织,自负盈亏。退休人员有500多人,在职人员300多人,退休工资经常发不出。1984年,县商业局也为退休金为难。局里的领导让我积极反映问题、困难。

商业公司成立时,我是副经理,于是写了一份调查报告,向各级领导反映。材料也报到商业局,反映的问题是实事求是的。中央部门、省里批转的材料到了南通市财办。南通市财办与县商业局组织了两套班子（一套是南通市财办组织的，一套是如皋县财办、商业局组织的），专门到白蒲来调查集体商业的情况。最终的结果是，白蒲成为采取退休人员工资统筹的先锋。

劳动局机关报还专门写了一篇报道，介绍退休统筹改变了白蒲的社会面貌，调动了大家的积极性，给社会带来了安定，减轻了企业负担。此文作为头版头条刊出，还得了个二等奖。我做过商业公司副经理，见证了商业公司从组建到撤销全部历史过程。

集体企业改制比较顺利

讲述人：茅衍年

退休人员的问题解决好后，在职人员又成为主要问题。县商业局也做了不少的努力。譬如，在改制的过程中，凡是涉及改制的房子补偿标准提高，像土杂品商店，改制后补贴比私房稍微高点，虽然门店不存在了，在职人员的生活还是有保障的。

白蒲茶干厂可以说是祖传的，选的接班人比较好，镇上也比较支持，改制的波动小一点。虽然人员变少了，规模也变小了，但是产品保持原汁原味，不容易。

我的公司搞得活

讲述人：章纪华

这么多年，辛酸苦辣都尝过了。加入共产党后，在党的培养下，我不断地成长。我觉得做一件事要做就得做好。

我也喜欢耍子，前提必须把工作做好了。有人叫我打牌我也打一会儿，但叫我赌钱我就不去。因为店里随时要补货，有些货要到张家港、无锡、上海去进。国营商店没有的货，我们有得卖，所以生意很好。当时，上海是国际都市，张家港是改革先锋，我就到上海华联公司总部、张家港百货公司进货。

我对待员工像对待亲人一样，养老保险都缴了。员工们最后都拿到了退休本。现在还有几个退休员工，又被返聘回来了。在商业上，要讲良心，要对老百姓的生活负责，不能卖过期产品。商场没有职工转不起来，必须通过大家的努力，才能经营好。

五、科教文卫

耕读传家，崇德尚贤，涵养深厚，家学渊源。"淳朴端谨，崇文尚教"，蒲塘人家美德代代相传，源清流洁。私塾、新学、扫盲夜校、高级中学、职业教育次第兴办，同时，医疗卫生事业的发展也在与时俱进。科教文卫成就令人瞩目。

2017年版《如皋市志》记载：

中华人民共和国成立初，县政府在加大教育投入力度，兴办一大批幼儿园、小学、中学的同时，允许民间资本、私人资本投资办学，并改造县内部分私塾。如城兴办私立初中补习班、会计补习班等。1958年3月，勇敢乡创办全国第三所乡办农业中学——勇敢农业中学。是年始，在县人委投资兴办卫生、畜牧、农业、中技等中等专业学校的同时，部分乡镇兴办农业中学。至1965年，全县兴办农业中学79所，办班115个，在校学生4 123人。其间，部分农村社队兴办耕读小学，县级机关和部分企业创办"红专学校"。

1966年，全县农业中学转为民办（乡镇办）中学，部分耕读小学转为公办小学，部分停办。

20世纪70年代末80年代初，提倡全民办教育，县级机关共创办粮食干部学校、商业干部学校、供销合作联社职工学校、农业银行干部学校、农机技术学校、工业学校、建筑专业学校、技工学校等13所。部分企业和工商户亦创办缝纫、烹饪、电脑打印、出国劳务、外语等培训学校或培训班。

21世纪初，全市一度实施幼儿园产权制度改革，部分公办幼儿园改制为民营、个体幼儿园，改制面约80%。2002年，如皋实验初中创办，是全市第一所公有民办初中。2003年，公有民营如皋实验小学、如皋市双语实验小学创办。2004年，安定高级中学（如城）、博爱双语实验学校（白蒲）、育贤双语学校（石庄）、苏元高级中学（江安）、风华高级中学（如城）、丁香高级中学（丁堰）6所公有民办高中创办。

此后，公有民办学校停止创办，并逐步转为公办学校。

如皋是江苏历史文化名城，自古人文荟萃，文化底蕴深厚。宋代，县内以胡瑗、王观等的作品为代表，诗词、小说、散文作品颇丰。元代，如皋杖头木偶制作、木偶剧创作演出兴起。明嘉靖、隆庆年间（1522—1572），邵潜、黄经等为代表的如皋篆刻艺术风格独特，被印界誉为"东皋印派"。明末清初，全县文学艺术创作进入高潮，以冒辟疆、李渔等为代表的戏剧、诗词、小说、散文创作，以冒辟疆为代表的音乐创作成果丰硕，其中李渔被誉为"东方的莎士比亚"。清代，如皋杖头木偶走向成熟，成为宝贵的非物质文化；"蒲塘十子"（姜恭寿、姜会照、秦维屏、吴继元、吴容、吴继盛、顾恒学、顾骊、顾云、顾人骥）文学评论风格犀利，号称"文阵雄狮"；冒辟疆、戴联奎、蔡含等书画大家作品流传各地，不少作品今北京故宫博物院和上海、苏州等博物馆有藏；"东皋印派"名扬全国。清光绪年间，县内始有电影放映，早于周边县市数十年。清末民国初，县内开始创办报刊，冒广生、顾仲起、祝见山等开始新体词和白话小说创作，留下许多脍炙人口的作品。抗日战争期间，县内战地文化十分活跃，《高明庄战斗歌》《别处哪儿有》等作品在宣传组织群众中发挥巨大作用，其中《别处哪儿有》流唱全国。20世纪50—70年代，全县有线广播逐步普及，群众文化水平有所提高，在继承传统的基础上创作的《倒花篮》《如皋莲湘》等一大批优秀作品在全国比赛中获奖，有的被选送出国演出。70年代末，电视事业开始发展。80年代始，全县文物保护、文化基础设施建设、文化团体改革、群众文化等工作全面加强。90年代，全市（县）文化事业迅猛发展。

至2010年，苏北一流的如皋大剧院投入使用，市广播电视中心开工建设，苏北规模最大、规格最高的文化广场土建工程全面封顶，群众文化成为全省乃至全国靓丽的品牌。

中华人民共和国成立初，全县逐步建立全民所有制医疗卫生机构。同时，准许部分个体医生经考核合格后行医。20世纪50年代，部分个体医生组成联合诊所。初为合作经济性质，后均加入集体所有制性质的公社医院。1974年，各公社医院改为县属大集体性质。2001年6月，全市医疗机构产权制度改革启动。15日，黄市乡卫生院竞拍转让，开全市国有、集体医疗机构产权制度改革之先河。至2005年11月8日，全市47所集体所有制乡镇医院、6所全民所有制中心医院及全民所有制市皮防所，全部改制为民营医院，其中个人独资36家，股份合资18家。独资医院法人代表或股份所有制医院董事会享有独立的资产所有权和医疗经营权。与此同时,全市各镇建立全民所有制性质的卫生所,承担域内公共卫生、保健、疾病预防控制等职能;部分民资开始投资医疗机构,新建民营医院。至2010年,全市医疗机构国有、股份合作、个体私营等多种所有制形式并存,其中公共卫生、保健、疾病预防控制等机构仍均为国有或集体所有制性质。

白蒲顾家是教育世家

讲述人:刘汝琴

我们顾家老宅,年代久远。15世祖叫顾羽苍,即羽苍公,我们现在是20世。顾羽苍是乾隆年间的人。他少年时读书很勤奋,深夜就在南面巷子里那个老楼上读书。

有一次,有官船把船靠到司巷口(司巷在宋朝就有了,后来更名顾家老宅巷),停船后,官员听到书声很好奇,搭了跳板,就上岸拜访,进入我家的小楼,一看是个年轻的书生在读书,就鼓励他参加乡试。这个书生(羽苍公)是个遗腹子,母亲带着他,生活很艰苦。书生苦读,回报母恩,最终考上了贡生。本来他可去外地任职,因为母亲残疾多病,他要侍奉母亲,不肯离开。他拒绝做官,族人于乾隆十年(1745)帮他办了学塾。

羽苍公年老后,他的儿子顾星楼入仕为官,后回乡照顾父母,接办学塾。那个匾上的"文

顾家老宅内的私塾内景

定先生",就是学生对顾星楼的尊称。顾星楼的儿子顾地山,在嘉庆年间考了举人,在上海任职,因体弱多病,告老还乡后就接替顾星楼,继续教学。顾地山是道光时期的举人。第二块匾"文静先生"就

是学生对顾地山的尊称。后来匾额遭损，所幸匾托还在，现在这块匾是镇上杨书记参照原貌复制的。匾额下的堂屋，当年就是私塾了。四盏宫灯挂在堂屋四角，墙上供奉着孔子的画像，桌上摆着四书五经。

私塾里也没有年龄之分，常常能看到七八岁的幼童，和二十多岁的年轻人坐在一张桌子上，背同样的内容。第一次背不出，学生就面朝墙壁低下头拼命回忆；第二遍背不出，先生就要动戒尺，三下过后，整个手心都通红。刚受启蒙的，读《三字经》《百家姓》等；有点基础的开《论语》；等到能背熟《大学》《中庸》，就差不多能从私塾毕业了。

到了20世往后，顾家还有许多人在本地从事教学工作，还有的在苏州、南京，做小学、中学教师。我的儿子叫顾伟，在白蒲镇做中学教师，现在退休了。我也是1952年做教师，直到退休。我的堂嫂堂兄中，有中学教师，还有大学教师。我还有个侄子在美国休斯敦专门研究癌症，他叫顾健，是个学者，经常回国讲学。

兴办农村教育

讲述人：刘政

初中毕业后，我没有考取高中，就被区里介绍去农村学校代课，前后一年。我觉得做个教师还行，于是确定考师范。我报考了南通师范，一考就录取了。后来我一直以教师为职业，对白蒲兴办教育的情况比较了解。

20世纪50年代，农村的条件非常差，学桌、学凳都不完备，桌子长的、方的，凳子还不够，要学生自家带来。一、二年级学费一块五，三、四年级学费两块，五、六年级学费两块五。当时工资也不高，不少家庭缴费困难。

对于缴不起学费的家庭，教师还要到学生家去轮饭。开学初，教育局通知要求保证学生入学，保证学校的学额。因此，学生因家里困难而上不起学的，教师还要下去动员学生来上学。学生就说："缴不起学费。"教师说："没事，你先去上，学费到时候再说。"把伢儿动员到校了，到要期中考试了，教育局就通知收学费了。教师要向学生收学费呢，有的学生就不来上了。收学费、保证学额可以说对农村小学难度蛮大的。

随着社会的发展，学校的软硬件条件得到大大改善，这在当年是不敢想象的。

轮饭抵学费

讲述人：刘汝琴

20世纪50年代，我从蒲东调到河西奚斜公社工作。奚斜乡在司马港，生活水平比较低。学费要缴三块钱，有些家庭缴不起。学校就采取轮饭制。轮饭就是学生不缴学费，老师去学生家吃几顿饭，蛮有意思的。

有的学生家在一里路以外，需要跑去。在学校生活比较单调，我去学生家，蛮高兴的。学生家里的饭菜，完全是土产，家里有什么，我吃什么，有时，家长用锅巴、饼招待我。

第一次工资改革后，群众的收入也逐渐提高了，有些家长不愿意教师去轮饭，更愿意缴学费了。有些家长坚持轮饭，他们有两种思想：一是通过招待，联系教师与家长的感情，希望教师把他的伢儿教育好点；二是借轮饭的机会，希望教师对他的伢儿加强辅导。有的家庭实在困难，学费减免。我很有体会，要在学费减免方面把握好，要让家长感到公平。

兴办民校①扫盲

讲述人：刘汝琴

中华人民共和国成立初期，还办民校。上民校的学生，大多是20岁到30岁的青年，也有些30岁至40岁的。民校非常热闹，天天晚上锣鼓喧天，挨户喊学生去上学，接受教师的辅导。

我白天教学校的学生，晚上又到民校教课。我不一定天天去，有时候一、三、五，有时候二、四、六。那时，教师轮流下去教民校。我参与民校教育，积极和群众接触。一方面，掌握了学生的情况；另一方面，群众也对我也有了了解。

那时，村村总办民校，像我的老头子专门搞民校的，被调去掘

---

① 民校，中华人民共和国成立初期，农村创办的农民业余学校。

港东面的海边工作。大多渔民不识字,但本性比较好,学习的热情非常高。他们从不识字到能够识字,还能唱唱、跳跳、读读书,说明民校办得很好。

教育事业确实是发展了

讲述人:刘汝琴

那时,一个公社录取了个把大学生就很了不起了。我在曹桥小学的时候,初中入学考试,只有一个女伢儿被录取了。白蒲中学的学生质量也没有现在这么高,学生学习的积极性也没有现在这么高。

改革开放以后,教育事业逐步恢复,学生的水平也相对提高了。人的奔头不同了,要求进步的思想就浓了,学校不断发展,学生的水平也不断提高,现在多少大学生啊,数不尽的,教育事业确实是发展了。

重视公学

讲述人:刘政

白蒲教育,古人注重家学,今人重视家庭教育,两者其实是一回事。同时白蒲人又注重公学。在旧社会以私塾为主,公学不多。在古代,南通有紫琅书院①,如皋有安定书院,白蒲有东田书屋(可能相当于书院)。白蒲公立学校的开办大约在1904年的时候,那一年白蒲小学创立。1950年,法宝寺被废除,在原址上建成了白蒲中学。后来又发展幼儿园教育、小学教育、初中教育、高中教育,白蒲教育进步非常快。

---

① 紫琅书院,位于江南通州(今江苏南通),始建于清初,乾隆十二年(1747)通州知州董权文选址建院,因经费无着而中辍。乾隆三十一年(1766)知州沈雯募筹经费,复加规划,整葺一新。

白蒲中学发展中的三大措施

讲述人：沈恒希

中华人民共和国成立初期，当时白蒲属如东县。如东县中同时创办两个分校，一个是栟茶分校，另一个是白蒲分校。白蒲分校后来划归如皋，虽然历史比较悠久，但是长期发展比较缓慢，校园面貌陈旧。当初，全校只有一幢楼房，是明清古建筑法宝寺藏经楼，其他全部是平房。

1978年后，教师面貌焕然一新，积极投身教育科研。从改革开放到新时代，白蒲中学变化很大。概括起来主要有三大措施。

第一大措施是开展"三课"活动，引导教师走上科研之路。"三课"活动就是一个学科的老师在学科内上研究课，在整个年级里上示范课，整个学校对外校开放上公开课。这个活动，一年进行一次，每次两个月时间。广大教师受到"三课"活动的锻炼，教学水平明显提高。学校又开始提出"科研兴校，科研兴教"的口号。科研兴教是指在教学当中确定科研课题，把教师引导到科研当中去。学校争取到南通市级课题、江苏省级课题，还有国家级课题，最多的时候有几十个课题，每个老师都有任务。自从科研同教学结合起来，教学进入到研究的层面，这对提高教学质量大有助益。

江苏省四星级高中白蒲中学

第二大措施，画"两个同心圆"。用现在的话讲，叫对外开放，一个学校对内封闭，对外封闭是不得进步的。我的经验是人要虚心地向人家学习，外面的世界很精彩。我校首先同石庄中学、如城一中等学校联手，发起成立了如皋十所完中联谊会，约定了以后统一行动，交流听课，交流试卷，交流经验。后来，做如皋教育局副局长的陆小兵说："你们把如皋教育的半壁江山撑起来了。"

学校一联合后力量不同了。第一圈子是如皋内部的教学圈子。第二圈子向外开拓，建立了长江两岸教学联谊会，一共有八个学校，而且都是有影响的学校。有泰兴黄桥中学、海安曲塘中学、如东栟茶中学、南通西亭中学、海门包场中学、启东大江中学、常熟外国语学校和我校。长江两岸教学联谊会在我校成立，推举我为秘书长，具体负责联谊会的工作。就像走亲戚一样，这八个学校经常交流交往，互相取长补短。

这两个"圆圈"撑起白蒲中学对外交流的模式。现在看来，一个学校改革开放搞得比较好，必定发展得比较快。南京有很多学校都到我校来取经。考试的时候，用我校的试卷考、统测，看学生问题在哪里。这两个同心圆画得好，学校的进步也很快了。

第三大措施就是大搞教育科研。这个科研是教育思想层面的。比如说，"伢儿一好遮百丑，只要成绩好就行了。"——这种功利的教育思想是错误的，学生还要懂得怎样做人。还有，教学质量怎样是好，光是考试考得好，叫好吗？也不是这么回事，还有培养人才的问题。这些通过启发、讨论、研究以后，学校在科研上取得很大的进步，获得省级教学科研先进单位。这方面，我们下了不少功夫，出了一大批成果，带动了学校整体教学上的进步。

从语文学科开始，要搞这个学科的教学模式、样本。当时，王军老师改革思想突出，语文上搞的明堂比较多，出的成果也比较多，出了五六本书。通过这些措施，学校各个方面发展好像大树结果一样，根深叶茂，硕果累累。这40年来，除了硬件发生了大的变化外，软件上也变了，学校变成了国家四星级普通高中、江苏省重点中学、江苏省四星级高中、江苏省绿化先进单位、南通市首批十佳校园。

我们的生源实际上是比较差的，因为全市每年最好的学生都去了如皋中学，剩下的学生再由白蒲中学、石庄中学、江安中学、搬经中学、如城一中五家来分。可即便生源是这种情况，2018年理科高考状元还是在白蒲中学，不可思议。这个学生中考进校时是168名，后来者居上，高考全如皋第一名。这要归功于白蒲中学的教研思路。认真不保守，勤奋不固执。

把法宝寺改造成白蒲中学

讲述人：毛彭年

中华人民共和国成立初期，政府对白蒲法宝寺庙宇进行改造，建立了白蒲初级中学。小学有时候采取半日制方法，一部分学生上上午的课，另一部分上下午的课。当时，初中只办了一个班。就教学系统的情况来讲，比较有意思，有全日制的、半日制的，还有成人教育（以工人夜校扫盲为主）。

在初中较少的情况下，1957年又办了民办初级中学——工业中学，半工半读，相当于现在的职业学校。工业中学办了两个厂，一个化工厂，主要产品是硫酸；一个漂棉厂，帮老百姓漂白棉絮。这样就为失学儿童提供了一个上升的台阶，孩子不仅能够有了一个上初中的机会，同时，困难的学生还能有部分的生活补助，因为是半工半读，学生只要劳动就有一定的经济效益。而对家庭困难的学生学校免学杂费，甚至还提供一定的生活费。

从1957年兴办到1963年停办，工业中学培养了不少的人才，如山东美术学院教授沈祝华、白蒲镇党委书记杨春和、如皋农业银行原副行长赵健培等。1962年，国家对国民经济进行调整改革，工业中学后来也就停办了。

治好病人最开心

讲述人：沈汉庭

我是中医出身，1958年进医院，开始也叫联合诊所。当时白蒲医院技术有限，手术成问题。有的病人要开刀，就要转院。那个时候，汽车还少，从白蒲出发，把病人用船或车，转到唐家闸工人医院。

镇上医院叫我到如皋人民医院进修西外科。我业务不错，病人常常点名让我开刀。有个需要开疝气的病人，非等我星期六从如皋进修回来给他开刀。我从如皋骑脚踏车回来，晚上就可以帮他开刀。星期日还可以开几个刀。星期一早上六点半钟之前，赶到办公室查房。

那个时候,讲求为人民服务,不管事情是苦是甜。能够帮病人解决痛苦,我心上比吃什么呆昃都开心。我姑娘和相公对我说:"你这是职业病。"我说:"这不是职业病,我学医的时候,你爹爹说过的,医生没有割股之心不能成为真正的医生。"病人的痛苦你体会不到,病人的细微变化你察觉不到,最后出了问题,内疚是没有用的。这么多年我没有出过医疗事故,确实不容易。

必须重视传统文化教育

讲述人:秦有和

现在走进新时代,国家重视传统文化教育是很有道理的。因为中国几千年的文明不是钱能买到的。人文不是用钱来衡量的。在过去的教育中,中国传统的东西教得太少,少儿看的都是国外的动画片。我们何不妨把动画教育与中国传统的东西融为一体。我小时候读的《孔融让梨》,虽然文章很短,但它传递的"分梨时,自己拿最小的,大的让给别人"的谦让礼仪,能影响人一生。

我与白蒲镇医院共成长

讲述人:石明德

1962年,我到白蒲镇医院工作。当时医院设备条件比较落后,用普通的木板床、竹筏子给病人睡,谈不上病区,连手术室都没有,连阑尾炎手术、疝气手术都做不了。

公社医院逐步在发展。1963年,医院进行第一例手术,从如皋培养回来的外科医生主刀,我做助手。用一块消毒的布,挂在科室天花板的下面,四周围用布围起来,就这样完成了一个手术。当时,一个小伢儿只有十二三岁,得了肠梗阻,我们为了抢救这个孩子,给他做了手术。

1964年,我们建好手术室。平日,手术室、手术台都要消毒。在发展过程中,医院员工从30人增加到80人,设备也从无到有,从少到多。"文革"前,仅有一台旧的、能用于透视的X光机。改革开放后,有了大型的X光机,还有了CT机。

位于白蒲镇区的如皋市第四人民医院

1964年、1965年，黄疸型肝炎、普通肝炎流行。镇医院连A超都没有，患者要去平潮、南通检查。同时期，医院还不能完成剖宫产手术，需要用救护车把产妇送去南通。现在医院有了国产的彩超，也具备了进行各种常见病手术的条件。

医疗条件也有明显改善，由过去的平房、芦扉改的病房，变成如今的两幢楼房：一幢门诊楼、一幢九层大楼。

基层医院再出发

讲述人：石明德

作为基层医院的医生，受党和国家的培养，把自己学到的知识回馈到社会，是义务，也是责任。我起初什么都不懂，后来去如皋卫校医治班学习，大开眼界，受益良多。初次进城，感觉县城那么大，分不清东西南北。经过培训后，我被分去基层医院工作。

镇医院发展得不错，现在不仅能完成腹部手术，还能完成胸腔手术。白蒲在中药管理方面是比较有基础的。以前白蒲镇上多的时候，有五六家药房，大药房叫葆春堂。中草药按照国家药监局的标准分类存放，方圆五十里的群众，如东、南通、平潮等地的人都到白蒲来配中药。中药炮制方面我们也按照国家标准来做。镇医院在内科、外科、中药管理等方面做得不错，还有专门搞针灸推拿的科室。中医的经济效益比较差，我退休时，针灸一次只有五角钱，但我们医院坚持做，因为我们把社会效益放在前面。

在医疗工作当中，医务人员要千方百计满足病人的需求，才对得起我们的职务。预防工作很重要，要普及。1964年，流行性脑膜炎比较严重，虽然医院抢救了不少儿童，但还有几个严重的、七八岁的小伢子没抢救得过来，我记得我就送走了四个。但这20年来，没有一个得脑膜炎的，这就是打防范针的结果。过去还有麻疹，现在都可以预防了。

白蒲人有个习惯，到中秋节吃藕饼。那时，由于卫生条件比较差，不少群众吃藕饼后，上吐下泻，得了急性胃肠炎，要到医院里挂水。现在这种现象少了，得益于政府改水改厕，不简单啊。白蒲人过去都是吃河里的水，后来逐步打井吃井水，现在全部吃自来水，社会发展真快。

第四章
众生百相

是谁给了这片土地以新生,是谁激发出这盛世豪情,是谁唤醒了奋进梦想!希望之火蕴藏在众生心中,振奋的血液奔流在每个人的胸膛,千万个梦想,千万种向往,共同装扮了他们幸福的笑脸。

一、求学之路

在美丽的通扬河畔,清末教育家、实业家张謇"教育救国"的理念,在这方"试验田"里落地生根。知识的火把,灼亮了20世纪古镇一方湛蓝的天空。一大批蒲塘子弟饱吮知识的乳汁,致力奉献社会,建设美好家园。

一路求学一路艰辛

讲述人:陈杰

我开始读的私塾,后来初小在白蒲读,每天往返要跑十四五里路,中午带点馒头干、饭锅巴,用开水泡了充饥。文著小学办了六年级,我又回到文著小学读六年级。

小学毕业后,文著小学的学生中只有我被白蒲中学录取。我又开始走读,跟以前一样,也是带干粮,泡了吃。初二时,我和邻村的两个同学合租了一处民房,三个人轮流做饭。每隔三个星期还要从家里挑粮、草、菜等,往住处带。到初三可以寄宿了,我才结束了这种生活。

在初三的时候,我患了阑尾炎,转化为腹膜炎,化脓流了一肚子。白蒲医院没有能力治,我需要到南通看。如果坐汽车去,当时路面颠颠簸簸,校医说我吃不消,不得到南通,人就不行了。我家里借了个罱泥船。爸爸同爹爹两个人轮流把船往南通划,两个人划了一夜,吃的苦多呢,到天亮才到南通附属医院。医生一看说,这伢儿再迟来二十分钟就没得救了。因为腹膜炎需要住院三个多月的,我就办了休学。休学一年后复学的。

七岁直接上三年级

讲述人:杨春和

我的叔祖父抱养我的母亲,后来母亲生了我,叔祖母便帮忙带我。我三岁时,叔祖母就教我认方块字、描红、写毛笔字,我开始了私塾的教育。到七岁的时候,我就插班到白蒲北校三年级学习,也就是我没有读小学一年级、二年级。我从小有了一点古文功底，以后又转白蒲南校高小班，毕业后就读于白蒲工业中学。高中又转入如皋农业技术学校学习。1961年，我被提前分配到如皋粮食部门工作。

~~~~~~~~~~~~~~~~

启蒙教育对我的影响

讲述人：刘政

我今年八十岁了，从小就接触到诗歌，感觉小时候的教育对人一生的影响非常大。

小时候，叔曾祖父比较爱好诗词。他就教我背唐诗啊。我从小读的私塾，叫石家花园，塾师叫杨仲华，这个人是个前清秀才。

在私塾上学时，他布置学生以"读书"为题，用文言文写作。我写的作文，经批改后，还誊清到别的本子上，进行读背。另外，各个学生作文还要互相交流。至今难忘旧作《读书》中的片段：古今书籍浩如渊海，非一人之服不能尽饮，要选其善而读之，读书不能一读而已也，要能够通晓其意，明白其义。

上到初中以后，我接触到语文教师、诗人陈玉麟。他在语文教学当中渗透诗词教学，对学生的影响也是蛮大的。他有时出口就是自己或古人的诗歌。举个例子，到了春天，他欢喜折桃花枝插到瓶里，把春色带回家。随口吟个："斜插杏花，当幅横披画。"平常，我同他在校园里的杨柳树下面散步，他随口一句："吹面不寒杨柳风。"这些东西对学生会产生潜移默化的影响。

陈玉麟老师教郭沫若①的《天上的街市》，能够亲自朗诵给你听。我记得还有次教标点符号，他很投入，把郭沫若在日本写的《雨后》抄在黑板上，没有加标点。他朗诵着："雨后的宇宙，好像泪洗过的良心，寂然幽静。海上泛着银波，天空还晕着烟云，松原的青森！……渔舟一列地骈陈，无人踪印。有两三灯火，在远远的岛上闪明。"他一句句加了标点，到"有两三灯火，在远远的岛上

---

① 郭沫若，（1892—1978），原名郭开贞，字鼎堂，号尚武，笔名沫若、麦克昂等。毕业于日本九州帝国大学，现代文学家、历史学家、新诗奠基人之一、中国科学院首任院长、中国科学技术大学首任校长。

闪明"标点符号没有出现。大家就猜用句号、省略号,还是用什么符号。最后,他说,"有两三灯火,在远远的岛上闪明"郭沫若用的是疑问号,让人联想这个岛上远处是灯火还是渔火。这样子把日本海上雨后的那种气氛就体现出来了。教师这么一讲,虽然是初中时候的事,但到现在我还印象深刻。

还有一次,他本来在讲古文《王小二评书》,说听王小二的评书"好像三月不知肉味"。他突然兴致来了,就抄了一首诗,唐朝钱起的《省试湘灵鼓瑟》。伢儿看到不晓得什么意思。经他逐一解释以后,大家逐渐了解了诗意,原来是舜的两个妃子,在湘水里头自杀了,成为湘江的神,浪头打击到旁边的石头,好像发出弹奏琴瑟的声音。他对"曲终人不见,江上数峰青"两句收尾很有感触:妃子是个古老的神话传说,江水在流,江上几座青峰还在那个地方,有种亘古的沧桑感,耐人寻味。他分析到这种结尾同王小二"三月不知肉味",有异曲同工之妙,一个是直接在赞扬,一个是通过"江上数峰青"这个诗句来体现。"流水传潇浦,悲风过洞庭"这样的诗句,到现在我还记得,可见这个教师对我影响很大。

中学毕业以后,我从事小学教育,业余时间不断地创作诗歌。从20世纪50年代后期到整个60年代,我常投稿,不管好丑也可以寄上五六首诗,有时报上也登过一两首。作品能够在报纸上发表,刺激了我的创作兴趣。我记得当时南通有个知名诗人叫沙白①,白蒲人。《人民日报》上发表的《毛泽东词六首》,前头有个小记,说毛主席是在战争年代,在马背上完成的创作。我在自己的诗歌小记中也学着写:我的作品是在暑假中,在牛背上写成的。沙白家来了,我誊清了给他看。沙白看了以后就把"在牛背上写成的"划掉。他说:"你还在和毛主席比高低啦。"沙白当时就评价道,这些诗有一定的文字水平,但是诗味不咋浓啊。实际上他说得很中肯。你写诗要有诗味,如果没有诗味,哪能成个诗啊。沙白从我三四十首诗当中,用红笔勾了几首认为不错的。沙白对我的指导对我这个小青年来讲,影响蛮深远的。那个年代,我有些诗歌刊载在《南通

---

① 沙白,江苏省作家协会作家,当代诗人。1925年出生于江苏如皋。原名李涛、李乙等,后更名理陶,笔名鲁珉等。著有诗集《杏花春雨江南》《大江东去》《砾石集》《南国小夜曲》《沙白抒情短诗选》《独享寂寞》等。《独享寂寞》获中国诗歌学会主办的"中坤杯·首届艾青诗歌奖"。

青青蒲塘
——苏中水乡人家的留声记忆

日报》《江苏青年报》《江苏文艺》上。

快乐的初中时光

讲述人：姜淑炎

我上初中的时候，文体比较好。2016年，同学们毕业五十年聚会，老师一个个地评价，也讲到我，说我文体很好，也很聪明。我算不上聪明，只是比较勤奋一点。学校的活动丰富，打腰鼓、唱歌、跳舞、打篮球、打乒乓球等，都少不了我。饭堂里的桌子可以打乒乓球。桌子长宽都不够的，只能轻轻地打，用劲打球要出界了。在家里用长凳对打，也是一种活动。不像现在的条件，送小孩到专门的培训班培训，我俫就打着玩。体育老师就发现我在各个方面接受能力比较强，就叫我去打篮球。我进入初中时只有14岁，穿的是红色的14号球衣，好精神。打篮球的时候，队员都是高中的，只有我是初中的，我们代表白蒲中学到如皋去参加比赛，获得了女子篮球第一名。合影时，我坐在第一排，奖状在我手里，很自豪的。我比她们个子矮，把球运到篮下旋转用左手反过来插进去，老师觉得我反插过去的动作做得比较好，选我为左锋。后来还去南通参加过比赛。

学校里排节目，少不了让我吹口琴。有个周小峰老师，觉得讲台比较高，我难跨上去，他就把我抱上去。我吹口琴，得到同学的掌声，我也很高兴。我没有到外面去学，都是我母亲教的谱子，我按照谱子慢慢就学会吹了。音乐老师送给我一张《聂耳》的电影票，叫我去看，说从中能得到点知识。学校里排《十送红军》，我是领唱。

我学习和玩都不打扰，学习是学习，玩是玩，回来还帮助缝袜头儿，攒点钱补贴家用。我家母亲18块钱工资用于三个人生活，那时虽然没有多少钱，但是家里过得还可以的。

我上学的片段

讲述人：倪志才

我6岁上了私塾，到14岁接着就上小学五年级。六年级时，白蒲还不曾解放。20世纪50年代,白蒲街上办了个初中,因家里困难我上不起初中。如果我能够有钱一直上学,也有上大学的机会。

小时候,先生帮人家做对联,用平仄声,这个我不懂,我只晓得天天念书,天天背书。现在很多都忘了,能记得的只有珠算。

～～～～～～～～～～～～～～～～～～～～～～～～

从档案整理到成人高考

讲述人：秦有和

1980年10月,我调到白蒲针织厂。当时,针织厂经常停电,厂里就把我从航运公司调来,我用柴油机发电,后来,针织厂就不停电了。我坐在办公室没事情做,开始接触档案。针织厂是老厂改的,每个人的档案包括各种工资表等资料放在一个小方箱子里。正好档案局对档案管理有要求,我就把全厂280多个人的档案整理好,用木板做了架子,再把档案整整齐齐排在上面。档案馆的人来看了,觉得不错。我发现档案是有作用的,要按项目分类,乱七八糟地放不行。我到上海一下子买了5本档案方面的书,回来后就自学。根据书中所学,我把我厂文书、人事、劳资、财务、设备等档案一一分类。档案馆后来组织人来参观,我厂档案室被评为"南通市优秀档案室"。以后,我负责厂办公室事务,兼管劳资员工作。

我们这代人大多数没有上过大学,但我们想学啊,于是就参加成人高考。我考了三趟。1984年,和厂里的王跃进去如皋参加复习,他虽然高考落榜,但成绩好,我没敢考,就回来了。1985年,如皋朱春跟我一起参考,我们考的是党校政工这方面的。他是国营单位,国营单位的工人以工代干可以考。我是集体单位,不符合资格不可以考,所以就回来了。1986年,我终于考上了成人高校。我上了江苏省劳动局下属的经济学院委托班,全班一共29人。我当时还是调干去的,南通就3个名额,一个是南通市劳动局部门的,一个是南通企业的,还有一个六县市的,那就是我。

二、创业艰难

一穷二白,百废待兴。蒲塘儿女齐心协力,众志成城,从无到有,从小到大,开始了艰难创业。液压机制造、羊毛衫生产、长寿食品加工等，日渐成为全镇的支柱产业，其中不少企业跻身如皋市行业"排头兵"的行列。

白蒲有十多家液压机厂

讲述人：钱杏浓

白蒲镇在改革开放以后，发展最快的要算液压机行业。白蒲液压机行业发展得不错，在南通地区首屈一指。现在有十多家液压机厂，较大的是华东、皋液。

工业发展最大的好处是能解决人口就业的问题，过去有好多妇女被安排到回纺厂，还有些家庭困难的人员被安排到芦扉厂，这无形中改善了白蒲镇人的生活质量。2004年，我退休后，又被皋液老板聘用了数年。

羊毛衫产业成为白蒲镇支柱产业

讲述人：吴光模

我们厂培养了一批羊毛衫生产和经营人才。羊毛衫企业一段时间内也成为白蒲镇上的支柱工业。这两年不行了，并不是市场原因，主要是因为如皋的劳动力成本太大。年轻人不愿学，年纪大了的眼睛不好，做不了，同时国际市场的行情变化不断。我们厂破产后，我买下来，继续做羊毛衫。最多的时候，镇上羊毛衫厂有二十几家呢。目前还有几家，都是从我们厂里出去开的。

现在这行不好做。举个例子，国际市场上做一件羊毛衫30块，隔一年涨点也只要35块。可国内市场35块只能付给工人，要降低人力成本只有用电脑织机。可高档织机一台都要百十万元，投入实在太大。

创办羊毛衫厂

讲述人：秦有和

当初，我发现羊毛衫有市场，就离开单位，回来开羊毛衫厂。1996年春节一过，我便花费半年时间，筹备建立自己的新厂。

秦有和经营的泰和针织有限公司

6月22日,我的厂开业了。那时厂里工人只有4人,后来发展到30人,拥有20台机器,全部投资只花了11万元。半年利润就达68万元,这就是我的第一桶金。当时进货原料毛纱要9万一吨,厂里还要周转资金,我又不想到银行里贷款,我就请上海公司帮我担保,向浙江新奥集团先拿毛纱。就这样,一次次像搬砖头一样,把厂运转起来,三年赚了200多万元。后来,上海公司倒闭了,我100多万没有了。即使出了这样的事情,我也一直坚持下来了。

打破铁饭碗

讲述人:秦有和

那时的人相信只要有个稳定的工作,就有个稳定的收入。哪知道,铁饭碗被打破了,有的人没有了方向。比如,烧锅炉的人,只有这个手艺;做地毯的人,只会做地毯。幸亏我打破铁饭碗出去办了个厂,如果还在老厂不走,肯定一事无成。

创业一波三折

讲述人:李海泉

1995年,我家妻子的单位不行了。我和她想着另找出路。她会做衣裳,就买了个比较先进的撬边机,在家做滑雪衫,我打下手,帮助钉扣子。滑雪衫给供销社去卖,我们做一件供销社卖一件,我们做得非常高兴。有时候在路上居然能看到白蒲供销商场经理的儿子穿着我做的衣裳。

几年后服装行业就不好做了。我俩就到南通中房公司开食堂。我妻子发挥她的专长,每天做很多肉圆子,别的工地的人都羡慕我们这里的菜便宜又好吃，都到我们这儿来买。前后五年时间，她煮干部的饭，我煮工人的饭，我管七八十个工人的伙食。那时，工人工资比较高，一个月1 200块，我和工人工资一样高；她工资每月800块，还有个帮厨每月600块。三个人配合，虽然辛苦点，但收入比下岗前高多了。

在这个期间，孩子在如中上高中，我有时候没时间去学校看孩子，就让别人把孩子的生活费带过去，别人总觉得我们大方，舍得在孩子身上花钱。后来，孩子在上海上体育学院，我一个月给600块钱生活费，这么多生活费有的家庭是拿不出来的。当然这钱都是靠我们自己赚的，那个时候，钱比现在值钱。

1999年，我们还花了12万元买了楼房，当时是1 000—1 100元一平方米。

创办蒲泉食品厂

讲述人：冯正泉

1997年，我正式办了厂，叫蒲泉食品厂，规模比较小。现在扩大了生产，对外销售。产品深受群众的喜爱，有些老人专门要吃我家做的鱼腐，南京有个老人家，八九十岁了，一年基本上不离我家鱼腐的。

原来做鱼腐做到五月份就不做了，一般夏天是不做的，到国庆节前后蟹上市了，才又开始做。现在技术改进了，可以批量生产，一年四季都好做，而且口味没有任何变化。

把鱼腐做成了品牌

讲述人：郭国华

每年，我都要上南通开两次展销会。2019年1月11日，在南通淘宝城开展销会，我们的产品销售一空。"郭师傅"牌子的鱼腐包装上还印了我的照片。展销会以后，大家都认"郭师傅"这个牌子。南通的消费者，对我的鱼腐评价很高。他们说这是长寿之乡的美食。

每年，我们都要把产品送去如皋质检局质检，质检结果都是合

郭国华生产销售的"郭师傅"蟹包鱼腐

格的。食品质量国家抓得严。我们也抓得很严。一是原料要进好鱼。草鱼、青鱼,我只做这两种鱼的鱼腐。这两种鱼做出来的鱼腐质量就是不一样,口感就是好吃。古人说的,只要货色好,不怕巷子深。把产品做好了,很远的人总找到我这儿来买。今朝还有个南京人来买。除去鱼,螃蟹也是很重要的原料。我从阳澄湖那里进活的母蟹。活蟹买回来后,要把螃蟹身上的泥、草等杂物洗去,再放在蒸笼上蒸。蒸好后,请工人剥蟹,蟹肉与蟹黄分开包装好,天气暖的话要存放在冰柜里。然后做成圆子下锅煮,适当放一点猪油,这样煮出来又好吃又成型。

在保证质量的情况下,冬季做得比较多一点,因为食品接近春节销售得更好。改革开放后,我就开始做鱼腐了,后来逐步做大,开始一天只做到十斤鱼肉。现在一天要做到七八十斤鱼肉。我们在如皋苏浙大市场开展销会,上海的食品专家尝过我的鱼腐,说这个鱼腐好吃。

改制后的油厂,我没有买

讲述人:沈建平

白蒲油厂改制后,镇政府也好,粮食局也好,都叫我买。领导们都知道厂是我经营的。我对对外经营、对内生产,都很精。我自己不想买,有两个原因:一是做厂长多年,一直清廉,未有过多的积蓄,拿不出钱来买;二是容易引起别人的误会,以为我是捞的厂里的好处。

白蒲油厂这几年非常红,从不曾停过,一年365天,连春节都在生产。我调到白蒲油厂来头一次开会,就在会上表态,职工工资每年增加10%。这个目标一直实现的。外人看到厂这么红火,不晓得厂有多厚的底子。我心上有数,国家还在转型期间,粮油行业的税收非常重,所以油厂发展任重道远。

三、职场人生

人在职场,难免磕磕绊绊。吃别人所不能吃的苦,受别人所不能受的累,做别人所不能做的事,就能享受别人所不能享受的成功。何以有人风生水起,有人水不扬波?其实,不是因为你没有努力,而是因为你的努力还远远不够。

父亲的工作经历不寻常

讲述人:方志成

父亲叫方钧惠,不善经商,他年轻的时候倾向于抗日。后来,他在通中上学的时候,因为参加地下的抗日救亡运动,被学校开除。祖母见了他通中不能上了,非常高兴,煮好吃的给他吃,他感觉很奇怪。原来家里缺人,祖父去世得早,他已经十七八岁了,该挑起家里的担子了。

徽商喜欢做慈善,祖母经常救济穷人。街上有饥民,她就施粥;还有的人家死了人没得棺材,她就送一口棺材。徽商的店一般聘用经理经营,一切店务由店里的经理作主。祖母一生做慈善不管店务,见儿子回来了便叫他弄店务。父亲在家里弄了一年,便带了金条、银元上了徽州。他去不是做交易,他约了三个同学到了江西蒋介石办的团级以下干部学校学习。这个学校校长是蒋介石,宋美龄经常去。1941年毕业后,他算黄埔军校分校第九期毕业生,有毕业证书的。他开始做军官,好像是旅里的文官。后来,发生了皖南事变①,国民党抓了很多人,他手上放了好多新四军干部。他对国民党发动皖南事变很反感,故弃官出走。他后来到上海光华中学继续读了三年书。他对经商没有兴趣,倾向于直接报效国家,他有首诗我看见的,叫《五十怀旧》,写道"恨不抗战死,遗羞害

---

① 皖南事变,其中的"皖南"即指事变发生地区"安徽南部",该事变发生于1941年1月4日—1月14日,是抗日战争时期国民党控制的顽军与新四军之间的一次冲突事件,事件中,新四军所属军部与皖南部队遭到了严重损失。

爹娘"。

父亲精通无线电,在白蒲很有名,在通如也很有名。有一次,在白蒲小学南操场放电影,放了大半突然停了机,观众哗然,说花了五分钱买的一张票,放个《梁山伯和祝英台》,还不行。他在话筒里说:"各位白蒲的乡亲父老,明朝来看不收费。"大家没意见回去了。晚上十点多钟,他找了镇上两个会修东西的人(姜福泉、蒋胖子)。他查物理方面的资料,发现是变压器坏了,让那两人连夜把线圈绕起来。从夜里绕到次日上午大约十点钟,变压器修好了,下午父亲就在我家墙上放起电影来了,晚上再放了给群众看。他是白蒲发电厂元老,如东县第一台X光机就是父亲装的。上海来了个工程师,一天要8块钱,弄了三天,也没装起来。白蒲的镇长找了父亲说:"我看上海人弄了半天不对头。"后来,他弄了两个钟头就好了。白蒲不曾有电视的时候,他就说,将来你坐到床上就有电影看,那个东西英国已经有了,后来真有了电视机。他不经商不求财,却爱科学。

～～～～～～～～～～～～～～～～～～～～～～～～

我成长为党的基层干部

讲述人：杨春和

我1961年7月参加工作,分配到长庄粮站任营业员、保管员。1975年,加入中国共产党。

1965年,由长庄粮站调到场北粮站任会计,我在粮站工作,前后近十年。那时,由于工作任劳任怨,非常积极,粮食局的领导把我作为干部后备力量来培养。1970年,场北公社缺一位会计辅导员,组织部经考察,把我调去。1976年,我又任场北乡管委会副主任。

以后,农村进行了改革,我任场北乡党委副书记。半年后,又担任乡党委书记、县委五届候补委员。1987年9月,我由场北乡调任林梓镇党委书记。1995年5月,调任白蒲区工委副书记。1997年,农村改革,撤销区工委,我又任新姚乡、白蒲镇人大主席,直至退休。退休后,我积极参加社会活动。我的技术职称为农艺师、高级政工师,因为我以前是学农的。这在乡镇党委书记中比较少的。

1979年至今,本人收藏了发言稿、省市会议上介绍材料、报刊投稿、主编申报材料等 75 篇。先后获得晋级奖励二次、记大功一次，获县委县政府十佳科技工作者称号、如皋市第六届爱心大使称号，先后获南通市委市政府、如皋市委市政府、白蒲镇党委政府颁发的"优秀党务工作者""优秀共产党员"以及先进个人等 30 多张荣誉证书。

从木匠到机关干部

讲述人：秦镜泽

我于 1939 年正月初四凌晨出生。当时正逢抗战，兵荒马乱的。算命先生说，我五行缺金，缺水，取小名叫金涛。我 6 岁开始上学，读过学堂、私塾。记得两个私塾先生，一位叫陶锦，还有一位先生姓邵，教我们《论语》《三字经》《千字文》等书。

1953 年，我小学毕业。我 13 岁那年，母亲去世了。家中姊妹六个，还有祖父、祖母，家里很穷。父亲在外面做木匠，挣钱养家。祖父、祖母还有两个姐姐照顾我们。我那时上李桥小学，从老家到学校大约有 8 里路，天天要坐渡船过河才能到学校。早上，喝点薄薄的粥；中午，没有什么东西吃，就吃点祖母煮糨子饭时留下的锅巴。下午放学，我常常饿得路都走不动。

小学毕业后，我去平潮中学考试，没有考得取。后来，我跟父亲到南通德兴镇学机械织布，半自动化的，要用脚踏。我年纪小，织不动，就在那里帮师父扫地、倒尿壶、种田，人家又嫌我没得体力。我又跟父亲学木匠，用大锯锯木头，我锯不动，吃不消。有个姨娘在乡里做妇女主任，她让我家来。当时，农村知识青年比较少，识字的人不多，有个高小毕业的就很不错了。我作为社会青年，经常被叫去开会，搞人口普查。1954 年第一次选举，搞选民登记，我开始参加社会工作。

1954 年 5 月 4 日，我加入了共青团。农闲时，农村办冬学搞扫盲，叫我做民校教师，教成人学识字。1954 年冬天，创办信用合作社，送我到如皋去参加中国人民银行组织的骨干培训班。那年 11 月，龙舌办了信用合作社，我做会计。1955 年，我又兼任龙舌乡团支部副书记。我有一定的活动能力，也有积极性，得到领导的认可。1956 年春，行政体制调整，合并成立中等乡，组织上将我从信用合作社会计调到乡里做团总支部书记，我成为半脱产的国家干部。1957年撤区并乡，我调到龙舌乡党委做文书。1958年，县里要求，各个公社要办报纸，也要办广播站，我出任《薛窑社报》主编。1959年4月，我做龙舌乡公社党委秘书。1962年，兼团委书记。10月，如皋召开团代会，我被选为团县委委员。1965年秋，我被调到社教工作队，到海安曲塘南面的张垛公社周机大队四小队做组长。1966年3月，到柴湾新农大队工作队做指导员。其间兼职过薛窑通讯报道员。1969年，我到九华公社做党委秘书；1975年，到勇敢公社做秘书。1977年，我到白蒲区委做秘书，成为白蒲巡视组成员。1996年撤区，我做白蒲镇协理员。1999年，退休。

做秘书很辛苦

讲述人：秦镜泽

我做基层秘书时间长，很辛苦。我在龙舌做秘书，党委书记叫杨雨岑，他上过私塾，有一定的文化水平。他工作积极，出身很苦，对我也非常信任，给予重用。

农村开会总是很紧急的，头一天晚上决定，第二天就开大会，于是我就要赶报告。报告稿写好，不容易。平时你不掌握一定的素材，没有一定的基本知识，写不起来。印象最深的是1959年的夏收季节，要开三级干部会。晚上10点钟决定第二天开会。小队长要做报告，通知我连夜要写报告稿。时间来不及，以致出现边讲边写的情况，就是他在台上讲，我在下面写，写好了就送过去他讲。这事没魂的紧张。

做秘书，汇报最难，是硬碰硬的。遇到自然灾害，一天要报几次，"四夏"大忙的时候，要天天报，自然灾害要随时报。平时基本上是一周一报，有电话汇报，有书面汇报，非常辛苦。电话汇报要抓住要点，书面汇报要思路清晰，要求都很高，都很急。

在区里的时候，书记骑车子下去检查工作，秘书就是看家的。不能离人，上头都有电话。秘书工作是非常辛苦的，但是有苦也有乐，乐的是什么事啊？通过磨炼，逼着你写。我之所以能够写点东西出来，这与多少年做文字工作是有关系的。

商业公司一把手

讲述：章纪华

1976年，我到土杂品商店任柜长。这个职务虽然不起眼，但有指标，有任务。我和五六个人约法三章，按月核算，完成指标就奖励，完不成就扣工资。有人完成了，但单位上拿不出钱来，就扣我的工资来奖励。一个人10块或20块的。

几年后，商业公司把我调到中心商场做经理。刚去的时候，工资发不出。我改造店面，增加货源品种，吸引顾客，解决了工资的问题。随后，中心商场先后被评为县先进单位、南通市先进单位、省先进单位。

1996年，县商业局局长钱在祥找我谈话，要把我调到商业公司做副经理。当时，商业公司的经济负担特别重，收支两条线，收不上钱来，工资就发不出。商业公司退休职工700多人，在职员工只有300多人。退休人员几个月不曾有工资拿。我同钱局长说："叫我去好，但是当副手我不当，我要做就做一把手，该我负责的我负责，要么，我就不做。"他说，要回去开局党委会，三天后回复我。结果，第二天就来同我见面，同意我的要求，任命我为商业公司经理第一把手。当时我保证每个月10号准时发工资，没钱就从我的实体店拿钱发；再没钱，我去贷款发工资。

上任后，开职工大会。我对大家承诺："我有饭吃，你们也有饭吃。"为了实现按月发工资的承诺，我很是操心。退休人员天天来缠我，我要先把人心安好了。我到社保处借钱，又从店里拿钱，帮助大家暂时渡过难关。同时，我加强管理，几个月以后，商业公司走上了正轨。人心都是肉长的，不知谁出的主意，退休人员不作声地每人筹了两块钱，敲锣打鼓从白蒲转了一圈，送锦旗到商业公司。

我组织了几十个人，一家一家地上门帮助各单位分析经营状况，帮助其改进经营方式，使之逐步恢复到正常。有的单位负担重点，有的单位负担轻点，公司要全面统筹，合理调度。公司领导人人有分工，加强了各单位的内部管理。很快，17家核算单位都能发出工资。

白蒲有国营商店、集体商业，还有农村合作商业。国营商店发不出工资,还向我们集体商业借钱。后来,搞改革,集体商业是自筹资金、自主经营、自负盈亏。改革的最大难题是退休人员的医保问题,每个人要1 900块钱,300多个人,多少钱?后来,经过商业局从其他公司拨钱来解决了这个问题。商业公司是在我手上结束的,我把17个集体性质的单位一个个地改制,把它们送到市场中去。

尽好镇人大代表的职责

讲述人:章纪华

我是镇人大代表。平时,天天在街上转,与老百姓聊天,了解老百姓有什么想法。开会小组讨论的时候,我就把老百姓的想法要求提出来。比如,前一段时间,镇上马路又乱又脏,环卫工作抓得不好。原因是环卫工人工资发得不及时。我把这些情况反映到会上,后来,各单位征收环保费,整个镇上的环境就好了。

做了18年物价员

讲述人:毛彭年

中华人民共和国刚成立的时候,我家庭比较困难。父亲36岁就得了急病,去世了。全家靠爹爹奶奶开茶馆、母亲摆个香烟摊,维持生活。我考取初中后,学杂费基本上都免了。后来考取南通中学,没有钱,到了学校后,享受助学金。每月,我有助学金6块,够生活了。可能因为经济条件差,营养不好,再加上学习任务紧张,我得了肺结核,不曾毕业。1955年,我休学家来了。1956年,家庭困难,母亲就让我不要上学了,找个活做。我就走上了文教工作,开始到新姚小学代课。1957年,居委会的人来跟我商量:"工业中学办民办初中,你是否愿意去?在街上比乡下好。"我就进了工业中学。

1963年,工业中学停办了,我下放到商业上。从此,走进了商业工作。在商业工作中,我还是比较顺利的。1965年,进供销社辅导组,做学习辅导员。1970年,供销社跟国营商店合并,更名国营商店,我到国营商店工作。1980年,国营商店又分成了供销社与国营商店，我留在国营商店，主要负责茶食加工管理。

1981年，我当了国营商店的物价员，白蒲镇只有一个。从外面进回来的所有商品要经过我制定本地的零售价和批发价。有近万个品种，我需定价。我做这个工作一直做了18年，做到1998年退休，蛮好的。

四届白蒲镇人大代表

讲述人：茅衍年

我做过四届白蒲镇人大代表，每届开会前都要准备提案。我对白蒲镇的情况比较关心，提了不少的提案。我的提案还被评为一等奖，得了1 000块钱奖金。我提过关于公厕的提案。旧城改造后，公厕少了，给人民生活带来了不便。这个情况，我及时向镇政府反映，并提议要规划增建公厕。一是方便人民生活，二是树立白蒲的形象，毕竟镇上有不少来来往往的外地人。公厕也是白蒲对外形象的一个体现。

我又提出白蒲镇要发展，除了发展工业以外，还要发展商业网点。后来镇上给出了优惠条件，保证了白蒲商业网点的数量。

成功化解职工与企业的矛盾

讲述人：吴宗朴

我会搞工业。大概1970年，镇上张勇书记把我调去在一定基础上筹建机修厂。镇办单位上级没得计划划拨经费，经费完全靠自己想办法筹集。我们当时生产小钻床，搞得还蛮好的。厂里的产值和利润，在镇上很有分量。我们厂每年都是红旗单位，我在机修厂工作十六年。后来，我到工业公司当副经理兼劳动人事科科长。这个工作比较烦琐，经常有工人与领导发生矛盾需要我来化解。

我印象比较深的一次是，分冶厂有三个土地工①，无故离厂大概三四天时间，厂长要开除他们。我去做工作。根据劳动法的规定，无故缺席旷工15天，并且有记录，才好开除。人家离厂只有三

---

① 土地工，村集体卖土地时附带搭出去的工人。

四天时间,可以教育,做检查,不好开除他们。厂长一开始固执地不让步。我就劝厂长:"事情不要闹大了,开除人家,我们就违法了。"后来,厂长也想通了,重新依规处理。那几个工人后来工作非常积极。因这个事情县劳动局仲裁办公室还表扬了我。

后来因为白蒲的仲裁工作做得比较好,县里组织全县工业公司调解人员到白蒲开现场会,我在会上介绍了经验。那一年,我是先进个人,还成为"优秀党员",我的办公室里有五六面锦旗。

建立职工档案成样板

讲述人:吴宗朴

当年,如皋劳动局黄局长通知我做镇上的养老保险工作,因为我是工业公司的副经理兼劳动人事科科长,有经验。

我的工作做得快,做得细。局里到我这里检查核实名单、工龄,每个职工的档案都是全的。当时是国庆节,放假三天。我要求档案人员一律不休息,把档案做好,这为后面开展养老保险工作打下了基础。石庄、如城的人都到我这里来学习。他们开玩笑说我这里变成了小劳动局。

我一向重视档案工作。后来,镇上叫我管档案,我首先成立组织,对档案员进行培训,再开厂长会议,动员厂里支持和拨款,因为做档案要买些档案橱、档案用品,需要资金。接着,要一位分管的副厂长负责档案工作,再加上档案员,一个单位的档案工作就搞起来了。我们的文书档案、科技档案、会计档案都是全的。

社区书记炼成了"拆迁专家"

讲述人:薛剑岚

我俫不光是做社区工作,还参与镇区的拆迁工作。

从我来了以后,文昌路拆迁,文峰小区拆迁,文明佳苑拆迁,锦绣龙湾拆迁,一个接一个的,怎么办?我直接参与。我以前在政府的时候,他们说我是"拆迁专家"。我是2006年出来参加拆迁工作的,没有我拿不下来的户子,没有我解决不了的问题。其实,我也不是什么专家,"以心换心",站在老百姓的角度去开展拆迁工作，就能事半功倍。人家住了几十年的房子要拆了，确实心里不好过。我进到人家去，首先不是跟人家去谈拆迁的，是去问问人家的情况的："这个地块拆迁你果懂？""你是怎么想的？""你有什么困难、顾虑？"你不能一去就说是代表政府拆迁的，没得人睬你的。记得在文明佳苑拆迁的时候，有个户子只有我好进去，别人不得进的。你要以心换心，不这样子工作是做不下去的。老百姓也是讲理的，再不讲理的人，你把理说通了，他就自然而然地通了。

锦绣龙湾拆迁，南头上有个大楼一直拆不来。最主要的原因是有个钉子户，谁也碰不得。我去了后问他："你是要拆迁安置的房子还是不要房子，你告诉我。拆迁不能叫人家拆穷了，不能让老百姓贷款买房子。"我跟他谈到晚上12点。最后，他才告诉我，已经找到一套房子。我帮他算了笔账："你安置房不小于你现在的房子，还能有80万元的存款，何乐而不为呢，到哪儿去挣那么多钱啊。"说通后，我帮他搬家搬到那儿去，帮他找政府签字，再帮他把钱存到银行卡，才叫完成了任务。我俫就是这么做工作的。

锦绣龙湾拆迁还有一户钉子户，我就分在负责他家那个组里。我们咋拆迁的呢？他开始不让人进家的。我说："今天来不是谈拆迁的，借你的地方耍子，行吧。"我俫几个人在他家打掼蛋。后来，把他也教会了，他也跟在我们后面打掼蛋。这为后续拆迁工作的顺利进行打下了感情基础。参与拆迁发生的事，能写出好几本书来。上次，遇到张镇长说起这事，他问，现在的公务员怎么锻炼成长。我说，工业园区不是要拆迁嘛，让他俫到拆迁一线去学，看也看会了，拆迁最能锻炼人，你把拆迁工作做好了，什么样的工作都能做好。真的，你让他俫坐办公室看书，不了解民情，怎么开展群众工作啊。

居委会工作不简单

讲述人：薛剑岚

刚要创建卫生城市的时候，白蒲不少小区的卫生环境一塌糊涂。怎么办啊？我也哭过，而且哭了不止一次，感觉真是力不从心。居委会一共四个人，我和小陈，还有两个大学生村官，忙不过来。我们吃了很多苦，起早带晚，终于完成任务了。

2017年，创建文明城市，书记、镇长找到我，让我挑担子。我说："没事，公务员组织起来，包小区，包路段，居委会协助，有问题我们处理。"然后，镇上真的这么做了。碧霞苑里有户人家，在小区里养鸡。户主在南通住院，联系上后，鸡由我捉回家先养着。

改厕问题也多。居委会出资，取缔大茅缸，重修公厕。村民要粪施肥，不同意！我们做了大量工作，最终才让村民满意。

居委会选址也有很多矛盾。各地村民互有抵触。勇敢的人说："居委会放到跃进，我们远了。"我说："都在白蒲镇，能有多远啊。"居委会办公室一开始放在楼上，老人家来了，还要跑上跑下来回接送。我提议不如把办公室搬到楼下来方便。后来镇上同意了，我们在一楼隔出一个服务大厅，西边隔出个小会议室，用于接待群众或开会。

最初居委会连一张像样的办公桌都没有。四张像样点的桌子还是老财政所淘汰的。2012年，南通总工会帮扶居委会，下拨12万元，我们将钱用来修路，获得百姓称赞。在南通总工会的帮助下，我们又花费5万元，清理河道，造福百姓。会议室里的桌子、椅子、电视机等，也是南通总工会支持的。

公园周边的河是水利站帮助治理的，原来很脏很臭。公园的草坪、树木、体育器材什么的，是杨德中帮忙弄起来的。

会计账目做到清清楚楚

讲述人：薛剑岚

我一进机关，就做的现金会计。第一天晚上，父亲就告诫我："你是管现金的，做现金会计的做事要谨慎。抽屉拉开来，账目要清清楚楚的，别人看了就明白，你就合格了。"账目不清不像话，做事要对得起人民，对得起组织的培养，对得起自己。所以，我的账目都是清清楚楚的，不拖泥带水。

企业负责人不能有私心

讲述人：沈建平

我刚踏入社会时，就是一个普通工人。从一个插队知青到工厂里的一名普通工人，一切归零，我各个工种、各个部门都经历过的。我在如皋油厂、白蒲油厂工作，一步步地做到厂长。

从基层做起，到企业上才能够吃得开，我有基层经验，这是我的优势。我还有个优势是不怕吃亏。有的时候，你越是不怕吃亏，最后越不会吃亏。社会也好，单位也好，你做出的贡献，总有人看见。在白蒲油厂也好，在如皋油厂也好，我从来不曾想到要为自己多捞点。粮食局给我的权力不小，在白蒲油厂，我厂长、书记一肩挑。厂里所有的账目完全在我一支笔上，这上面我没有出任何问题。没有私心，做事好做得多。此外，我真诚待人，有些多年的客户，至今还跟我有来往。

～～～～～～～～～～～～～～～～～～～～～

当了14年的厂长，异常艰辛

讲述人：吴光模

1987年到2001年，我当了14年的白蒲针织厂厂长，一直感觉很艰辛。

1988年到1991年，厂子搞得不错，袜子销路好。厂里砌了一栋四层楼房，总面积有2 000平方米。

从1992年开始，袜子不好销了。对整个厂来讲，袜子是老品种，丢不掉。工人还是超定额计件的，我们一边鼓励工人的积极性，提高产品产量，降低成本；一边在销售上加大奖励的力度。

1995年，袜子还有销路，人家拿了袜子不把钱，货款不得回笼。厂子最后破产，是100多万货款不得回笼造成的。

1997年以后，厂里日子更加艰难了。企业共有350多人，还有120多个退休工人。1955年，搞合作化的时候，镇上织袜子的，做鞋子、帽子的都进了针织厂。这部分人的养老负担，企业承受不了，为此闹了不少矛盾。

1998年，全厂就靠做羊毛衫生存。我们的产品质量好，销到上海羊毛衫厂有多少销多少。

后来，上海羊毛衫厂改制后，羊毛衫就不做了。加上我们向上海催款比较紧，他们就不同我们交易了。

1999年，我有时一天就收到三张法院破产通知。

2001年，白蒲针织厂实在支撑不下去了。市纺织工业公司经理陈建明见状说改制，我天天夜里睡不着觉。最后没有办法，只好改，长痛不如短痛。

我当了防疫医生

讲述人：刘俊

我是67届的高中毕业生，属于老三届，下放到白蒲西北角上的奚斜公社一大队。结婚后，我被调到新姚十五大队，即我丈夫的老家。

1974年，大队的医生考进了白蒲镇医院，我就做了赤脚医生。1978年年底，国家有个政策，结过婚的知青可以进城。我是最后一批进城的，县里把我分在白蒲镇医院做护理。1979年5月，我正式进入白蒲镇医院。

1980年，医院里要设防保组，我到海门卫校学习一年，回来后做的防疫医生。当时，白蒲镇防疫组只有我一人，整个防疫站的档案等都是我管。后来，又从外调来一位医生和一位儿保医生，防保组就有三人了。我工作做得蛮好的，好几次是南通市的先进个人。有一次，我生病了，就一只手在输水，一只手在登记，还兼顾给人打预防针。正好县里防疫站来的人看见了，说我很负责。

有一年，世界卫生组织抽到白蒲镇检查计划免疫，没有发现任何问题。

1999年，白蒲镇医院和区医院合并，防疫组并给了卫生所。我因年龄超过了，就留在医院院长办公室做点事情。工作了大概两三年吧，一直到2002年退休的。

我做防疫医生也做了20多年，做这个工作我也蛮喜欢的。

夫妻俩都是医生

讲述人：沈汉庭

我父亲叫沈明武，是中医。我考高中落榜后，就在家里跟父亲学中医，读中医书籍。我有一个老同学周尧，后来在人民医院做医生，当时我们一齐跟父亲学中医，再结合临床抄抄笔录。

父亲同人看病在经济上面不计较。不能跑到我家里看病的，父亲还要出诊，也不计报酬。有些比较穷苦的人来看病，没有钱买药，父亲便做好事情，方子不要钱，方子上写有留言给药店，药费也免。你对病人好，他就帮你宣传。所以，父亲日夜忙得很。父亲讲的，做医生要有割股之心，同情人家。父亲会看病人吃药后的效果，感觉好就再开，没效的话，就让病人另请高明。镇上也有十几个先生，有的比他年龄大，医术也很高。

1953年，镇上将中西医组织起来，建立联合诊所，负责当地的卫生、防疫工作。我也参加了这个诊所，不计报酬。父亲当时做白蒲区医协会的秘书。

1958年，区联合诊所变成了白蒲镇民办医院。在镇上医院，老先生多，我算是年轻的，只做些疮、结等小手术。同事徐云峰跟我说："你年纪轻，学习能力比较强，你还有有利条件，师兄在县人民医院做外科医生。"我和师兄经常联系，互相沟通，有些小手术，就是跟着他学的。

1962年，我到县人民医院进修了一年多，学习外科学。医院有个陈忠义先生，他是妇产科西医，接生技术蛮高的，在白蒲地区也蛮有威信的。周末我回白蒲，他帮我，一起为病人开刀。我既熟悉了手术，又方便了群众。

县人民医院有个徐汝谦，是外科主任，善做阑尾炎手术，还受到过县政府的表彰。他说："小沈啊，你进步蛮快的，回去后，在医院里要能做手术啊，你要好好学。"我自己也很努力，外科、妇产科、骨科的技术都学习了。

大概一年半后，我家来后，还不能独立做手术，与医院里陈忠义一起做手术。有一次，陈先生去出诊的时候，碰到一个肠梗阻病人，家属没有钱带病人去南通看病，想请陈先生想想办法帮助治疗。这个伢儿只有七八岁的样子，查了后，确实是绞窄性肠梗阻，还有腹膜炎。最终，我们帮他治好了。这个伢儿来的时候，家人一分钱没有带。我们是看病的，不能因为人家没有钱，就不看。最后，这个伢儿住了十几天出院，我们都不晓得他偷着跑了。我们事后想法子帮他把医疗费缴齐了。

我在县人民医院时，一个伢儿得了腹膜炎，肚子里全是脓，这个伢儿当时大概只有四五岁。我一想这个伢儿开腹不能开，开了以后肚子收口收不了。最后我帮他动了脑筋，走肛门直肠打麻醉，打了个洞，插了个管子，从肛门里把肚子里脓水导出来，导出来的脓水大概有半痰盂。

我们医院不能同地区医院比，对病人开方子不能开大处方，让老百姓接受不了。用抗生素从普遍的青霉素起，青霉素用得效果不好，再用先锋什么的，可以逐步升级，这样可以节省病人的费用。2017年，还有人过来找我："沈先生，你果认得我？我在你那里治好阑尾炎化脓，只花了40块钱。"我想想一点儿不错，住院费只收了他4角钱一天，开个阑尾炎手术费只有10块钱，我就给他用点青霉素消炎，水也不是每天输的。

我家妻子是妇产科医生，常常到人家家里去接生。有时有棘手的产妇，就被带到医院来生产，我帮助她。我们夫妻两个人退了休，开个诊所，肯定不错，但是我不想弄这交易。当我到了退休的时候，医院不肯让我退，还要我留下，负责把外科的人带一带，也要我老伴把妇产科的人培养起来。

现在医院里还有两个我带的外科医生，他们都是如皋卫校毕业的，一个叫范圣雅，升了副主任；一个叫马建春，升了主治医师。

设计模具节省外汇
讲述人：蔡家华

1992年，蔡家华收到参加学术会议的通知

我只上到初中，就去铁工厂做工。在南通学习车工，别人学6个月，我只学了1个多月，时间最短。后来，我回到厂里一直做车工。我一直遵循父母的教诲，工作不能偷懒。十多年来，我每天工作12个小时，不光做车工，还被调到如皋做钳工，又到南通做刨工。车、钳、铣、刨，我都有涉足。我还报考了南京工学院的函授学校，学习五年制机械制造专业。因为时值三年困难时期，学到一半学校停止教学了，我就自己坚持学习。

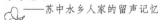

1963年，我被调入技术科。当时，南通有个地区会战，号召造6135柴油机。党支部书记就把我调去南通学习设计。回来后，我一直在厂里技术科，开始负责工艺，以后又负责模具设计。后来干设计一直到我退休。

我对厂里的贡献，就是设计了一种模具。当时，DORST模具从德国引进需要几百万元，我设计出来，只要10万到20万元。这项设计为国家省下大量外汇。厂里派我到南京参加全国性的学术会，做学术报告。我还得了奖，有证书和奖金，这是我一生最高的荣誉，国家级的。

~~~~~~~~~~~~~~~~~~~~~~~~~~~~

我是个老金融

讲述人：江炳仁

小时候，我上过私塾，也读过小学。初中毕业时，我也十六七岁了，在村里帮忙送送公粮。1952年，我被招到银行工作。三个月试用期，一共七个人，就收了三个人。过去相当苦的，用煤油灯，灯罩坏了，鼻孔里都是黑的。负责人、会计、信贷员各个岗位，我全部做了个遍。我原来在丁堰，后来到白蒲来的。原来银行主任叫徐继美，她是如东人，雇工出身，做到区委委员。我是总账会计，跟在她后头。过去银行有十来个人。她退了休，我做负责人。

1955年，划区并乡，我去了丁堰的银行，在丁堰做农经员、会计辅导员。我对银行的业务比较熟，到白蒲来了以后就去了信用社，里面的人都是我培养的。现在有好多人遇到我，都抱住我说，要不是我，他没得退休费拿。

~~~~~~~~~~~~~~~~~~~~~~~~~~~~

学生、知青、工人、会计

讲述人：杨桂明

1948年，我出生在一个贫苦家庭，兄妹6个，我是最小的。哥哥、姐姐只上到私塾。后来，家庭条件好了点，爸妈不惜代价让我上学。我比较争气，成绩比较好，初中、高中都是保送的，考取了白蒲中学。

1966年，学校停课。我经常半天在家里帮助做事，半天在学校里。我是67届的高中生,高三还不曾上得成。

一开始学校批准我去种菜组工作,可过了一段时间,镇上一想我是镇办户口,不是定销①、是定量②户口,就要我下放。1969年,我下放了,帮助查账,有时早上陪着大家一齐学《毛主席语录》③。因为家庭贫穷,父母年纪比较大,所以我被下放到离家比较近的新姚15大队。后来我参加乡里的宣传队,只写写材料,轻松多了。再后来如皋的宣传队又把我调去了。1970年,我又回到生产队,被分到砖瓦厂工作,做值班人员。1977年,大学恢复招考。我还去考了,但未考取。

1979年,我进入白蒲针织厂。去了一年多,先帮助织袜子。后来针织厂将厂一级的核算改为车间核算,把四个比较有能力的人提拔为车间核算员。我懂些借贷平衡的财务知识,被选去做了有四五年。厂里的总账会计身体不怎么好,看到我吃得了苦,就把我培养成了总账会计。

到了总账会计岗位上,我责任大了,要负责全厂的财务工作。当时,我吃了不少苦,升了副科长。财务科长因工外出,厂里领导把他的事情都交给我。跑贷款,管账,都是我一个人来。我从来没有争名夺利,一生比较平淡。

~~~~~~

我没有下海

讲述人:汤明燕

我生于1956年。小时候生活比较艰苦。1976年,我参加工作,一个月拿12块钱。那时大家都苦。

1978年,我还在厂里跑采购,有时出差到贵州。以后工厂落实

---

① 定销,产生于20世纪60年代特定历史时期。20世纪60年代初国家经济困难时期,为响应国家号召,一部分国家工作人员、国营企业和集体企业的职工从城镇下放到乡镇周边农村,他们的户粮、户口关系转到了农村。户口所在村上缴相应公粮,再由国家参照居民的定量办法,核定到户,给予粮食计划定向供应。因为吃上了定量定向销售的粮食,这些下放人员以及他们的家属、后代在当地被称作定销户。

② 定量,指过去计划经济年代我国实行二元体制时,拥有城镇户口、享有粮油肉等配给、招工等权利的居民。

③ 《毛主席语录》,是20世纪60年代初编辑出版、风靡全国乃至世界的毛泽东主席名言警句选编本。因为最流行的版本用红色封面包装,又是红色领袖的经典言论,所以"文化大革命"中被普遍称为"红宝书"。

责任制，工资逐年增长。

1988年，改革开放10年，有些人看到做生意的苗头来了。那些脑子活的，就去做生意了。

我有个同学在传达室，叫我一起下海。我的思想比较保守，舍不得铁饭碗。我好几个同学，下了海，发了财。

"转"成工程师

讲述人：钱杏浓

我是1944年出生的。家里姊妹太多，初中没有毕业，就先辍学，参加了工作。

1974年，我先去螺丝厂，搞小五金，后随螺丝厂并入了芦扉厂。同年，又开始兴办粉末冶金厂，我是筹建人之一。

当时，首先要解决设备问题，需要液压机。经过朋友的介绍，我到上海买的半成品液压机，回来再叫铁工厂进行加工。铁工厂的副厂长说："你搞的是个新型产品，懂液压机的人还很少。"以后搞液压机的都要找我。我把他们介绍到常州、海安、苏州去参观。在我引路下，白蒲街上搞液压机的厂就多了起来，后来这个厂也发展到现在。

办粉末冶金厂除了要液压机外，还要原材料，粉末冶金的主要原材料是铁粉。因为计划经济时代，铁粉是国家计划控制的。我就请上海常风电器厂帮我厂，在他们厂计划之内，分得5吨铁粉。一切准备就绪后，厂里开始生产，用模具压型，通过电炉进行烧结，烧结变成半成品以后，经过精加工，变成了成品。

钱杏浓获得的科技情报三等奖证书

1988年，县里组织考级，考技术员、工程师。我通过考试，被评为助理工程师。1993年，通过学习考试，我被评定为工程师。那时，每年要写总结报告。我就写了篇论文《粉末冶金件的应用前景以及开发研究》。如皋机械研究所王所长、科委周主任、机械研究所蒋工程师帮我修改论文。论文获如皋市科技情报二等奖，南通市科技情报三等奖。

1985年,我离开冶金厂,转到机修厂。机修厂搞绘图设计的人太少,我懂这行,帮助搞了个项目。领导把我派到南京、上海学习压铸模设计,后来我就搞了压铸。我在机修厂七年,后来陆续培养了一些人,镇党委又把我调回了粉末冶金厂准备让我做技术科科长。后来,镇党委调我去建磁性材料厂,要我当厂长,我说:"我一直是搞技术的,没有搞过行政,不想做厂长。"我后来推荐了刘锷做厂长,我当副厂长。

不怕技术上有问题

讲述人:钱杏浓

粉末冶金行业主要就是为机械行业配零件,这就需要懂得各种零件的性能才行。我进入这个行业,一边工作一边学习。我自学了高中、大学的课程,这都是工作逼的。台湾有个林老板在南通生产全自动打包机,出口美国,需要特轮。特轮是台湾产的,价格很贵。他听说白蒲粉末冶金厂,找到我,问能不能生产特轮。他把特轮的图纸给我看,我当时一点儿也不懂,就托关系找到白蒲中学的数学老师请教。我不光要研究形状,还要开模具。在那位老师的帮助下,我又看了很多书,才将图纸搞懂,产出特轮样品。林老板看了,很满意。随后数年,林老板的厂一直由我们供货。

还有一段时间帮无锡厂家生产配件。人家碰到产品变形的问题,找到厂里来了。我分析变形主要原因是技术问题,起磨嫌早,斜度也不够。通过几次试验,问题解决了。

1995年,我离开粉末冶金厂,被搞液压机的邵老板请去了。邵老板厂里,也碰到个大问题。他帮人家搞的2 500吨的液压缸,在热处理的时候开裂了。这是大问题,损失很大。当时还请了合肥锻压机厂的工程师来,也没有个具体的解决方案。我想,过去搞压铸的时候,也碰到过这类问题。人家童子唱戏敲的锣裂了,在两头上铣个圆眼儿,就不再向外裂了。搞压铸的时候,也容易裂。我以前也采取的这个方法,再把它补起来。我基本上三天三夜没有休息,终于取得了成功,挽救了裂缸。

青青蒲塘
——苏中水乡人家的留声记忆

我做了多年临时工

讲述人：顾华

1958年，我的户口迁到白蒲镇。1962年，要压缩城镇人口，我的户口又要迁。派出所的杨西红说，粮管所、服装厂有个指标一定要下放。没得办法，把我下放了。我的户口被迁到蒲西去。蒲西公社说："你是个伢儿，我们不要。"没得办法，我住到奚斜公社。

奚斜公社把我和顾建明、顾志军分到生产队。后来，我在化肥厂做临时工，有时候生产队叫我去做做事，我就下去。当时我住到奚斜九大队一队的五保户家里，同五保户一起吃饭。

那时，我早上骑车去厂里干活，中午家来热中饭吃，吃完再骑车去厂里。不像现在，那时的路都是泥路，又滑又烂，难骑得很。有时我被安排到化肥厂等氨水，送到人家生产队，夜里坐船去，蚊子多，咬人得很。后来，政策松了，我何去何从，自己决定。

老爹盯上如皋物资局。1977年，船队上招人，把我招到去。工龄从1977年算起的，也和我实际相差了10年工龄。

我现在一个月工资2 700块钱左右，同老爹就这么慢慢生活。

"工农商学兵①"都做过

讲述人：李海泉

我这个人农民出身，在"文革"中弄了个假高中生，当了五年兵，工人做了那么多年，后来又同老婆一起做生意卖货。毛主席说的"工农商学兵"，我一样没有缺。所以，遇到农村的人、街上的人，怎么和他们相处的，我都有不同的方法。

我是枪械管理员

讲述人：李海泉

我出生在原来的新姚公社二大队十一生产队，即现在的姚元村二十九组。我去当兵的时候，家里还有爹爹奶奶、父母、姊妹四

---

① 工农商学兵，指社会分工，包括工业、农业、商业、学生（教育）、军人。

个。我是家里最大的孩子。

1972年2月,我离开学校,于12月当兵。新兵训练最苦,稍息、立正不停。一天伙食费4角5分,一顿1角5分。每月21斤大米、15斤小米、15斤干面,还不够吃。我去了枪械仓库以后,把山上的碎石头刨出来,在土层上种山芋。连队自家养养猪,自力更生,改善伙食。

我先做保全工,再做保管员,遇到过几件难忘的事情。有一次,我跟着助理员到二三百里外的农场去打靶,弹头掉到大炮筒子里了。当时,团里的干部、特别紧张。助理员非常有经验,他说,所有的干部、战士全部离开现场,退到100米外。我同他一起排除这个故障时,100米外的人非常紧张。按助理员的思路,我配合把炮筒子强行推到炮膛里去了,把它们用尼龙绳拉到30米以外,当时炮筒朝上45度,我使劲一拉把炮弹打出去了。后面的人瞟见炮弹打出去,都拍手欢喜。

每年子弹和手榴弹全部要进行检查,看果有报废的,果有损失的。有一次检查发现一箱30个手榴弹里,有一个是哑弹①,便要销毁。销毁的时候,一下子把个高压线炸断了,所幸没伤到人。

我家妻子来探亲,当时我的任务重,正好出差去了。听说保管员的家属来了,下面的兵蛮高兴啊。后勤就派了技师带卡车去接她。哪知道,团里派了小汽车,已经把她接回来了。

从军营到工厂

讲述人:徐志刚

1964年冬天,我到部队当兵,驻地在滨海县八滩公社宋尖大队,新兵集训队住的不是营房,是借的房子。新兵集训后,我被分到建筑工程队第141团1营3连1排6班。连长田学恕,很有才能。

第一次参加施工是在射阳县港口的海堤上构筑工事。"文革"期间,我们到地方支持工人的生产。我会吹笛子,也参加过地方以及团、营里的毛泽东思想宣传队。我的毛笔字就是在那个时候开始练的。每接到一个工程,连队要搞动员,让我用红纸写决心书,还

---

① 哑弹,已经使用但未爆炸的弹头,有可能会爆,也可能不会爆,有危险性。

要在军人大会上读,表决心。当时我也写黑板报。

1971年,我转业到南京电子管厂,我在部队入党的,在电子管厂被选为支部委员。因家属身体不好,我于1981年被调回白蒲化肥厂,我当过车间的支部委员,还当过生产组长。到后来,厂里不要那么多人,我还没到退休年龄,就内退了。刚内退时,工资跟在职时一样多。一年多后,厂里把工资从700多减到600多。到我正式退休时工资达到995块,当时,我还挺高兴的。之后,逐年增加,现在是3 300多块钱,够我用的。

~~~~~~

我当教师是考来的

讲述人:刘汝琴

我是1952年参加文教工作的,参加工作前,我是个家庭妇女。我家爱人早就参加了文教工作。后来我觉得妇女在家带伢儿太没意思了,我也应该出去工作。后来,我看到如东出了个师资训练班的招生通告,当时我的第二个伢儿还在吃奶,我就断了奶毅然去报名了。经过一段时间的刻苦学习,我最终被录取了。录取后才知道,104人参加考试,录取了50个。我的成绩还是比较靠前的。

1952年,各地办学的热情高涨,那时向苏联学习,实行五年一贯制,六年制改了五年制。我一直在农村,对农村儿童蛮有感情的。因为他们比较朴实,好教育。

同年,我们进行了儿童入学大普查。普查后,哪些伢儿没来上学,我有数,下去做家长工作。家长基本上都叫伢儿来上学。也有些人思想不通,让男伢儿上,不让女伢儿上。女伢儿在家做做杲杲,挑挑猪草。我说,没有事,放学以后还可以挑猪草。经过游说,当地90%以上的儿童都上学了。

~~~~~~

我如愿当上了数学老师

讲述人:娄邦媛

我是在农村出生的,从小就看到农村的贫穷落后。那时,我们整个村子都住的茅草屋,所以,我就有这么个想法,读点书做个教师,能够为农村的教育服务。我就同妈妈说:"没有别的要求,我就想上学，将来上个师范，做个教师。看果能帮农村的伢儿在学习上翻点身。"妈妈看到我蛮有志气的，就同意让我上学。那时，我俫这里好多女伢儿不上学，因为家人只让男伢儿上学。我认真学习，成绩蛮好的，在班上总是第一名。后来，报考的时候，老师建议我考高中，升大学。我说："我不想升大学，只想做个教师，一来我想为农村的教育服务；二来我的家庭条件也不太好，考师范早点出来，为家里减轻负担。"后来，我报考了师范也就被录取了。

1958年4月份，因学校缺少教师，我被提前分配，分到马塘乡杨华小学做教师。1958年9月份，马塘那里师范毕业生不多，我能够讲点普通话，所以领导又把我调到马塘小学教一年级。在马塘小学工作了两年以后，来了个女校长叫郭玉琪。她看中了我工作蛮认真的，也有水平，所以就提升我做了马塘小学的教导主任。

做了教导主任，我感到很高兴。我常常到县里去开会、听课，就想怎么让自己的学校得到发展，怎么让学校提高点知名度。

1963年左右，我认识了我现在的先生。他语文教学水平相当高。当时我是有这么个想法，将来我要是能够把他弄到马塘小学来的话，我教数学，他教语文，两个人配合起来看果能让学校在全县弄个第一名。1964年下半年，我们两个人就结了婚，婚后我们还是分居两地。

教师生涯中我的四大荣誉

讲述人：沈恒希

我一生从事教育，获得了四个比较大的荣誉。第一个是国家教委、人事部同中华全国教工会联合颁发的"全国优秀教师"，奖金500元，还有奖章，这是教师的最高荣誉；第二个是江苏省总工会表彰的"江苏省优秀工会积极分子"，有证书、奖章，还有礼品；第三个是陈惠娟在如皋做书记的时候，从全市15 000多个教师中，投票评选"如皋市十佳功勋教师"，只评10个人，我有幸被评上了，市里把我请过去参加表彰，奖章比较大，是镀金的；第四个是2017年，南京师范大学遴选我作为南京师范大学"知名校友"，还有照片登在报纸上的。

我写了300多篇研究性文章，这些文章里一部分是论文。我编了八本书,最得意的一本书是《理论·观点·信息》,有60多万字。当时,南京的徐颖教授说帮我来出版。我说没钱不出版。后来,南通市新闻出版署发准印证,这本书在地方上印。书中收集了600多个教学科研理论,在教育界影响蛮大的。搞教学科研的人读后,用得起来。我还编有《如皋地方文化简史》以及政治历史方面的书。我本身是学外语的,搞政治是外行。1982年,我开始改行搞政治学科。徐一能搞政治,被调走了,叫我接他的位置。学校把我送到苏州大学进修马列学,进修了两个月时间。回来后,我写了两篇文章全部发表出来了。

1991年,郭载荣县长找我谈话,问我耳朵果发热啊?我说,不发热。他说:"你怎么一点儿不敏感,我要把你调走了,调到搬经中学做校长兼书记。"我说:"我不去,我是个独子,家里困难很多,父母亲都是风烛残年而且多病,需要照顾,婆媳关系又不怎么好。我跑了以后,这个家就乱了。"

郭县长说:"我把你爱人的工作也安排好了,安排在搬经粮管所。"当时,粮管所好啊。可是,我没有去。我觉得一个人对于名和利,不要看得太重,要淡化。诸葛亮提倡的八个字很重要"淡泊明志,宁静致远",心里要安静下来。

开饭店做到最好

讲述人:许镜华

2006年,白蒲镇招待所改制后,我开了饭店,向平潮的朱华学习管理经验。不久饭店做得很红火,收入蛮可观的。

我带的徒弟算有本事的。冯正泉做鱼腐做成了家庭企业,形成了气候。开始他做得也不好,也走过弯路,产品送给人都没得人吃的,他的姑娘还是蛮钻研的,有些东西最终被她搞懂了。比如,鱼削了以后,不同部位做出来的鱼腐口感是有区别的。刚杀的鱼,接着就做,鱼腐的口感相当不好,非要等鱼杀后肉水散干,充分保留胶原蛋白,才好做鱼腐。

饮食文化是"慢文化",你狼吞虎咽吃出什么味来?精工细作,不管荤素,时令性强,鲜嫩可口,做工精细,火候恰当,放糖不甜,放醋不酸,这才能符合大多数人的口味。白蒲菜也不只是白蒲人喜欢吃。镇上管电站来了几个外地工作人员,我烧白水河豚招待他们。第二年夏天,他们又来了,还要吃。河豚是野生的,一般正月里才有的,夏天没有活的,从冰箱里拿出来两条,他们也吃得开心。

后来,政府附近的饭店拆迁了,我又重新开了店,只有六张台面,不是楼房也没有大厅。有些老顾客来,就等着吃我烧的河豚,有时等到两点钟才吃饭。有的外地人来了必点狮子头、蟹包腐。我做得也相当精细,蟹包腐烧好了用煲锅上桌,盖子一掀,看上去表面光滑得很,一咬流黄油,很过瘾。北京、南京的饭店来要货,有时来不及都缺货。有一年我来不及,他就拿的其他人家的货,客人吃了不好吃,和我的鱼腐口感不一样。我坚持宁可做得少,也要保证质量,达到我的要求,我才拿出去。

拜师学厨艺

讲述人:许镜华

1956年,公私合营后,街上出现了一饭店、二饭店、三饭店,我的师傅就在二饭店。我属于师传厨艺,缪家的属于家传。开始学做鱼腐的时候,我不知蟹油怎么灌进去,觉得很神奇,现在想想觉得蛮好玩的。现在很多人做鱼腐不是手工做,而是用机械加工,需要添加一种食品胶,这不是传统做法。我还是用传统做法,什么都不加,用正常的原料加工。

参加厨师培训

讲述人:姜淑炎

我是作为独生子女,第一批回城的。我到商业公司报到,被分在如皋饮服公司下属单位(饭店)工作。

开始工作前先进行培训,培训学习要写心得体会。有一天,公司潘支书突然找我,原来我的心得体会写得很好,他让我到台上给大家读一读。我真是又害怕又激动。有个主任姓陈,看中我的人品。他让我就不要住集体宿舍,跟他女儿玉梅一起住。我跟玉梅住在一起,早出晚归。我培训的地方在新皋桥,属老如皋的西门。

那时，刀鱼①很多，不稀奇。我那个师傅叫石竹山，教我做刀鱼腐，我是他的得意门生，他把技术都教给我。人家对我很尊重，尤其是要办喜宴的人家，就希望我帮他们把菜肴做得好一点啊。师傅也很喜欢我，把我当小孩一样。培训结束了，从那个饭店走的时候，培训班老职工都流泪，我对那里很有感情。当时潘支书说："你别走，送你到扬州去培训。"我说："不行啊，我第一批回来，就是照顾我母亲的，再出去就不方便了。"

我每个星期骑自行车从如皋赶回白蒲来，最多两个小时到家。家里有一对木水桶，我挑四担，一缸水就满了。我在如皋看到有什么好吃的东西，我就买回来给母亲吃，或者叫人带给母亲。培训后，领导就叫我留在如皋工作，我家在白蒲骑车子来回太不方便了，我就拒绝了。

我由厨师做到饭店经理

讲述人：姜淑炎

我在白蒲饭店工作，做过售票员、营业员、服务员、厨师。

我是机动的，一个月每个人三天假，这个休息了我去顶班，那个休息了我又去顶班。我生小孩后，正好北边的友谊饭店保管员生病，他们就把我调去。我等于是经理的副手，每天都要读报纸。平时，他就安排我去当保管员，因为我算盘打得好，他也让我做营业员。那个时候，跟现在不一样，粮食紧张，人家要用粮票买议价面还要开后门呢，不是每个人都能买得到的。

后来，因为我工作认真，能力不错，商业公司的领导又把我调到东边的饭店做经理。做经理后，时代渐渐地变了，有人下海搞承包，各小组分出去了。后来，我自己到市场上开店卖百货了。每年上缴单位养老金的钱，一直到退休，我是五十一岁退休的。

四、家长里短

每个人的人生，都是一本精彩的书，每一个家庭，都是一套

---

① 刀鱼，俗称长江刀鱼，属洄游性鱼类，平时生活在海里，每年2—3月份由海入江，并溯江而上生殖洄游。

以奋斗、拼搏为主题词的丛书，而镇区居委会则如同是一排容纳8 000本书籍的书架。这里收藏着人生苦旅的足迹，这里陈列着众生百相的脸谱，这里娓娓道来喜怒哀乐、悲欢离合、成败得失的故事。

祖籍是南京下关

讲述人：蔡家华

我家的祖籍是南京下关的，洪头（洪秀全）造反的时候过来的，到了父辈就在如皋了。父亲在如皋地方抗战部队旅部做文书。丁（丁堰）林（林梓）战斗后，一夜之间，叶胥朝改编了该部队。他没有跟着去江南，在白蒲落了脚。

兄弟姊妹8个

讲述人：蔡家华

我生在白蒲井儿口巷，小名叫蒲生。那时白蒲好像总共有8 000多人。我从小受到的家庭教育，就是要学习知识。母亲教育我，为人要宽容，要有进步的思想。

家里兄弟姊妹多，母亲共生了10个，死了两人，还有8个。说句老实话，当时家里很穷。哥哥那个时候考取了大学，母亲就特别高兴，确如范进中举一样，南街喊到北街："我家雄儿考取了。"那时，白蒲考取大学的只有几个人，不像现在。

翻修房子

讲述人：程祝慈

母亲确实不简单，家里8个伢儿要带大呢。除了我家老四三岁时给叔叔家抱养外，其他的孩子都一直跟着母亲。

1971年，老大在青海，老三下放，父亲在乡下农代点工作，就我一个人在家里，当时我二十七八岁。说老实话，我家那个房子太老了，柱子要倒了，肯定要修才能住人。粮管所车子多，想要把路扩宽点，正好我家旁边的路嫌窄，我恳请政府先贴三四百块钱给我。那时,三四百块钱值钱的,我用这钱把家里的房子翻修了一下。

祖母周氏喜欢做慈善

讲述人:方志成

我家祖母周氏是如皋的。旧社会,她经营茶叶店,不管店里的事情。家里搭两张台儿板,八个到十二个小姑娘在台儿板上拣茶叶,拣好的茶叶到下午就有人来称。称了以后,你拣了多少,她拣了多少,祖母根据拣茶叶的多少给小姑娘发工钱。

拣茶叶的小姑娘天天拿钱,祖母虽然是老板娘,但她不拿钱的,她聚了这个钱不拿,用来做好事。

有一年同学聚会时,有人说起,以前我家祖母就接济过他家。祖母给他家一张条子,写有方衡记到哪个米行拿三担米,免费的。她跟学做生意的伢儿说:"今朝腊月二十四了,那家是个寡妇,有四五个伢儿,生活不行,你把方衡记的条塞她家门缝里。告诉她,到米行里去拿三担米家来过年。"我家祖母1941年去世的。那时,我还没有出生。

我是遗腹子

讲述人:顾遗

父亲29岁生肺结核病去世了。同龄的母亲,就领着我们兄妹两人生活。

母亲是读过书的人,不好意思抛头露面去做生意,只好在家里做针线活,我们的生活很拮据。母亲识字,太劳累,心情不好,不欢喜告诉人,就写信烧给我家爸爸。她自家经常哭,她47岁就没有了,我和我哥哥变成了孤儿。我到南京上学的时候,哥哥工作了,他给我生活费,资助了我两年。哥哥也因家里遗传的疾病,37岁就没有了。

现在,我就是一个人,有嫂子和两个侄子。不过现在过得不错。我性格内向,人非常简单,人不碍我,我不碍人。退休以后,我吃的穿的都是非常简单,我与人没有太多的接触,同周围的人没有一点点矛盾。为什么有这个性格啊,因为从小爸爸没有了,爸爸

6月去世，我是9月生的，是遗腹子，叫顾遗，遗就是遗留的遗。我家娘有时候哭，我也哭。然后，我的性格就变成了这个样子，我有一种孤独的感觉，从小性格就是这样子，现在也是这样子。

母女相依为命

讲述人：姜淑炎

母亲是家中最小的孩子，外公就想把她留在家里，让她学文化，给她书读，还让她吹口琴。我出生以后，因为父亲不在家里，全靠母亲培养、教育，她教我学吹口琴。

我大概七八岁的时候，开始学习加、减、乘、除。母亲会打算盘，晚上从厂里回来，就开始教我背口诀，"一上一""二上二"什么。所以，我的珠算总在同学当中领先，老师都让我表演。

母亲在厂里做过保管员，也要打算盘，有的工作来不及做，我就辅助她。那个时候，她拿的工资很低，18块钱一个月，要供家里三个人生活。我八九岁就开始做针线。我的衣服，母亲裁，我自己缝。我看到大人编织衣服，也学着做。

母亲在厂里缝袜子、手套。那时用洋灯，烧煤油的，为了节约，我经常把灯芯剪得窄一点儿，这样吸油少。那年我10岁，缝一打袜子，就得一角二分钱。正月初一，老年人讲，不能用针，用了针就要戳到太阳菩萨的眼睛。所以，我就用钩针钩手套的指头，钩进来再钩进去。人家的小孩子在外面放鞭炮玩，我一步也没有出去，一天钩了10打120双。久而久之，缝袜子的钱都存在家里储钱罐里，成为我生命中的第一桶金。在上三年级的时候，学费只有三块三毛钱。周老师到我家里来收学费，我就用储钱罐里的钱缴了学费。老师来收钱，人家都是票子，就我是硬币。

母亲在厂里也辛苦，一天下来，手工摇个不停。我每天放学后，到厂里去配合她织袜子，其他工人都夸我懂事。

一米度三关

讲述人：姜淑炎

活到现在，日子越过越好。母亲没什么病，每次体检都没什么问题，我也没什么问题。小时候很苦，奶奶说，不能浪费，一米度三关，一叶保三蚕。所以我很珍惜粮食，碗里从来不肯剩饭剩菜，一直是"光盘行动"。母亲到现在也是这样的，她不肯浪费，看到哪里亮着灯，包括饮水机上的灯，她都要去关掉。

老人幸有养老金

讲述人：江志和

1954年，我进入单位工作，一个月9块钱，跟身边的人比，日子过得还不丑。家里六个人吃饭，我家父亲去世了，姐姐带三个伢儿、娘，还有我，就我一个人负担。

姐夫在中华人民共和国成立前去世了，姐姐做了寡妇。后来，她不曾重找人，养的儿子学问没魂地好，在通中上的学。他后来响应国家号召，打报告申请到最艰苦的地方去，最后去了山西省下面一个县的兵工厂。去了后，媳妇要的那里的，养的伢儿全是丈人家帮助带的。

我一直没有结婚，姐姐有三个伢儿，就将她的一个小女伢儿过继给我，作为后人。这个女伢儿长大后，在供销社工作，22岁找了对象，是通州的，养了孩子叫江维维。他俫一家叫我去南通的敬老院，我也不去，不是别的，人早晚要死的，我的后事安排在法宝寺。我就一个人在白蒲生活，他们有时间就来看我。前段时间，我家重孙媳妇叫我去董小宛旧居耍去。那里我以前见过，现在扩大了，建了许多房子，变成了水绘园。

我退休费每月拿3 450块，后来加了200块，还有牛奶费90块。我自家做饭，也种点菜。拿的钱用不掉，每月顶多用1 000多块，日常生活没有什么困难，蛮好的。

我从来不赌钱

讲述人：程祝慈

我从来不打牌，也不打游戏，没事看看报、看看书。打牌没意思，我从来不赌，我也不去看。

人的一生，还是要勤快点，不要赌，赌了对家庭没得好处，我家兄弟几个没得哪个赌钱的。

自幼喜欢音乐

讲述人：刘骥

我从小喜爱音乐。有一次，城乡交流，我去农村，傍晚散会后，听到有人拉胡琴①，觉得非常好听。小时候，家里穷，买不起胡琴，有人送了个坏胡琴给我，上面又没得皮，不响，我把蛤蟆打死了，把皮剥下来蒙上去，拉时间长了，蛤蟆皮就会凹下去，没得弹性。胡琴的弦现在是钢丝弦，过去是丝弦。丝弦出自江南吴江一带，有粗的，有细的。我开始学的时候，只用绳一接，就这么拉拉。

音乐要入门，要有兴趣，也要靠自己钻研。我主要就是拉胡琴。1966年，我在搬运站，如皋交通系统成立了个宣传队，就把我调去了。在南通，我们天天排练，后来到省里去参加演出，还得了奖，还到江苏广播电台录了音。那时，我才是个十几岁的伢儿，还能到省广播电台去，我想想就开心。宣传队还排小曲，编曲的是如皋中学的音乐教师杨彬。当时时兴的曲目有《东方红》，等等。

一个地方的京剧票房好丑也决定于乐队。乐队不过关，这个地方的京剧也不会活跃。当时，白蒲的京剧很活跃，每次邀请外地的票友来联欢，布置会场的都是我。我在镇上工业公司工作，有个特长，美术字写得好。白蒲京剧活动活跃也得到江苏卫视、河南卫视等媒体的关注。我们搞了个十年的庆典活动，中央电视台戏曲栏目。专门到白蒲来采访，并题词"雅韵微扬"四个字。1983年，成立了南通市白蒲镇振兴京剧协会。南通市京剧团的领导也来参加了成立会。

白蒲镇的京剧与乐队在南通来说，不算顶好，但也是数得上的。

---

① 胡琴，是中国民族乐器中，以弓弦摩擦琴弦，使之振动以发出声音的拉弦乐器，来源于北方少数民族，有传统的二胡（又称南胡）、板胡、京胡、粤胡、四胡、坠胡、椰胡，以及近现代配合民族乐团的出现所改良发展出的高胡、中胡、革胡等分类。

擅长制作胡琴

讲述人：刘骥

我还有个特长是做胡琴。以前买个胡琴要几百块，当然，现在总要几千的。胡琴不就这么简单，由一个竹竿子、一个圆筒，还有弦与拉杆组成的。

以后，我就进行了研究，竹筒上面是蛇皮，但是我用尼龙布上面再刷一层胶代替，这个效果也蛮好的。南通地区的京剧票友们都晓得我会做胡琴，都请我帮着做。

竹竿是胡琴最主要的部分，我会在一大片竹园中挑选合适的。斑竹又叫湘妃竹，下面的筒比较多，比较适合做胡琴；如果是毛竹，要比较老，起码要长好几年的竹子，才能做。

刘骥讲解胡琴的构造

南通有个90多岁的老爹来找我做胡琴。他是如东农场中学退休的校长，在北京买的胡琴，一次买了两把花了6 000块钱。他还想做一把，专门买的材料，买的一根杆子就要800块，后来我帮他做了一把，声音蛮好的。前段时间南通有个票友找到我，让我帮他做把胡琴。我说，没得材料啊，就送了把胡琴把他。

从小就是京剧迷

讲述人：秦有和

我从小爱好京剧，爱唱京剧现代戏。以前，一直在工作，没有时间，现在有了点时间，来唱唱京剧。通过实践后，我感觉京剧的底蕴比较深，可以熏陶人。

唱戏讲究先做人，再唱戏。每个戏出来总有它的背景，三国有三国的，水浒有水浒的，我唱《野猪林》一段，感觉很有意思。戏里面的学问比较大，你唱戏不光唱，还要从中体会戏的底蕴。京剧对人的素质提高有一定的帮助。唱京剧的人素质都是不错的，待人接物，客客气气的。唱戏能增加人的肺活量，唱完心里感觉也轻松，可以说，唱戏能在娱乐中愉悦身心。

我也是京剧票友

讲述人：刘政

小时候，我就爱好戏曲，会唱京剧，常常去参加票友的活动。上初中，学业比较轻松，晚上，我便参加镇上的京剧活动，跟到票友后面拉胡琴，学唱戏。能够学到几段，就蛮高兴的。

工作以后，白蒲文化站站长曹学清，创作剧本，搞汇演。那时，他就找到我、吴宗泉等人编写剧本。我就编写了《苦尽甜来》《血债》等剧本。编好了后，在白蒲街上上演。

1964年，如皋举行首次职工汇演，又给我布置了任务。我写了《厚礼》：一个没有过门的媳妇，在县里开妇代会，散了会以后，下晚点家去，路过公老爹、婆老太家里，当时，就带了两套"毛选"，一个人一套，包得方方正正的，送给老爹老太。老爹老太就想送的是个什么礼物，他们就猜，一猜什么，二猜什么，三猜什么，四猜什么。最后，两人一看原来是毛泽东著作，就高兴到没得魂，很慎重地把书打开来，读毛主席著作。这个作品被评为首届职工汇演一等奖。我在戏曲创作上取得了点成绩，另外在诗歌上面还有作品见报。

以养信鸽为乐

讲述人：郭国华

我叫郭国华，从十七八岁开始养信鸽。那时，没有信鸽协会，他们都私下比赛。后来，可以参加地方上组织的信鸽比赛。信鸽是比较聪明的，本身也有好丑，有血统，有品种。二十多年前，上海又有个叫任海潮的朋友送我一只鸽子，那只鸽子血统相当好。

平时劳动比较辛苦，我到鸽棚里看看信鸽，就觉得不累了。养信鸽以后，朋友互相交流，能够经常走动。有什么事情大家聊聊，对人的精神状态有好处。

1996年9月,如皋组织放信鸽比赛,我获如皋市亚军。2000年,如皋组织1 500公里信鸽竞赛,从陇西放信鸽,我获得冠军。2018年,我把信鸽拿到如皋龙游湖放,正好如皋电视台在那

郭国华参加信鸽协会组织的比赛获得的奖牌

里采访。他说:"你带鸽子来做什么?"我说:"来放的啊,我是老有所好,是老顽童啊,养信鸽。"他说:"等一会儿,你是怎么放信鸽的,我俫来采访你。"

第一个买电视机

讲述人:吴圣

20世纪60年代,我不到20岁,上建筑站、搬运站,打点零工。后来,我被下放进了建筑站。去的时候,建筑站已经有百十个工人。我去了后当学徒,学泥瓦工。拜在师傅后面做小工,打杂。

1979年,改革开放后我到外地做,在徐州做了两三年,在大庆做了七八年,在新疆也做了两三年。后来,身体不好,就回来了。我那时虽然苦点,但是工资很高的,每月有1 000到2 000块钱。我到北京去,姨夫是做翻译的。他说:"你拿头千块钱,不简单!我这儿的部级干部,也拿不到这么多。"

在白蒲街上,我是第一个买电视机的,日本进口三洋的,当时就要500块钱。那时,只有单位和政府有。单位用箱子把电视机装起来,还用锁锁着,到晚上才打开放。我的电视机摆在家里,很多邻居都来看。买的时候,说日本产的能用10年。后来换了国产的电视,像个大箱子。现在是平板式的,还便宜了。

五、感恩时代

不一定所有的奋斗都有回报,也不一定一次次失败总会垫高迈向成功的垫脚石,而欣逢改革盛世,恰在追梦路上,机遇偏偏只留给了有准备的人。东方风来满眼春,潮起正是扬帆时。借风扬帆、就势远航的人们不忘初心跟党走,奋力筑梦新时代!

赶上了好的时代

讲述人:陈杰

我从小身体不好,体弱多病,但是不曾想得到还能过到80岁。主要原因是赶上了好的时代,特别是改革开放。

改革开放以后,我家的两个伢儿先后考取大学。大伢儿在如皋中医院,是正高职称,被江苏医科大学聘为兼职教授。小伢儿考取了军校。现在转业到如皋人社局的事业单位。大伢儿那个时候得益于改革开放后恢复高考制度。他学习一直优秀,正好碰到这么好的机会。改革开放改变了我们一家人的命运,当然,也改变了中国人民的命运。

我过的是共产党的日子

讲述人:顾汝询

1952年,上头通知,不是新坝当地人,来做小生意的外地人,都要回原籍。我就回到白蒲,租的人家三间矮屋,开了个小店。

当时,如皋县与如东县重新划界,街上工商联让我去学习,要对我进行改造。1956年公私合营,10月建成合作社。我没田种,就想到合作社里称粮。他们说我是新坝来的,不行。最后,我被安排在余庄做蜡烛,拿工资吃饭。我力气大,一麻袋200斤蜡搬上就跑,能够跑很远。随后,国家要成立国营商店,我就到别处做蜡烛了。

白蒲供销社有个散猪场食堂闹事。供销社叫我去。我说:"去可以,钥匙要给我,里面米、油、盐,都要保护好,我才能去。"他们都答应了。去后,事实上,油也没得,米也不多了。我去了以后改善伙食,伙食好了,大家都满意了。

供销社对我也蛮信任的。如皋煤炭公司的煤炭走白蒲中转,从西北巷到石桥口的,全用平板车子来推。我被调去发货。我同工人说好了,不能多发,也不能少发。发货工作有条不紊,进行得很好。

我是过的共产党的日子,以前我没得吃,没得住,都是供销社、共产党把我安排得好好的。

"享的共产党的福啊!"

讲述人:江炳仁

现在我还可以啊,享的共产党的福。

我现在过的生活啊,不愁吃,又不愁穿,退休工资按月就打过来了,6 000多块。老两口生活也够了。老伴记忆力稍微差了点,儿子、媳妇、孙子都比较孝顺。北京的江华一天总要打两个电话。我让他晚上七点半之前打电话,因为七点半后,我要睡觉。银行里开老干部会,行长敬酒第一个就敬我啊,说我是老前辈。

农业生产力大大提高

讲述人:刘汝琴

我已经活到93岁了,看到的,体会到的,都不少。

过去日本人来的时候,我才10多岁。那时候在乡下,我种过农田,拾过棉花,最欢喜种芦荟,一家人吃。那时小麦亩产只有一二百斤,现在小麦亩产能达到四五百斤。水稻那时每亩收一二百斤,还要种得好,遇到荒年,还收不到,现在水稻最高每亩能收到两千斤。

产量提高,离不开兴修水利。小时候稍微落点大雨,场上好撑洗澡盆。有一年发大水。甲的田在这边,乙的田在那边。甲田地的水经过乙田地,甲乙互相不配合,封闭坝口,结果上坝不通,下坝不流。有回还互殴,打得头破血流,去找县官评理。县官姓沈,穿着靴子来的。县官说服不了群众,最后挨群众拖得像个泥鳅,成了白蒲镇上的笑话。现在大河、灌溉渠、小河,四通八达,再大的雨没多会儿就退了,不存在淹水的现象。现在白蒲的农民蛮富裕的,这里土质又好,水利又好,交通也好,这几年都是大丰收。

即将成熟等待收割的小麦

白蒲变化不小

讲述人:倪志才

如今的白蒲商业区

我感觉党中央了不起,政策好,现在贫困人口越来越少。13亿多的人民,像我这样的退休老头在家里,一个月拿几千块钱,国家不发展,哪有钱?我的老太经常说,现在过的神仙日子。我们心满意足!

谢明书记在白蒲镇的时候,我对他印象不错。他在的时候,镇上的卫生搞得很好,还创建了卫生城镇。以后的张勇书记,也不错的,把市河填了,开挖了通扬运河,东西路也铺起来了。白蒲变化快,通过旧镇改造,保留一些有价值的老街,其余面貌焕然一新。街上有了大商场,东面还有小公园,老百姓的日子好过了。

日子越来越好

讲述人：倪志才

小时候，我家是小商贩，在街上卖熟山芋、生姜。家中有父母、姊妹兄弟多人。国民党在的日子，生活苦啊。有一年落雪，没得吃，我上街买了点黄芽菜，全家就煮点菜粥喝喝，充充饥。共产党来了，日子好了。

1955年，我就参加了合作小组。1961年，还有定量大米、蔬菜可吃。1979年，我被调入地毯厂。1984年，我去深圳进修学习业务。当时，如皋去了不少人，大家都觉得那边发展形势好。

旧城改造，我买的老房子，补了十几万，政策好，运气好。现在，我天天上午没事，就看看报纸，下午看看电视。老太身体好点的时候，我出去跟别人打打牌。现在得了病有医保，我们感觉到无愁无忧。2018年，老太两次住院，花了10 000多元，自己只把3 000多元，其余的7 000元可以报销。我退休费还拿到3 000多元呢，比上不足比下有余，自己向前看，越看越好。

~~~~~~~~~~~~~~~~~~~~~~~~~~~~~~~~

拥护现在的政策

讲述人：汤明燕

我自己文化水平不是太高，但是伢儿教育得比较成功。我家伢儿读的如皋中学，高考成绩如皋前十名，考入南京大学，比录取分数线高50几分。南京招考的人说："你想选哪一个专业，随你挑。"当时，我说学英语。招考的人说："这伢学英语浪费人才了，你让她学数学。"我一想是的啊，"学好数理化，走遍天下都不怕"。

孩子学了三年以后，不曾要考，老师让她硕博连读。我家女儿说："我不读博士，就上研究生。"上了三年以后，她自己找工作的。她同上海的一家外商独资企业联系，对方让她把简历、文凭、获得的证书等材料发过去。她一一照做，发过去不曾有三分钟，企业就回复："你要什么时候来随你。"毕业以后，她一直在上海工作。

我俫对这伢儿倾注了很大的精力。这个也是改革开放以后才有的机会，若没有机会高考，她也不能读了书去上海。国家的政策好，家中每个人的工资都明显地提高了。从心里来说，还是要拥护现在的政策，拥护党的领导。

附录一 白蒲方言一览

B

把：给。

钵头：窑制小容器，大小一套五个号。

锛：十字镐。

不曾：表示否定。未，没有。

不丑：漂亮、好看。

不定神：不安定，不稳定。

不过意：① 对人的歉语；② 害羞，难为情。

不止：超过。

笔直的：像直线一样的。

百十个：约一百个。

八月半：中秋节。

C

出园：从原地搬至新的宅基地。

择【ce】菜：把菜中杂物、败叶挑出来的过程。

茶食：消闲时食用的糕点、果脯等。

莳【ci】秧：栽插水稻秧苗。

常不离：经常。

糁【cai】儿：玉米磨成的粉状物。

敞厅：也称作房屋明间。

D

爹爹：称呼父亲的父亲。

大场：生产队晾晒粮食的地方。

多少：是个概数，不确定的数量。

当家师：庙宇主持。

定神：不受干扰，没有烦恼，安静。

带人：结婚时，男方请轿子或车子去女方家迎娶。

带：一边……。如"带跑带跳"。

多了去了：很多，许多。

F

方永大【ta】：白蒲镇旧时商号。

发大水：降雨量大，河水上涨。

G

讲【gang】经络：闲聊。

今朝【gen dao】：今天。

今【gen】年子：今年。

杲昃【gao zi】：东西。做杲昃，指干活。

干面糊【xi】：面粉。

江：白蒲地区读【gang】。

觉察【ga cai】：发觉，感知。

姑娘：女孩，也指女儿。
酵【gao】：面粉发酵的过程。
果能：是否能。
公老爹：公公。
过到：活到。
个人：一个人。
个把：一个左右。

H

好吃：嘴馋。
后头：后面。
学【ha】：学习。
黄大头：蕃芋的一种，里面是淡黄色的。
欢喜：① 喜欢；② 高兴。
划锯：由两人用大锯一推一拉地纵向锯大的木头。
荒荡：无人耕种的荒地。无力购买墓地的人家将棺柩葬在那里。
旱烟：把烟丝装在烟锅里点燃而抽的烟。
货郎担儿：旧时指货郎挑着装有百货的担子。
黄芽菜：指大白菜。
好耍子：好玩。
号：日。
回掉：辞退。
胡头大乱：指人不说正经的话，不做正经的事。

J

进深：房屋前后墙之间的距离。

揌【jian】布：现称抹布。
紧靠：旁边。
脚下【ha】：① 地上；② 地方；③ 旁边。
脚行：旧时称搬运行业及搬运工人。
交易：生意中物与物或钱与物的交换。
讲究：标准高。

K

揩脚布：抹布。
困【kun】觉：睡觉。
看家【kon ga】：家里人要外出时，留一个人在家。
看【kon】：看守，盯着。
靠：接近，大概。
块：① 元；② 整个。
轧【ka】：两边加力向夹缝挤压。
坎子：斜坡上。

L

来和【hu】：打长牌的一种说法。
里路：可以抄近走的小路。
芦扉：用芦苇制成的方形垫子，可以防潮。
落【la】头：地方。
老早：很久以前。
烂膀：腿部久治不愈的皮肉腐烂症。
老爹：① 对父亲的尊称；② 对男性老年人的尊称。

老太：① 对母亲的尊称；② 对女性老年人的尊称。

落脚：① 住宿；② 停在一个地方。

老大：兄弟中排行第一的孩子。

老二：兄弟中排行第二的孩子。

来气：生气。

M

没魂：程度很深，很、非常。

明朝【men dao】：明天。

明年子【men nian zhi】：明年。

蛮好：很好。

蒙儿纸：旧时塾馆供学生学写毛笔字的"描红"。

茅缸：粪池，屎缸。

明间：三间房屋中间的一间。

门口：面前。

门儿：办法，主意。

梅天：芒种后多雨的一段时节，也称"黄梅天""时霉天"。

没得空：没有空余时间。

N

男伢儿：男孩子。

女伢儿：女孩子。

你俫：你们。

男【nong】的：丈夫。

孃孃【niang】：姑姑。

难过：指身体不舒服。

年把：约一年的时间。

哪恰意：没想到。

女将：老婆，也泛指一般已婚妇女。

P

跑：走。

婆老太：称呼婆婆（丈夫的妈妈）。

白【pou】果树：银杏树。

票子：对纸币的统称。

凭人：通过私人关系找别人办事。

Q

寻【qing】钱：挣钱。

气不留命：说人过分气恼、抑郁会伤害身体，甚至危及生命。

恰如：正如。

去年子：去年。

起早带晚：起得早，睡得晚，形容人很勤劳。

R

热潮：热闹。

S

自家【si ga】：自己。

耍子：玩。

什的门儿：① 什么原因；② 什么方法。

什的杲昃：① 什么东西；② 什么事。

三十夜：阴历除夕，大年三十。

三文不值二文的：不值钱。

扫地出门：净身出户，不带走任何东西。
水烟：将烟丝放在水烟台上点燃时抽的烟。
烧透了：将水烧到沸腾100℃的过程。
神怕：非常担心。
适意：舒服，方便。
神气：耍小聪明，不靠谱的人。
上人：上一辈人或上几辈人的简称。

T
他倈：他们。
眷清：抄写。
莛儿：某种植物的茎。
透水：开水，烧沸腾的水。
天水：雨水。
头："一"的意思。
套鞋：旧时用于防水的鞋，也称胶鞋。
踏步：旧时指从岸上到水边的台阶。
土话：方言。
头儿：赌牌时，参赌人中的胜者向提供场地的人提交的服务费。

W
我倈【lai】：我们。
哇【wa】：呕吐。
为什的：为什么。

X
折【xi】本：亏本。
先生：旧时对医生、老师的称呼。
先年子：前年。
糊：麦子、玉米等磨成粉状物。
向上：以上。
歇劲：停止。
些：许多。
新娘子：新婚女子。
先先年子：大前年。
学塾：私塾，或称本书坊。

Y
夜饭：晚饭。
夜头：夜间。
夜伙儿：深夜加吃的饭。
鱼腐：鱼去骨剁碎做成圆子煮熟而成。
一架、一跨：旧时，苏北地区房子有五架梁、七架梁的，一架就是两根桁条之间的距离。
有句说句：实话实说。

Z
姊妹：不仅指姐与妹，还包含兄妹、姐弟在内。
咋【za】：怎么。
着躁：着急。
走：从。
作气：生气。
坐锅门的：旧时指不出门的农

村妇女。
照应：照顾。
左右：不是表示方位，而是表示概数，与多少意思相近。

长眼：指分析，研究。
乍阿子：近期。
种蛋：可以孵小鸡的蛋。
总：都。

附录二 采集对象名录

1. 毛彭年 男 1938年7月出生 1998年白蒲镇国营商店助理经济师物价员退休 （采录时间：2018年11月13日上午）

2. 方志成 男 1943年4月出生 1994年白蒲镇供销社职工因病提前退休 经营方永大号茶叶店 （采录时间：2018年10月16日上午、11月13日下午）

3. 仇春玲 女 1974年1月出生 2013年任白蒲镇文化站站长 （采录时间：2019年1月17下午）

4. 石明德 男 1944年8月出生 2004年白蒲镇医院院长退休 （采录时间：2019年1月10日上午）

5. 冯正泉 男 1954年1月出生 1997年创办白蒲镇蒲泉食品厂兼任负责人 （采录时间：2018年11月22日下午）

6. 江志和 女 1927年6月出生 1982年白蒲镇塑料厂职工退休 （采录时间：2018年7月12日上午）

7. 江炳仁 男 1933年7月出生 1993年白蒲镇工商银行主办会计退休 （采录时间：2019年1月9日上午）

8. 刘汝琴 女 1926年4月出生 1981年白蒲小学教师退休 （采录时：2018年6月7日下午、6月20日上午）

9. 刘 政 男 1938年11月出生 1998年白蒲小学校长退休 从事白蒲历史文化研究 （采录时间：2018年7月11日上午、7月15日上午、8月3日上午）

10. 刘 骥 男 1942年8月出生 2002年白蒲镇自来水厂党支部书记退休 （采录时间：2019年1月10日下午）

11. 刘 俊 女 1947年11月出生 2003年白蒲镇医院防疫医师退休 （采录时间：2018年10月17日下午）

12. 孙祥虎 男 1950年8月出生 2003年如皋市农村信用联社会计提前退休 从事儿童文学创作 （采录时间：2019年1月11

日下午）

  13. 许镜华　男　1954年5月出生　1999年被评为"特三级厨师"　2006年白蒲镇政府招待所改制后自主经营饭店　（采录时间：2019年1月11日上午）

  14. 汤明燕　男　1956年9月出生　2016年白蒲镇矛盾调处中心调解员退休　（采录时间：2018年6月14日下午）

  15. 朱克成　男　1971年5月出生　2006年任白蒲镇民政助理　（采录时间：2019年1月17日上午）

  16. 朱承姜　男　1980年11月出生　2018年任白蒲镇区居委会党总支书记　（采录时间：2019年4月28日上午）

  17. 李海泉　男　1951年8月出生　1999年镇办汽修厂倒闭后自谋出路　（采录时间：2018年10月15日上午）

  18. 陆建华　男　1963年11月出生　2016年任白蒲镇阳光敬老院院长　（采录时间：2018年11月15日上午）

  19. 沈汉庭　男　1934年2月出生　1994年白蒲镇医院内科主任医师退休　继续留院至2004年　（采录时间：2019年1月9日下午）

  20. 沈开太　男　1938年3月出生　1980年丁堰镇办照相馆商业网点调整后自主经营照相馆　从事工笔画创作　（采录时间：2019年1月15日上午）

  21. 沈恒希　男　1942年5月出生　2002年白蒲中学教导主任退休　继续留校至2012年　（采录时间：2019年1月9日上午）

  22. 沈建平　男　1953年7月出生　沈汉庭儿子　曾任白蒲油厂厂长　2001年该厂改制后继续从事与油料管理相关工作　（采录时间：2019年1月14日下午）

  23. 沈　棣　男　1954年2月出生　2009年德源（中国）高科有限公司安全主管退休　（采录时间：2018年6月14日上午）

  24. 沈　鼎　男　1962年10月出生　沈棣二弟　白蒲镇国龙液压机厂生产科计划员　（采录时间：2018年6月14日上午）

  25. 吴宗朴　男　1937年8月出生　1997年白蒲镇工业公司副经理兼劳动人事科科长退休　参与迁建法宝寺　（采录时间：2019年1月8日下午）

  26. 吴　圣　男　1948年8月出生　2008年白蒲镇建筑站职工退休　从事国画创作　（采录时间：2019年1月8日下午）

27. 吴光模　男　1944年5月出生　曾任白蒲针织厂厂长　2001年该厂改制后自主加工羊毛衫　（采录时间：2019年1月7日上午）

28. 杨春和　男　1943年1月出生　2003年白蒲镇人大主席退休　从事白蒲镇历史文化研究　（采录时间：2019年3月5日上午）

29. 杨桂明　女　1948年5月出生　曾任白蒲镇针织厂总账会计　2001年该厂改制后自谋出路　（采录时间：2018年10月15日上午）

30. 杨　鸣　男　1966年2月出生　白蒲镇初级中学教师　（采录时间：2018年11月16日上午）

31. 张开明　男　1940年12月出生　2000年白蒲小学教师退休　热爱书法并从事书法培训　（采录时间：2019年1月17日下午）

32. 陈　杰　男　1938年11月出生　自由撰稿人　中国楹联学会会员　（采录时间：2018年11月14日上午）

33. 茅衍年　男　1943年7月出生　曾任白蒲镇商业公司副经理　2001年该公司改制后下岗自谋出路　（采录日期：2019年1月16日上午）

34. 金鑫华　男　1966年3月出生　白蒲黄酒有限公司高级酿酒师、办公室主任　（采录时间：2019年11月30日上午）

35. 周洪兵　男　1974年11月出生　2011年子承父业任白蒲三香斋茶干厂负责人　（采录时间　2018年11月22日上午）

36. 娄邦媛　女　1940年1月出生　刘政的妻子　1995年白蒲镇第二中学教师退休　（采录时间：2018年7月12日上午）

37. 姜淑炎　女　1951年7月出生　李海泉妻子　1999年白蒲镇属食堂经理　该食堂改制后自谋出路　（采录时间：2018年10月11日上午）

38. 姚广圣　男　1973年3月出生　2005年创办广盛米业加工厂兼任负责人　（采录时间：2018年11月30日下午）

39. 顾汝询　男　1920年12月出生　1980年白蒲物资站职工退休　（采录时间：2018年6月7日上午）

40. 顾　遗　女　1941年10月出生　1997年勇敢中学教师退休　（采录时间：2018年7月13日上午）

41. 顾桂芳　男　1946年4月出生　如皋市磷肥厂会计　2003年该厂改制后自谋出路　（采录时间：2018年6月14日下午）

42. 顾　华　男　1951年8月出生　顾汝询的儿子　2011年如皋市建材公司丁堰分公司发货员退休　（采录时间：2018年6月27日上午）

43. 倪志才　男　1934年3月出生　1994年白蒲镇商业公司五金社主任退休　（采录时间：2019年1月8日上午）

44. 秦镜泽　男　1939年2月出生　1999年白蒲镇政府协理员退休　研究白蒲历史文化　（采录时间：2018年7月24日上午、7月26日上午、8月3日上午）

45. 秦有和　男　1955年4月出生　1996年创办南通泰和针织有限公司兼任负责人　（采录时间：2019年1月10日下午）

46. 钱杏浓　男　1944年3月出生　2004年如皋市粉末冶金厂技术科科长工程师退休　（采录时间：2018年10月15日上午）

47. 徐志刚　男　1946年1月出生　2001年国营如皋化肥厂职工提前退休　参与照护法宝寺　（采录时间：2019年1月16日下午）

48. 袁春静　女　1965年3月出生　2017年任白蒲镇政法委员分管民政　（采录时间：2019年1月17日上午）

49. 郭国华　男　1950年1月出生　1990年白蒲镇地毯总厂倒闭后生产销售"郭师傅蟹包鱼腐"　（采录时间：2019年1月10日下午）

50. 章纪华　男　1948年8月出生　1995年任白蒲镇商业公司经理　2006年该公司改制后经营五金电器商店　（采录时间：2019年1月16日上午）

51. 程建慈　男　1939年5月出生　1999年如皋市多种经营管理局工程师退休　（采录时间：2018年6月7日下午）

52. 程祝慈　男　1944年10月出生　程建慈大弟　2005年南通液压机床厂职工退休　（采录时间：2019年1月14日上午）

53. 蔡家华　男　1941年12月出生　2001年白蒲镇液压机床厂工程师退休　从事白蒲历史文化研究　（采录时间：2019年1月16日下午）

54. 薛剑岚　女　1963年11月出生　2018年白蒲镇区居委会党总支书记退休　（采录时间：2019年1月15日下午）

参考文献

[1] 如皋市地方志编纂委员会. 如皋县志[M]. 香港：新亚洲出版公司，1995.

[2] 如皋市地方志编纂委员会. 如皋市志[M]. 北京：方志出版社，2017.

[3] 黄健. 岸界人家：一个中国村庄的集体记忆[M]. 南京：江苏人民出版社，2017.

[4] 吴凤山，朱鑫荣. 如皋方言词典[M]. 北京：中国文联出版社，2006.

后　记

　　自 2018 年 6 月初开始，如皋市档案局、档案馆口述历史采编组先后数十次驱车赶赴白蒲镇镇区居委会，采集组人员顶着赤日，冒着寒风，走街串巷，上门入户，进行采访录音、拍照摄像。口述历史采集对象以居民为主体，他们来自镇政府机关、企事业单位及其他机构，既有在职人员，又有退休人员。口述历史采集内容主要包括古邑历史、悠远文脉、古建古居、老街旧巷、长寿探秘、饮食文化、逸闻趣事、岁月风云、众生百相等。口述历史采集组先后采集 65 人次，形成录音 2 400 多分钟，录像 400 多分钟，文字 27 万多字的口述历史素材。

　　当接到"百村万户"口述历史采集任务时，我们的脑海中凸显的是村落的轮廓，浮现的是羔羊、鸡、鸭、农人的影子，还有耕地、林果、草垛的图像，我们想象水牛在池塘里打着响鼻，花生在地下使劲生长。而真正采访时，却鲜见这些农耕文明的"固定镜头"。口述者惯于回首樯帆林立的往昔，追忆小桥流水的乡愁，打量辙痕深深的来路，寻找柳青桃红的童谣，这给了我们别样的视觉、听觉感受。

　　踏古巷，访老宅，拜寿星，游名刹，入居户，品美食。仰观一碑一楼品味历史，低头一砖一石尽是掌故。古迹遗存，是一个区域的名片，这是表象的；而人文历史，才是一个地方的灵魂，这是内在的。蒲塘乃古邑之地，有着 1 600 多年悠久历史，犹如一棵参天大树。我们努力走进古村落的脉络深处，感受它呼吸的气息，触碰它心跳的频次，抚摸它岁月的年轮。青青蒲塘，这一枚刻琢着篆字的玉石印章，大大方方地钤印在绢帛质地的运盐河畔水乡画轴上。也许其乡土文化的标记便是那白色的"蒲"，那青色的"塘"。

在口述实录过程中，采编人员时常被触怀感动。蒲塘居民的率性可爱、豁达开朗给我们留下了深刻的印象。他们一旦打开话匣，便思绪滔滔，或沉浸于往事的烽燧剑影，或抖擞起"恰同学少年"时的意气风发，青春的豪迈，老来的从容，一览无余。忘不了他们对峥嵘岁月的刻骨铭心，忘不了他们对盛世太平的感恩道白，忘不了他们面对镜头侃侃而谈专注的神情，忘不了他们道别时"拜托写得厚实些"的殷殷嘱咐……

被誉为"现代法国小说之父"的巴尔扎克说过："小说被认为是一个民族的秘史。"而口述史则以其新的视角、新的传播媒介，多维度、立体化"复原"历史，声音、画面、文字同步并行，相得益彰。这本口述实录偏重于乡邻、居民口述的故事，体现人人入史、个个参与的编写初衷，"聚焦"古街巷，"特写"小人物。力求兼顾旧史与当代史、个人史与群体史、史述与故事、缅怀与感恩、回眸与憧憬……

口述者犹如点点繁星，在各自的时空里，灼灼其华。每一个故事，都折射着属于个人、属于故土、属于时代的光泽。采编人员努力将居民的个人奋斗史、家族兴衰史与古村落的岁月枯荣精巧地做记忆串联，加固成一个相对完整的历史记忆链，塑封存档。倾听口诉，现场采集，比对史志，整理成文。口述实录的过程，实际上也是一次忠实记录和去伪存真的过程。采编人员利用档案馆"近水楼台先得月"之便，对部分存疑史实做了核查，力图避免以讹传讹。

触摸历史文脉，溯源长寿文化，记录心路历程，讴歌幸福生活。整理完这本册子，细雨从子夜赶来，从青青蒲塘赶来，苏中水

后记　215

乡烟雨中蕴含着柔情，寒凉中凸显着风骨。这是自古道别饯行时节惯常的布景。这场雨匆匆赶来，似乎就是为本书画上了一枚漂亮的句点。学着蒲塘人家用天水泡菊花的样子，小编轻揭盖碗，啜上一口，潜心领会这如诗如画的景致所携来的缠绵情意……

　　这本书编录过程中，得到了省、市上级部门同志的悉心指导，得到了白蒲镇以及白蒲镇镇区居委会的大力支持，得到了镇区居民的鼎力配合，得到了杨春和、秦镜泽、刘政、蔡家华等同志的无私帮助。付梓之际，深表感谢。

　　口述实录作为非虚构写作的一个"枝桠"，尚在探索，刚刚起步，亦无可供借鉴的样本。编者不才，多有疏漏，还望方家不吝赐教！

如皋市档案局、如皋市档案馆口述历史采编组
2019 年 11 月